Karambolipelejä Biljardi: Lisää arvoituksia ja pulmia

Ongelmat ja tilanteet, jotka parantavat taktisen analyysin ja pelaamisen taitoja.

Allan P. Sand
PBIA Sertifioitu biljardin ohjaaja

ISBN 978-1-62505-283-4
PRINT 7x10

ISBN 978-1-62505-437-1
PRINT 7.5x9.25

Copyright © 2019 Allan P. Sand

All rights reserved under International and Pan-American Copyright Conventions.

Published by Billiard Gods Productions.

Santa Clara, CA 95051

U.S.A.

For the latest information about books and videos, go to:
http://www.billiardgods.com

Acknowledgements

Wei Chao created the software that was used to create these graphics.

I want to specifically thank the following for help in making this book work:
Raye Raskin
Bob Beaulieu
Darrell Paul Martineau

Sisällysluettelo

KÄYTTÖÖNOTTO 1
Taulukon asetukset 1
Biljardipallojen selitys 2
Taulukkoasetukset 2
Miten opiskella 2
Haasteet hauska ja voitto 2
ESIMERKIT 3
Ryhmä 1, sarja 6 (kaavio 2) 3
Ryhmä 5, sarja 11 (kaavio 3) 4
RYHMÄ 1 5
Ryhmä 1, sarja 1 5
Ryhmä 1, sarja 2 7
Ryhmä 1, sarja 3 9
Ryhmä 1, sarja 4 11
Ryhmä 1, sarja 5 13
Ryhmä 1, sarja 6 15
Ryhmä 1, sarja 7 17
Ryhmä 1, sarja 8 19
Ryhmä 1, sarja 9 21
Ryhmä 1, sarja 10 23
Ryhmä 1, sarja 11 25
Ryhmä 1, sarja 12 27
RYHMÄ 2 29
Ryhmä 2, sarja 1 29
Ryhmä 2, sarja 2 31
Ryhmä 2, sarja 3 33
Ryhmä 2, sarja 4 35
Ryhmä 2, sarja 5 37
Ryhmä 2, sarja 6 39
Ryhmä 2, sarja 7 41
Ryhmä 2, sarja 8 43
Ryhmä 2, sarja 9 45
Ryhmä 2, sarja 10 47
Ryhmä 2, sarja 11 49
Ryhmä 2, sarja 12 51
RYHMÄ 3 53
Ryhmä 3, sarja 1 53
Ryhmä 3, sarja 2 55
Ryhmä 3, sarja 3 57
Ryhmä 3, sarja 4 59
Ryhmä 3, sarja 5 61
Ryhmä 3, sarja 6 63
Ryhmä 3, sarja 7 65
Ryhmä 3, sarja 8 67
Ryhmä 3, sarja 9 69

Ryhmä 3, sarja 10 71
Ryhmä 3, sarja 11 73
Ryhmä 3, sarja 12 75
RYHMÄ 4 77
Ryhmä 4, sarja 1 77
Ryhmä 4, sarja 2 79
Ryhmä 4, sarja 3 81
Ryhmä 4, sarja 4 83
Ryhmä 4, sarja 5 85
Ryhmä 4, sarja 6 87
Ryhmä 4, sarja 7 89
Ryhmä 4, sarja 8 91
Ryhmä 4, sarja 9 93
Ryhmä 4, sarja 10 95
Ryhmä 4, sarja 11 97
Ryhmä 4, sarja 12 99
RYHMÄ 5 101
Ryhmä 5, sarja 1 101
Ryhmä 5, sarja 2 103
Ryhmä 5, sarja 3 105
Ryhmä 5, sarja 4 107
Ryhmä 5, sarja 5 109
Ryhmä 5, sarja 6 111
Ryhmä 5, sarja 7 113
Ryhmä 5, sarja 8 115
Ryhmä 5, sarja 9 117
Ryhmä 5, sarja 10 119
Ryhmä 5, sarja 11 121
Ryhmä 5, sarja 12 123
RYHMÄ 6 125
Ryhmä 6, sarja 1 125
Ryhmä 6, sarja 2 127
Ryhmä 6, sarja 3 129
Ryhmä 6, sarja 4 131
Ryhmä 6, sarja 5 133
Ryhmä 6, sarja 6 135
Ryhmä 6, sarja 7 137
Ryhmä 6, sarja 8 139
Ryhmä 6, sarja 9 141
Ryhmä 6, sarja 10 143
Ryhmä 6, sarja 11 145
Ryhmä 6, sarja 12 147
TYHJÄT PÖYDÄT 149

Käyttöönotto

Sinulla on enemmän mahdollisuuksia laajentaa taitojasi. Opi käsittelemään erilaisia pallopisteitä, jotka näkyvät pelin jälkeen. Nämä ulkoasut tarjoavat sinulle mahdollisuuden tehdä laajaa kokeilua. Nämä henkilökohtaiset testaustilanteet tarjoavat merkittäviä henkilökohtaisia kilpailuetuja:

- Henkinen koulutus - Arvioi asetteluja ja harkitse, kuinka monta vaihtoehtoa on saatavilla. Tee reittisuunnitelmia ja (CB) nopeuksia ja kierroksia harjoitustasolle. Tämä lisää analyyttisiä ja taktisia taitoja.
- Taitojen vahvistus - Kun kokeilet jokaisen konseptin, kokeilu auttaa määrittämään, onko se elinkelpoinen (taitojesi ulkopuolella) tai hyödytön (liian vaikea tai fantastinen). Tämä vertailu henkisen kuvan ja fyysisten yritysten välillä auttaa määrittämään kykyjemme leveyden ja leveyden.
- Taitojen eteneminen - Jos polku näyttää lupaavalta, mutta toteutus epäonnistuu, työskentele eri nopeuksilla / pyörii selville, mikä toimii. Useita peräkkäisiä onnistumisia lisää tämä henkilökohtaiseen kirjastoosi.

Harjoittele tätä kaiken carom-biljardipelin avulla:

Taulukon asetukset

Paperin vahvistusrenkaat esittävät paikkoja kutakin palloa kohti.

Aseta ne harjoittelun mukaan, jonka haluat harjoitella.

Biljardipallojen selitys

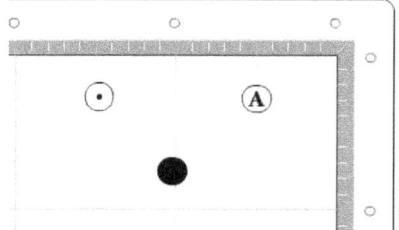

Ⓐ (CB1) (ensimmäinen biljardipallo)

⊙ (CB2) (toinen biljardipallo)

● (RB) (punainen biljardipallo)

Taulukkoasetukset

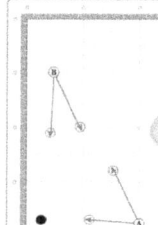

Jokaisen taulukon asettelussa on neljä (4) eri tapaa pisteyttää pisteitä.

- CB1 > RB > CB2
- CB1 > CB2 > RB
- CB2 > RB > CB1
- CB2 > CB1 > RB

Miten opiskella

Aloita nojatuoli-analyysillä. Katso jokaisen taulukon asettelu ja harkitse mahdollisia toistoasetuksia. Kuvittele yrittäkää ideoita. Arvioi sopiva nopeus ja spin. Tee hahmoja ja muistiinpanoja tarpeen mukaan.

Vaihtoehtoisesti voit ottaa tämän kirjan biljardipöytään. Aseta paperin vahvistusrenkaat paikalleen. Henkisesti määritä, kuinka monella eri tavalla voit pelata ulkoasua. Kokeile sitten ideoita ja katso, onko mielikuvituksesi yhtä suuri kuin taitosi. Tee muistiinpanoja ideoistasi.

Käytä biljardipöytä, soveltaa ideoita. Jos olet unohtanut laukaisun, säädä nopeutesi / pyöriisi ja kulmasi. Näin voit tulla kovempi ja vaarallisempi biljardipeli.

Haasteet hauska ja voitto

Harkitse ystävällisen kilpailun luomista ystäväsi keskuudessa. Valitse useita näistä asioista ja nauti haasteesta.

Käytä pyöreän robin-muotoa. Jokainen yrittää (1, 2 tai 3) yrittää. Voittaja saa rahat, ja toinen kierros alkaa.

Esimerkit

Ryhmä 1, sarja 6 (kaavio 2)

Voiko fantasiasi sopia todellisuutesi kanssa?

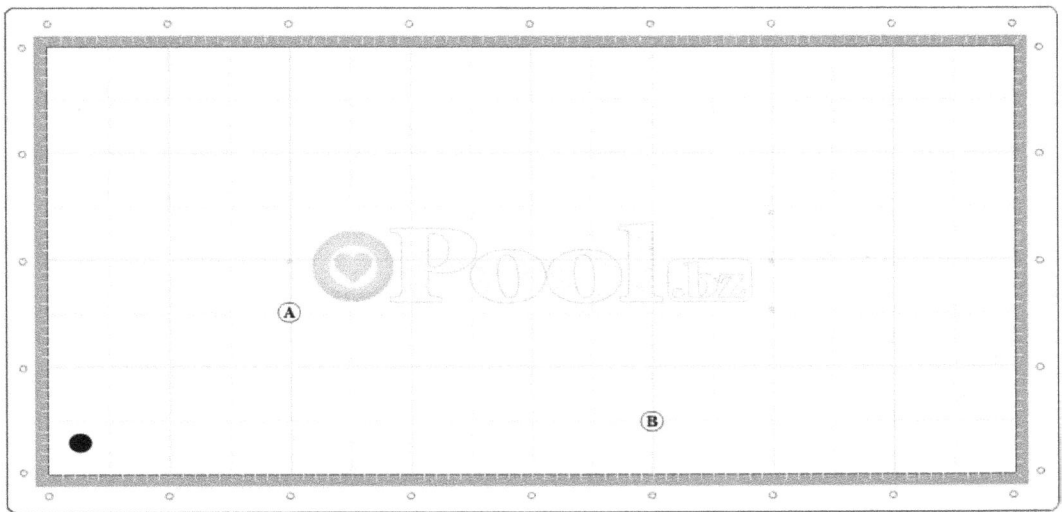

Kun otetaan huomioon asettelua, sinulla on neljä mahdollista käytännön valintaa, joita voit kokeilla ja kokeilla erilaisia ratkaisuja.

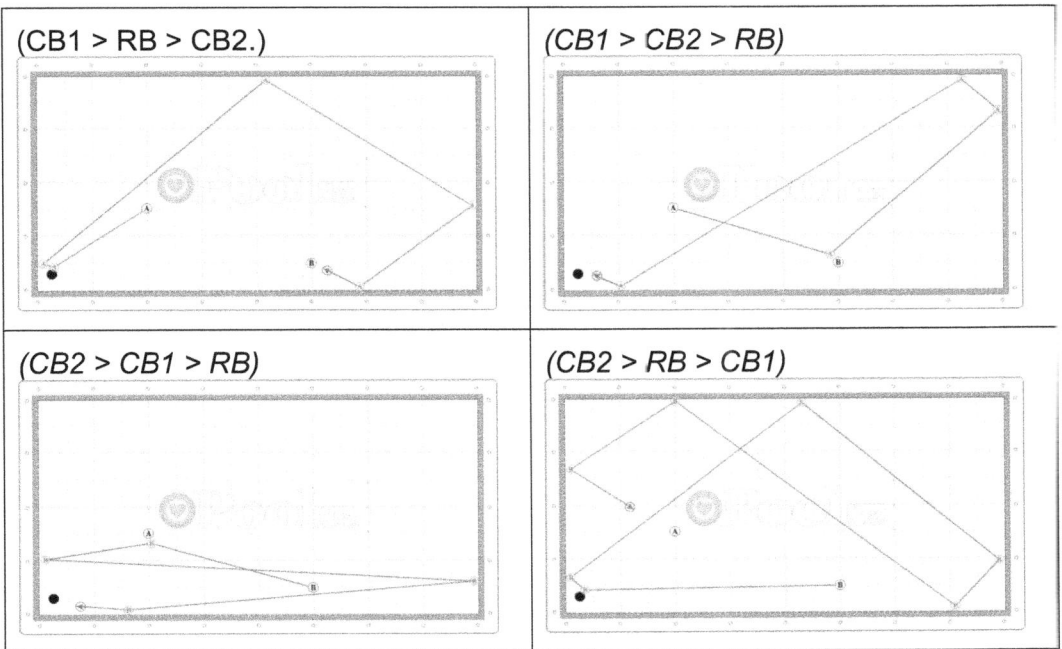

Ryhmä 5, sarja 11 (kaavio 3)

Jokainen kaavio on tilaisuus kokeilla ja testata mielikuvitustasi ja ammuntapätevyyttäsi.

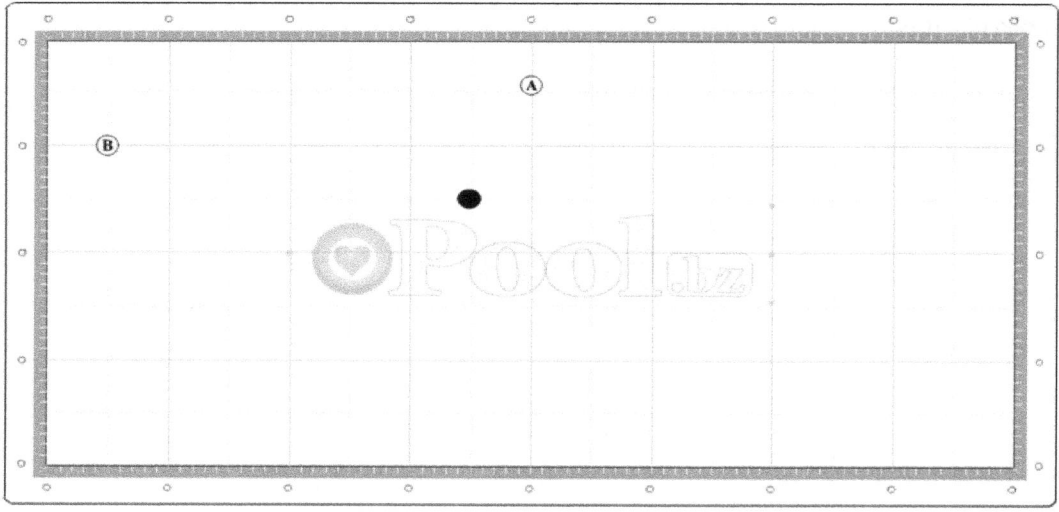

Kun otetaan huomioon asettelua, sinulla on neljä mahdollista käytännön valintaa, joita voit kokeilla ja kokeilla erilaisia ratkaisuja.

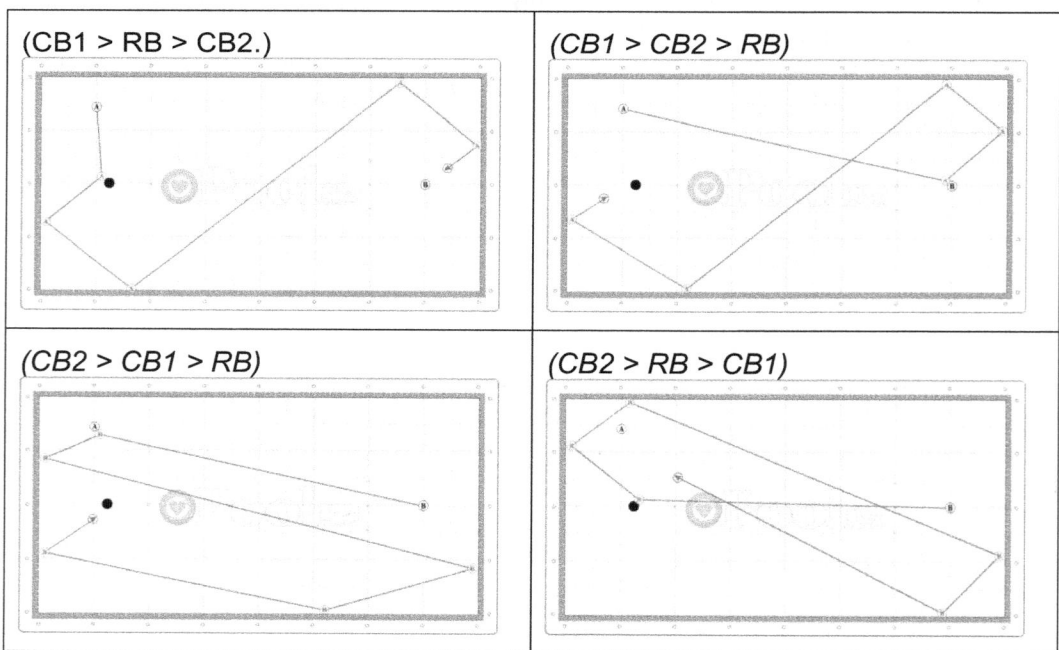

RYHMÄ 1
Ryhmä 1, sarja 1

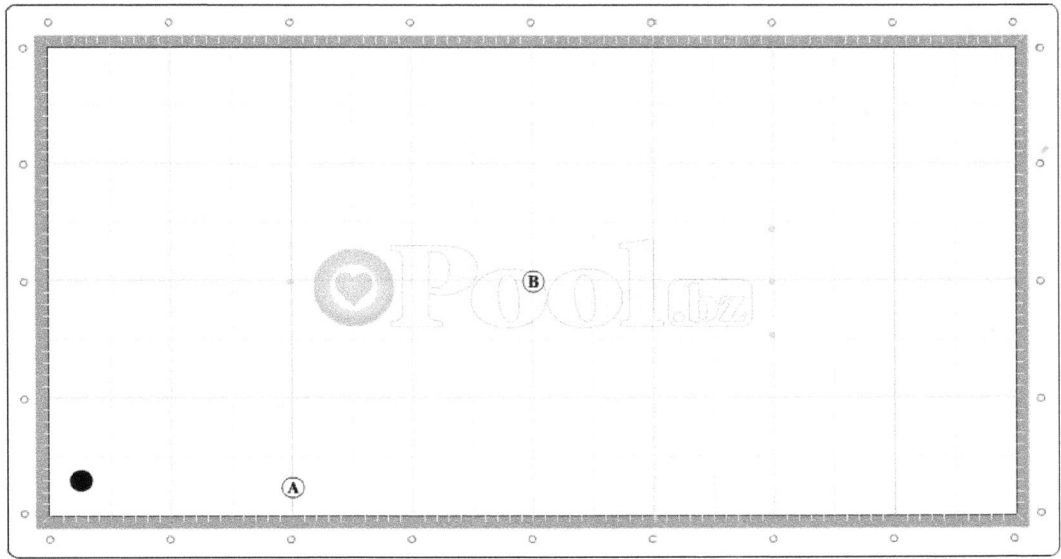

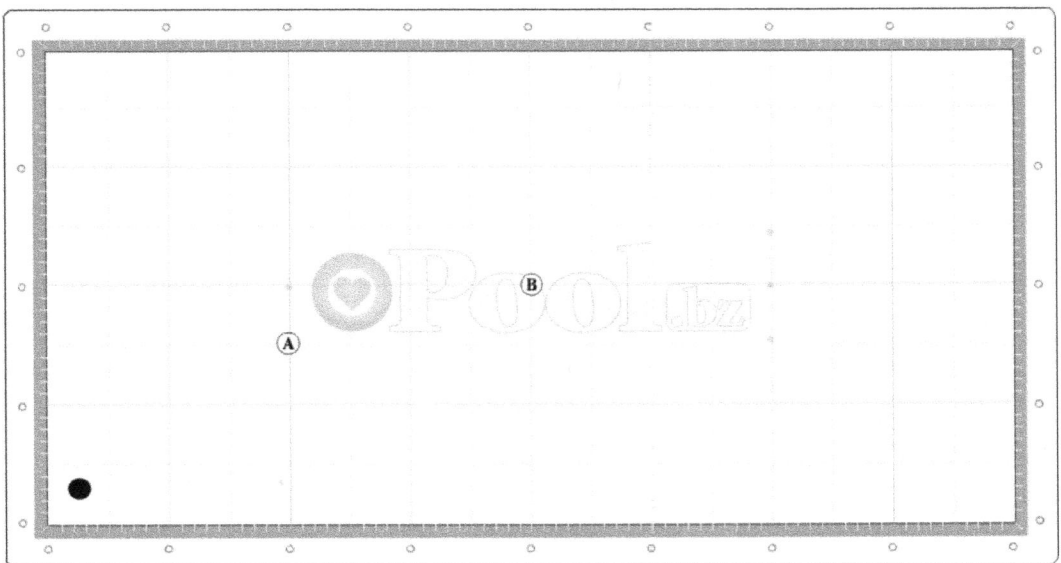

HUOMAUTUS:

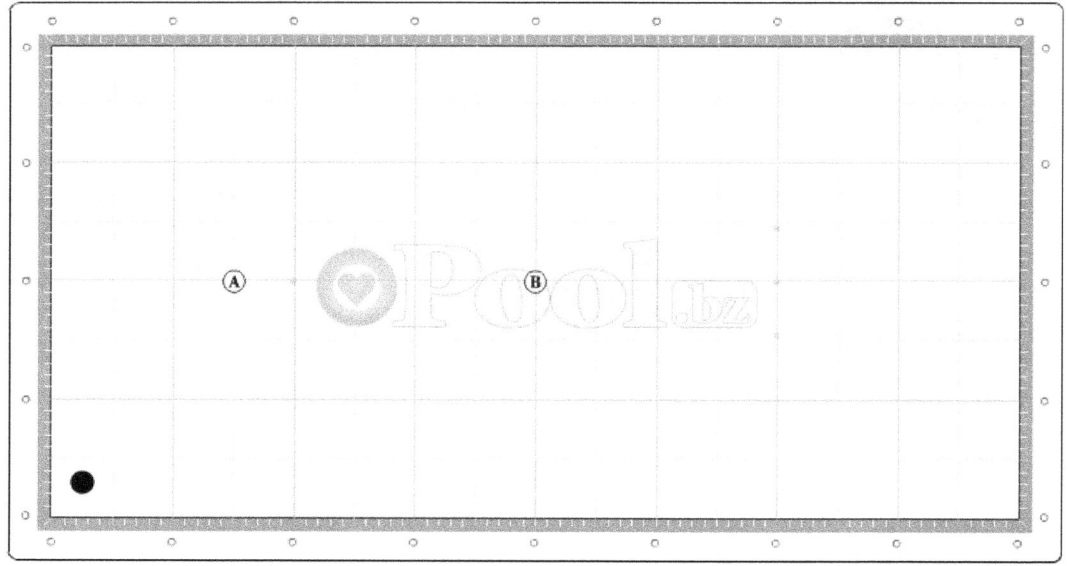

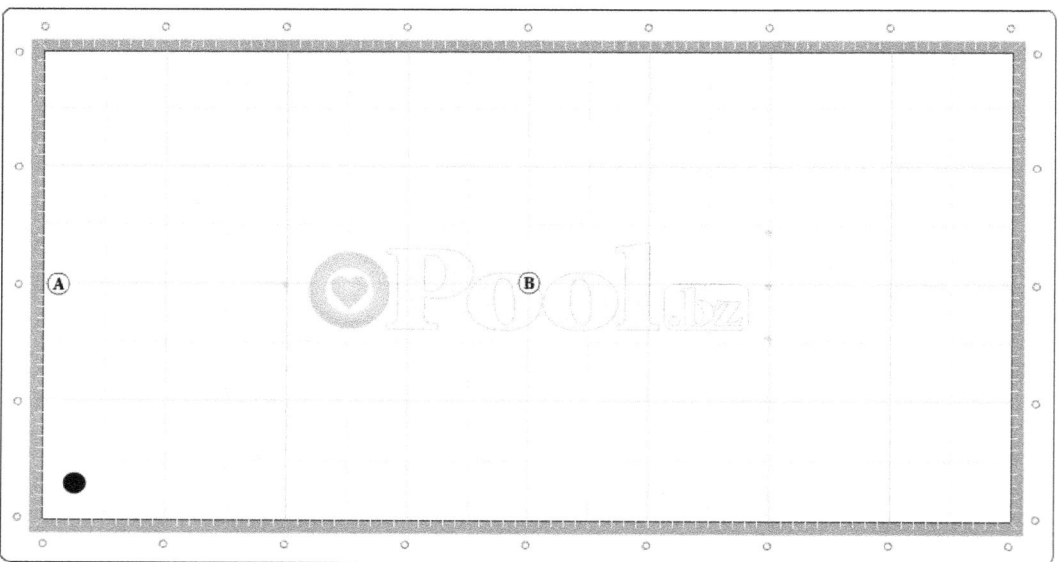

HUOMAUTUS:

Ryhmä 1, sarja 2

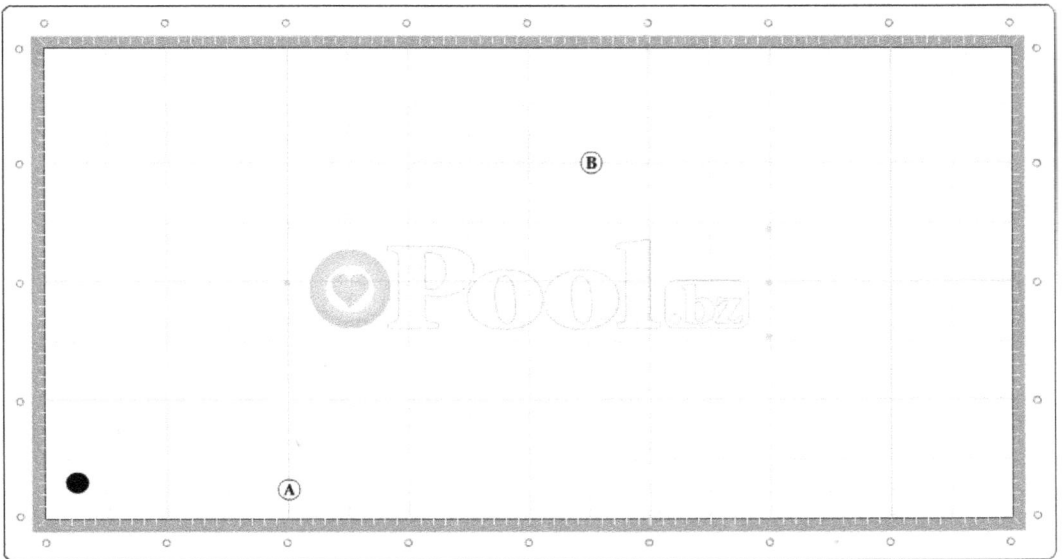

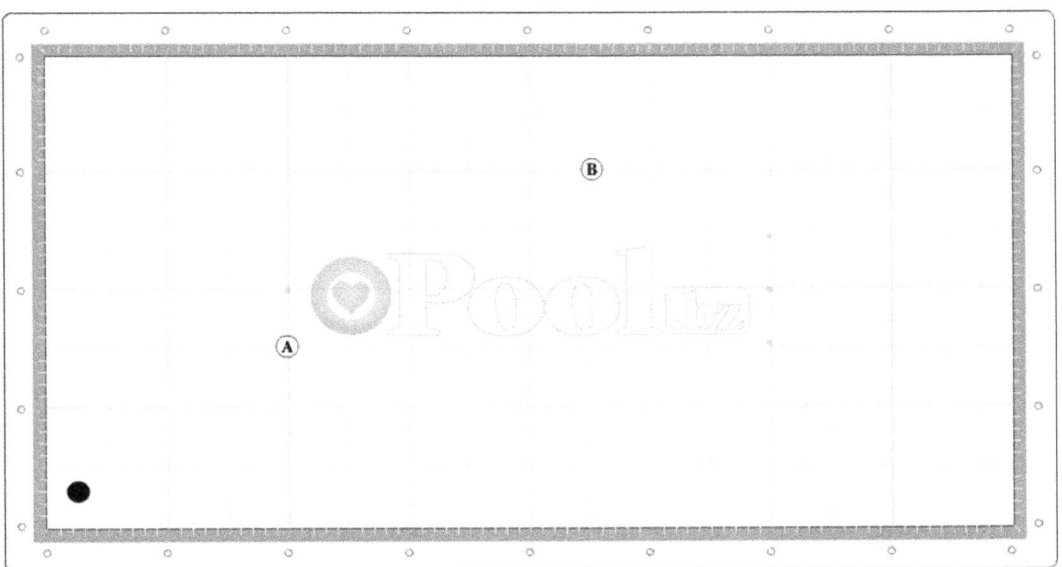

HUOMAUTUS:

Karambolipelejä Biljardi: Lisää arvoituksia ja pulmia

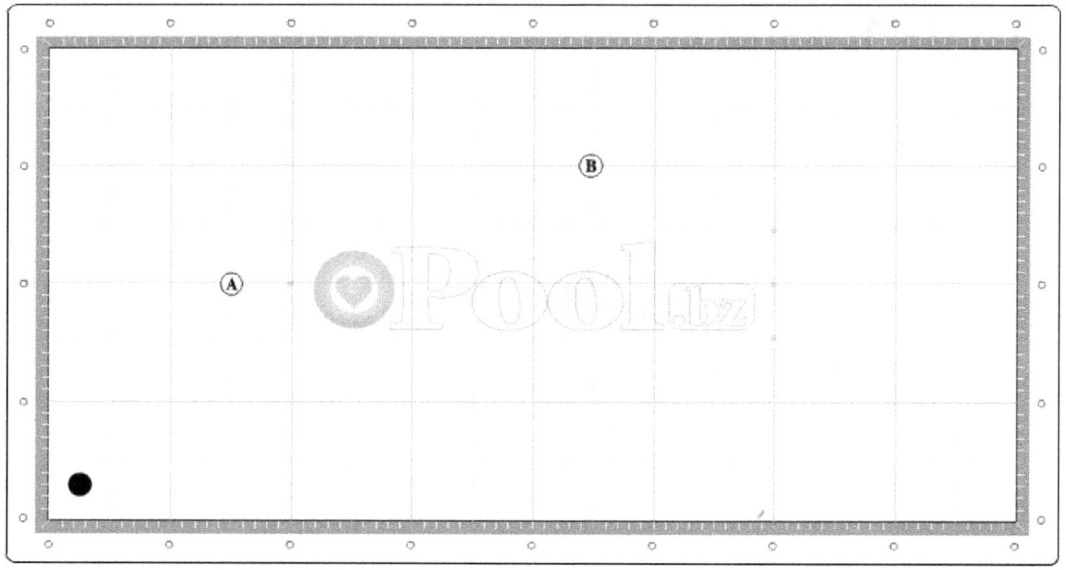

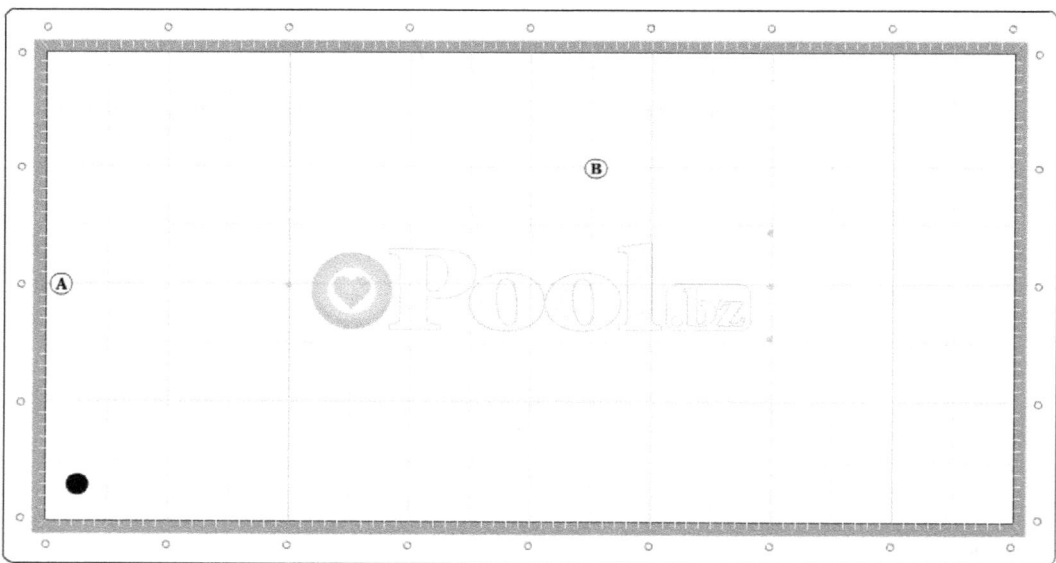

HUOMAUTUS:

Ryhmä 1, sarja 3

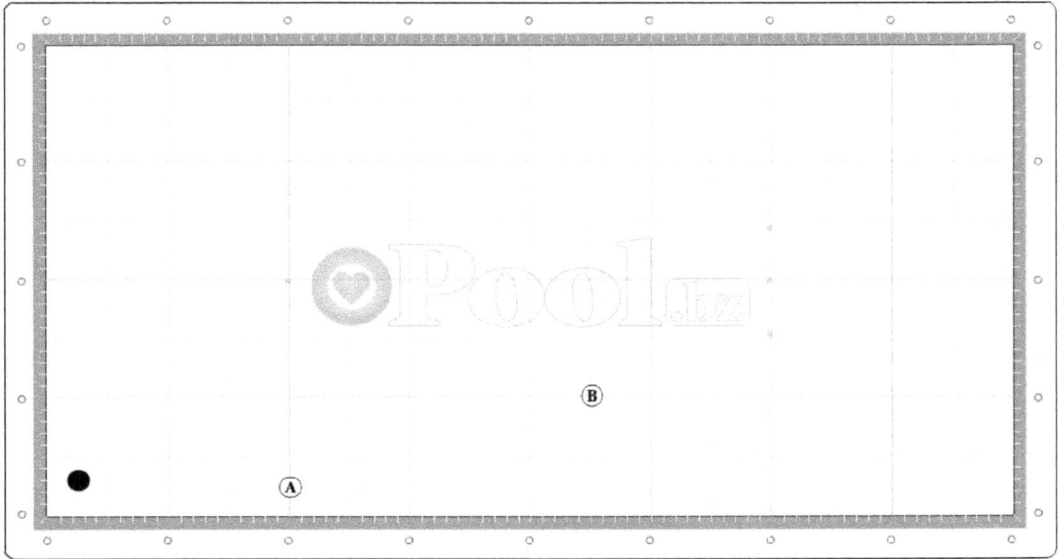

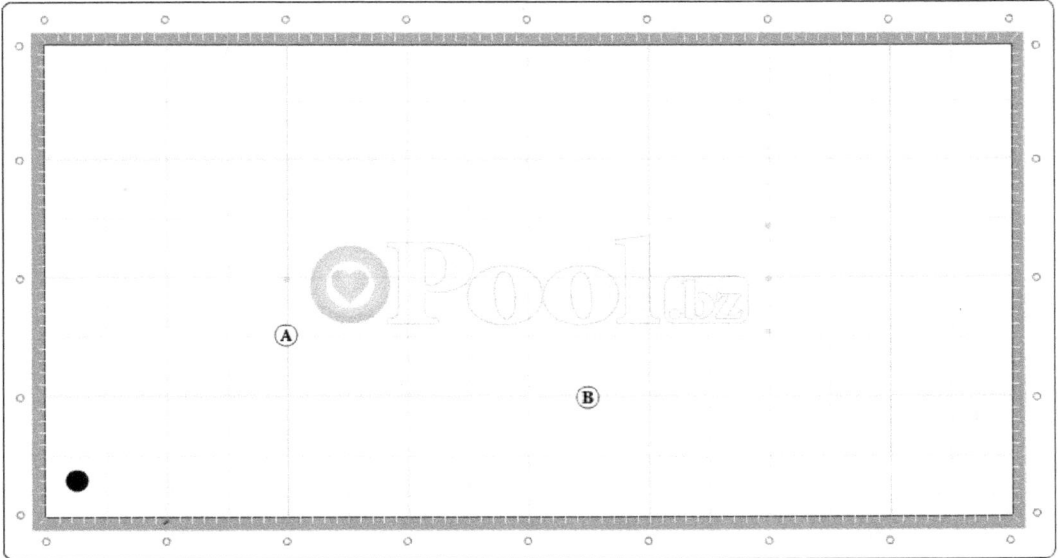

HUOMAUTUS:

Karambolipelejä Biljardi: Lisää arvoituksia ja pulmia

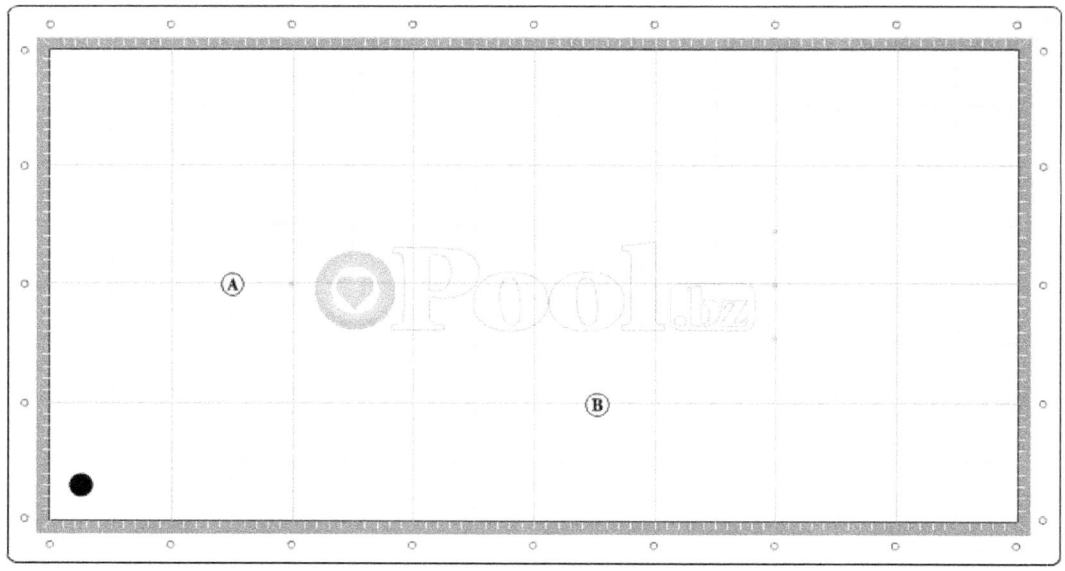

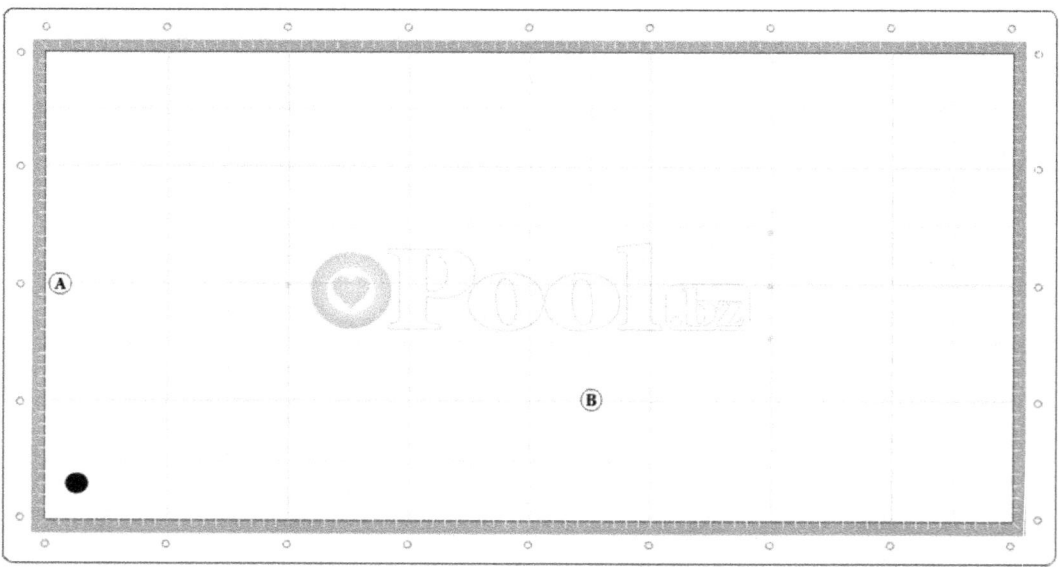

HUOMAUTUS:

Ryhmä 1, sarja 4

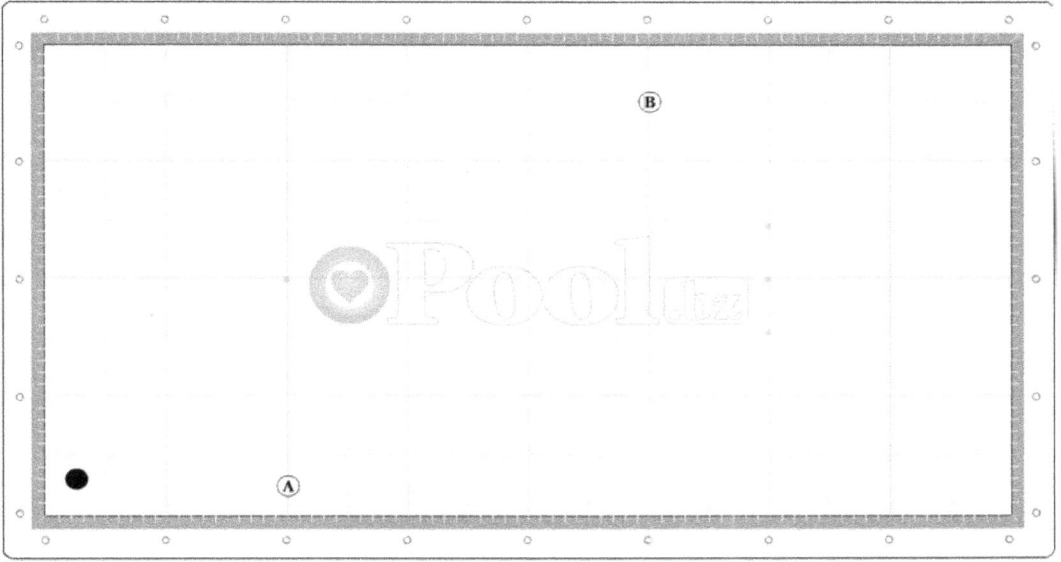

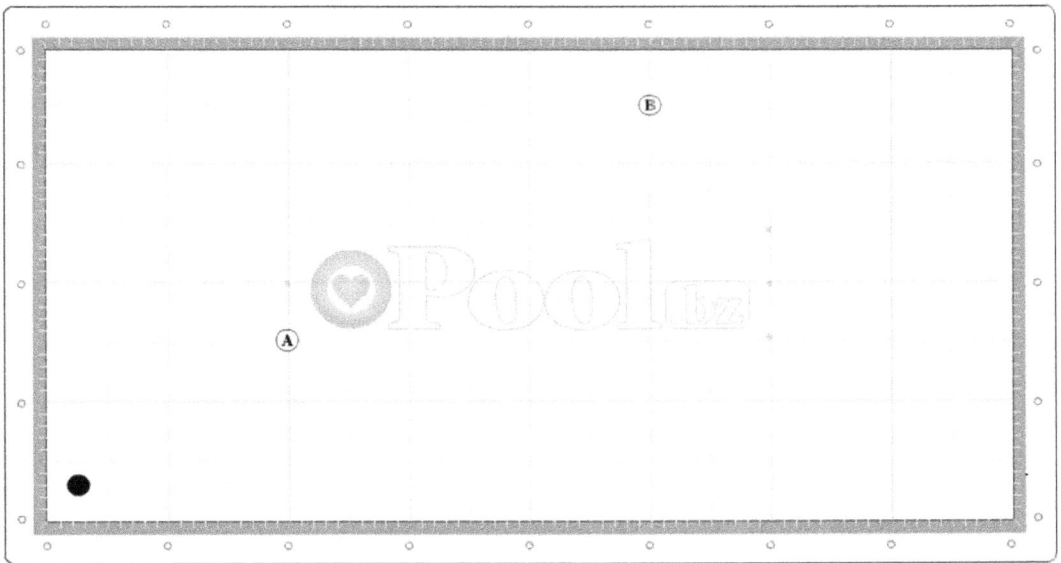

HUOMAUTUS:

Karambolipelejä Biljardi: Lisää arvoituksia ja pulmia

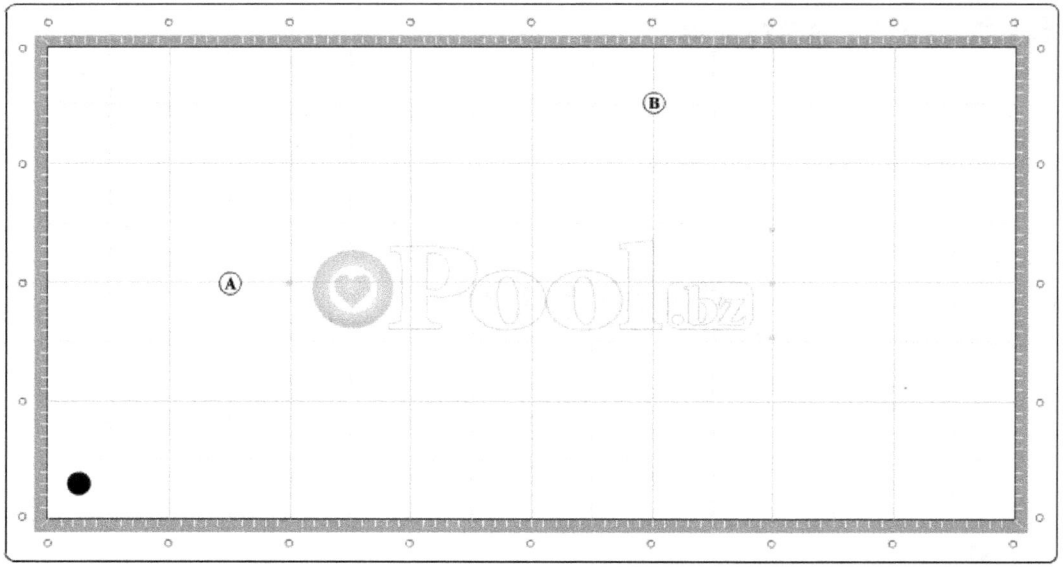

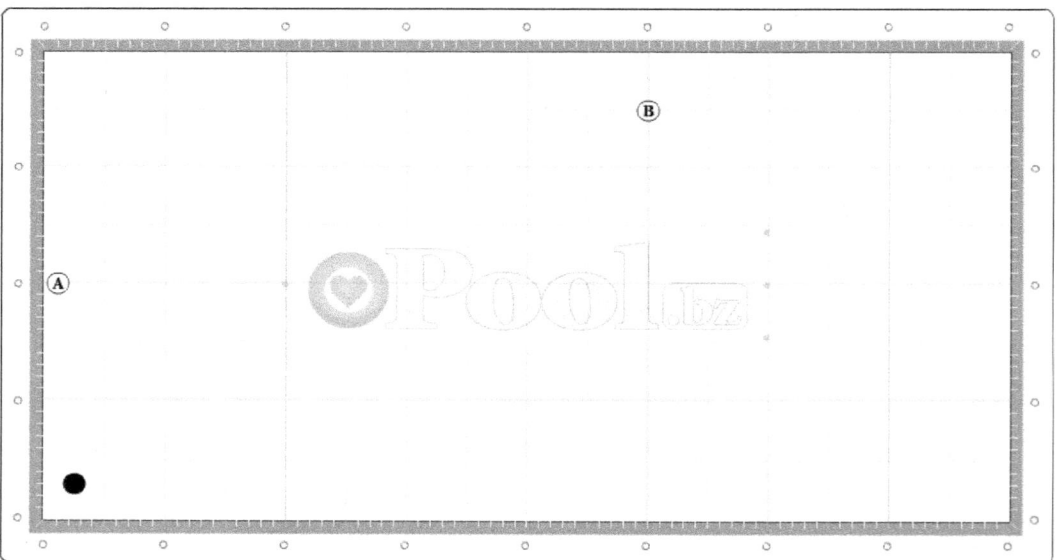

HUOMAUTUS:

Ryhmä 1, sarja 5

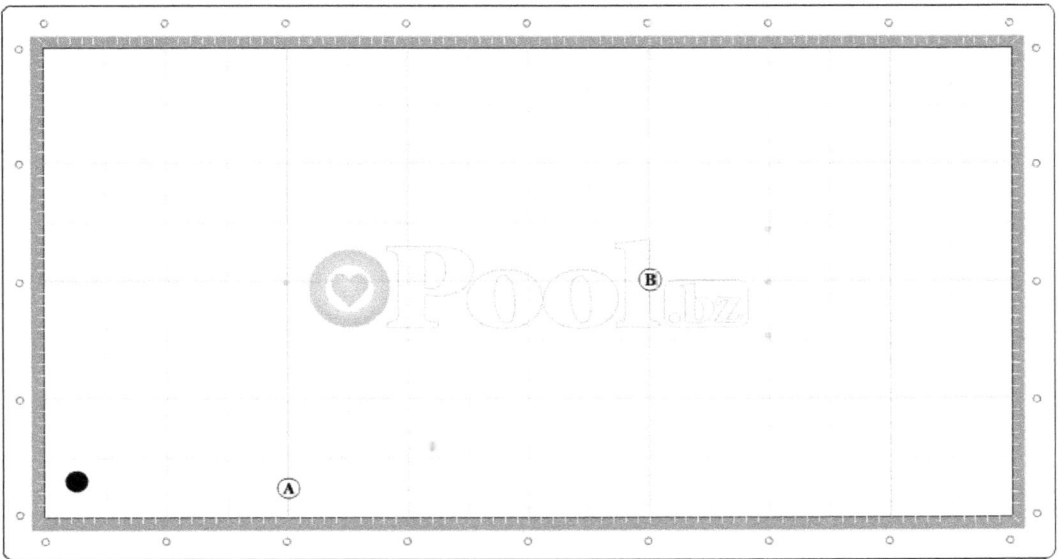

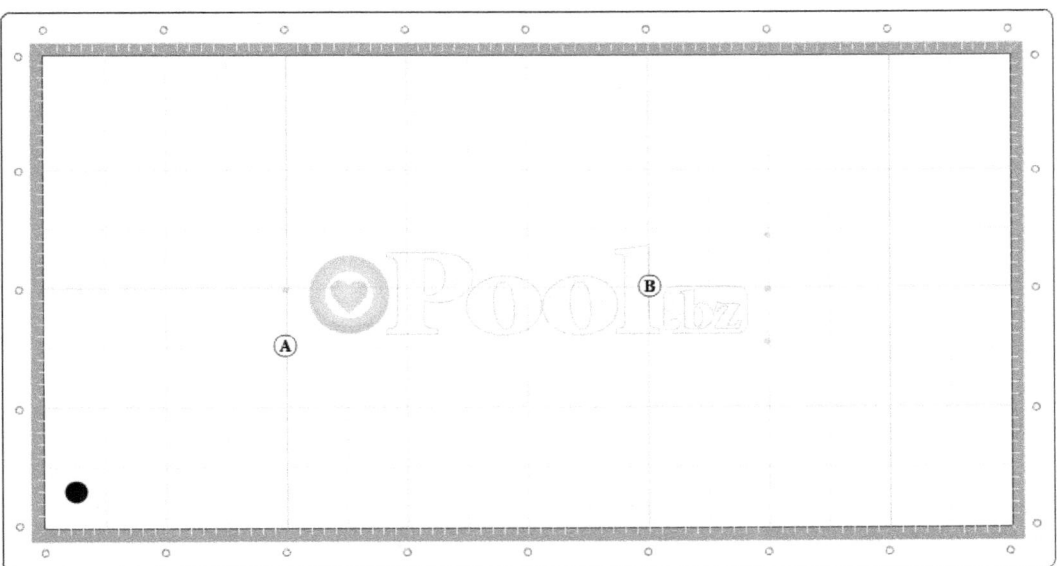

HUOMAUTUS:

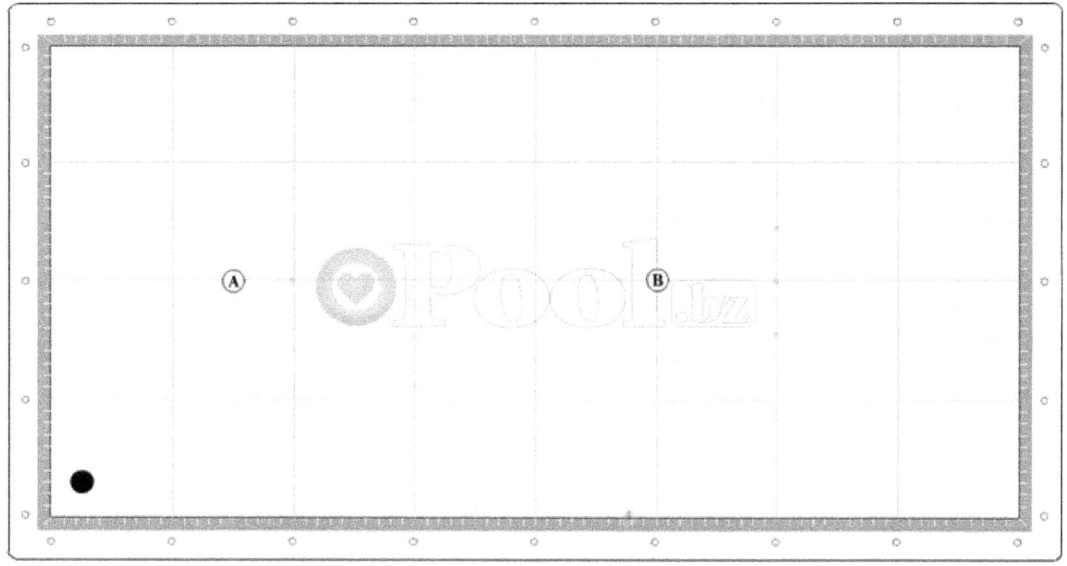

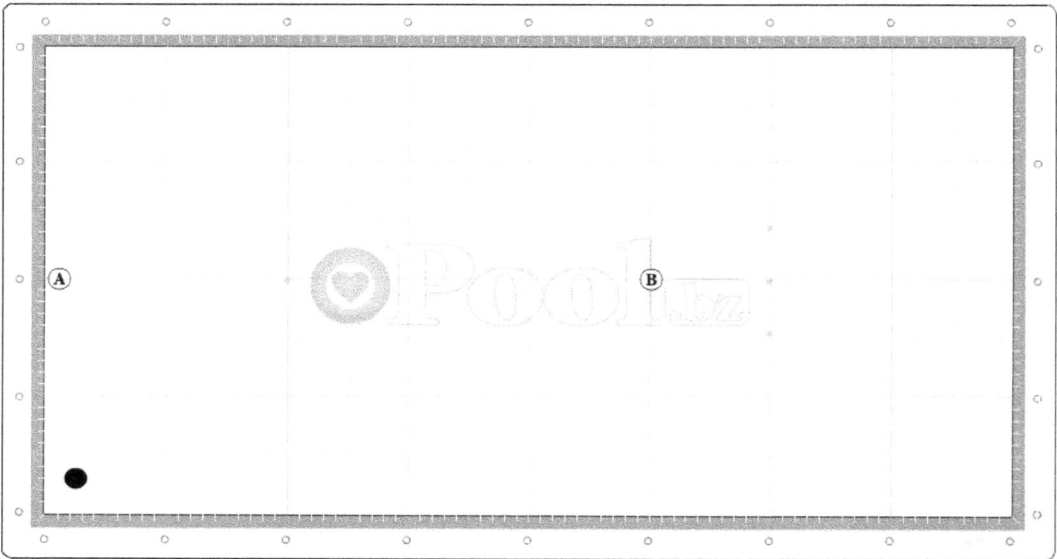

HUOMAUTUS:

Ryhmä 1, sarja 6

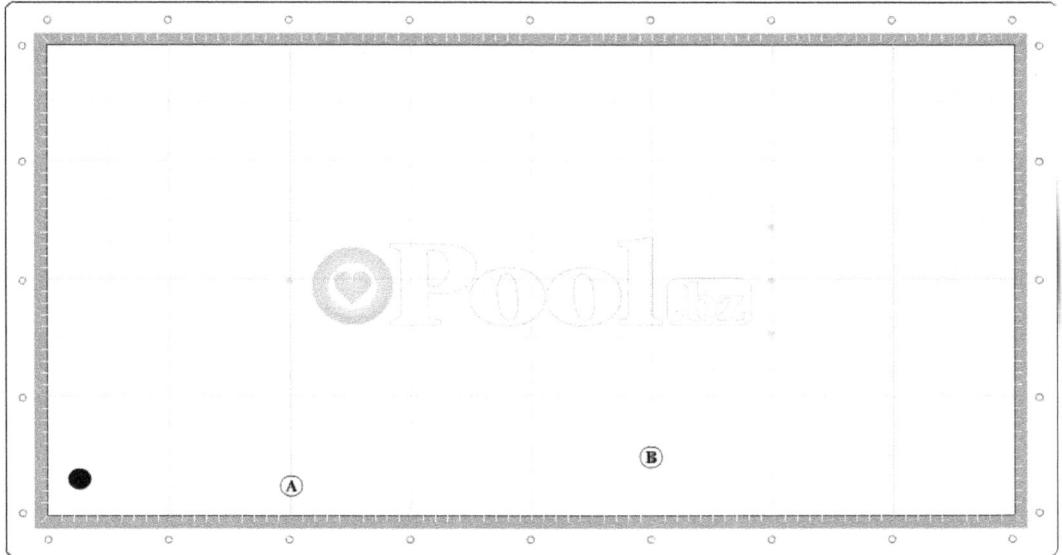

(At the front of this book, there are 4 sample 3-cushion patterns of this layout.)

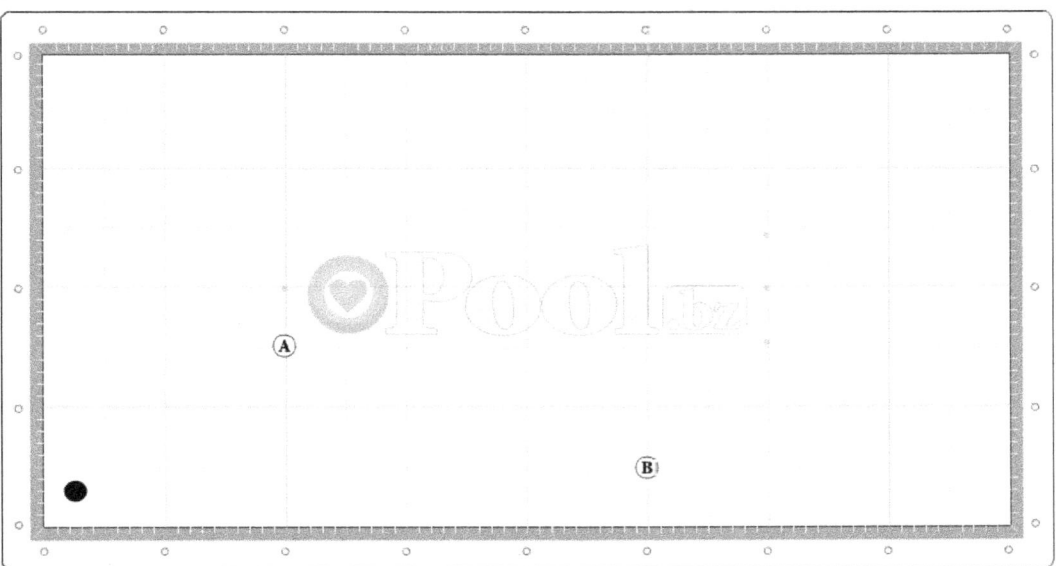

HUOMAUTUS:

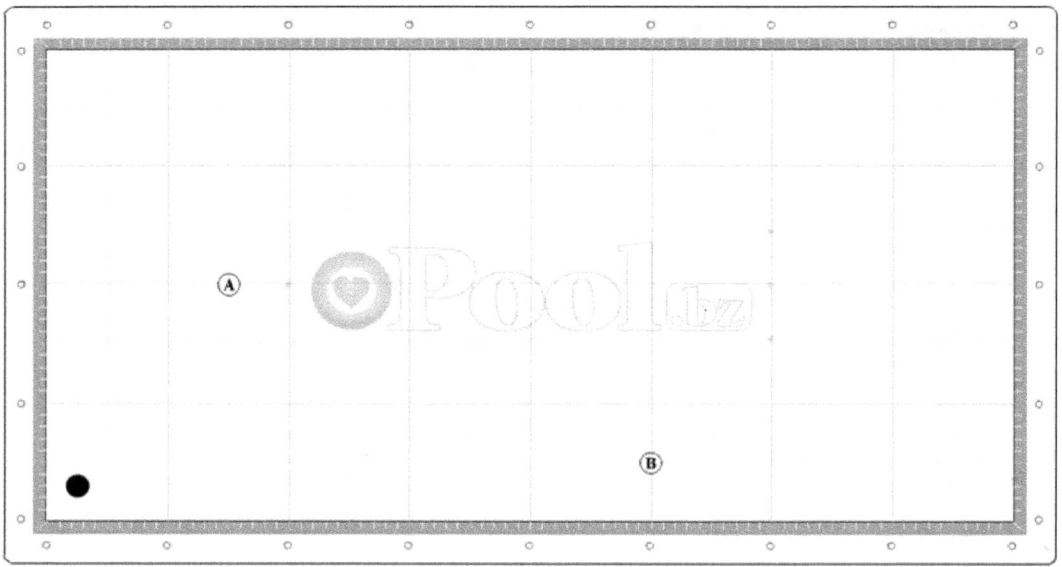

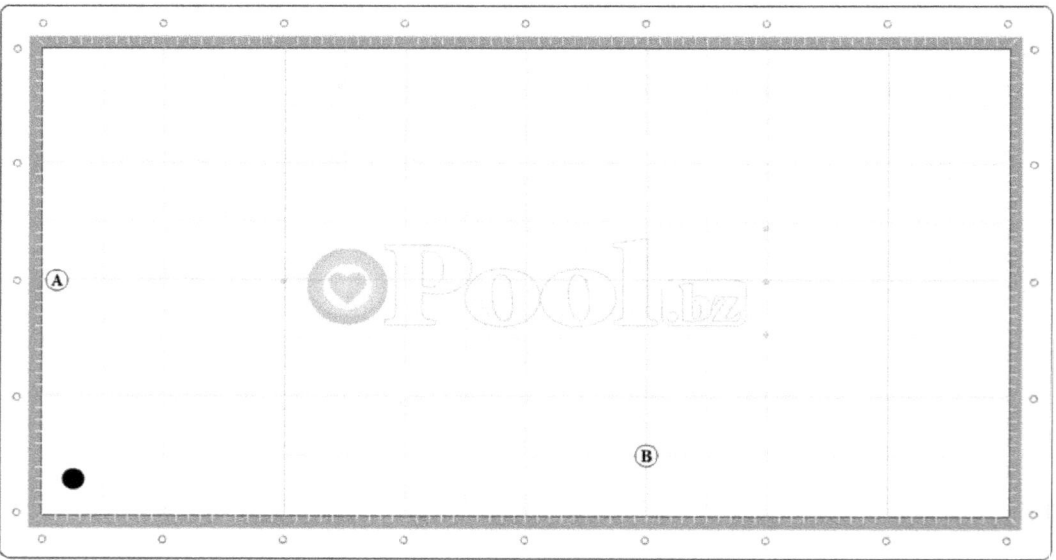

HUOMAUTUS:

Ryhmä 1, sarja 7

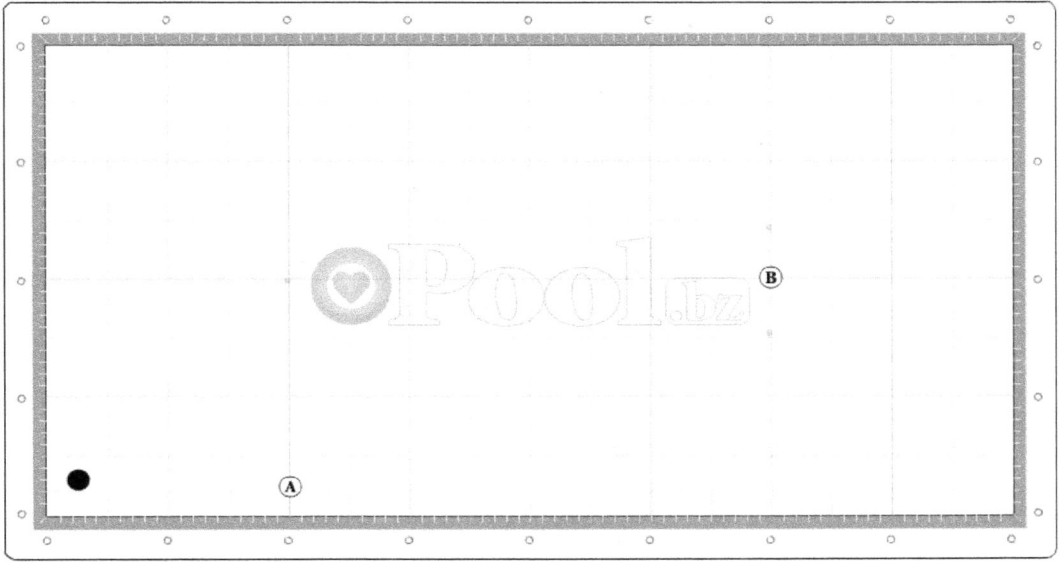

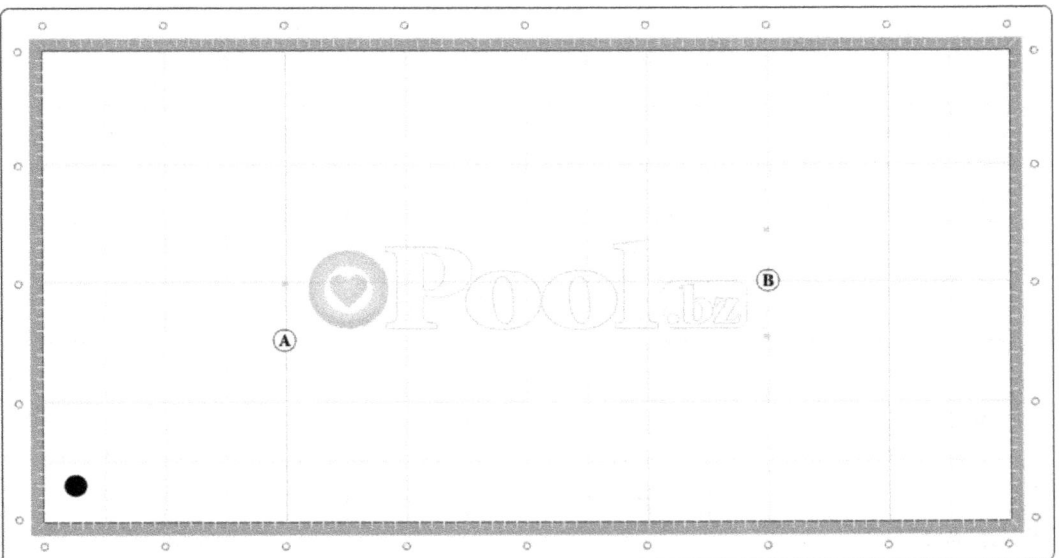

HUOMAUTUS:

Karambolipelejä Biljardi: Lisää arvoituksia ja pulmia

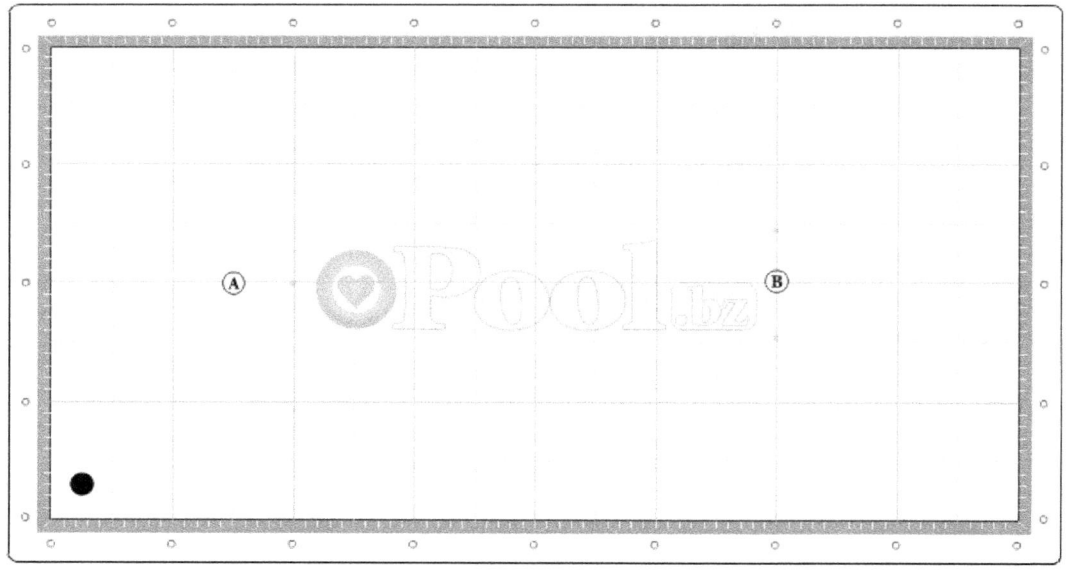

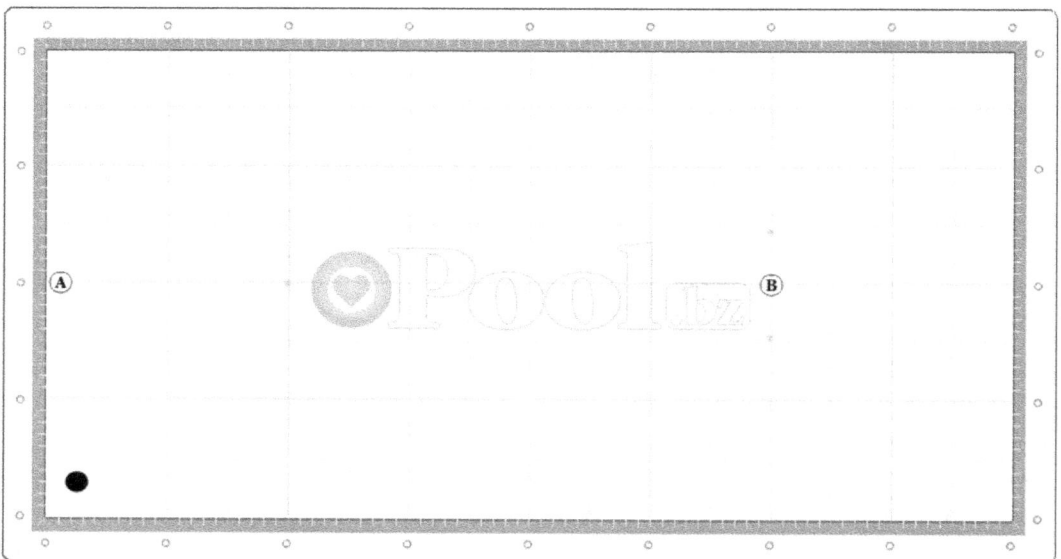

HUOMAUTUS:

Ryhmä 1, sarja 8

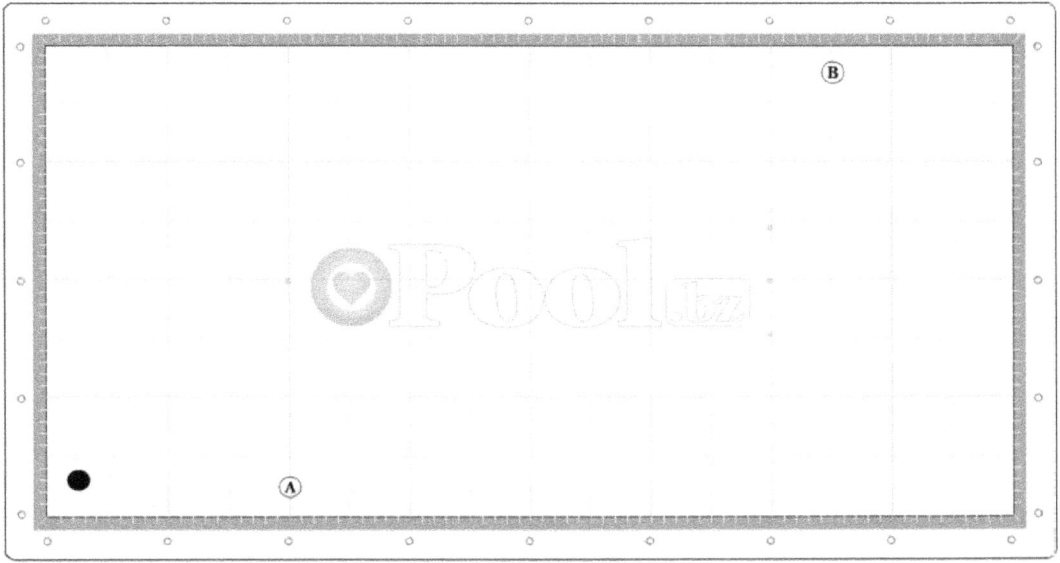

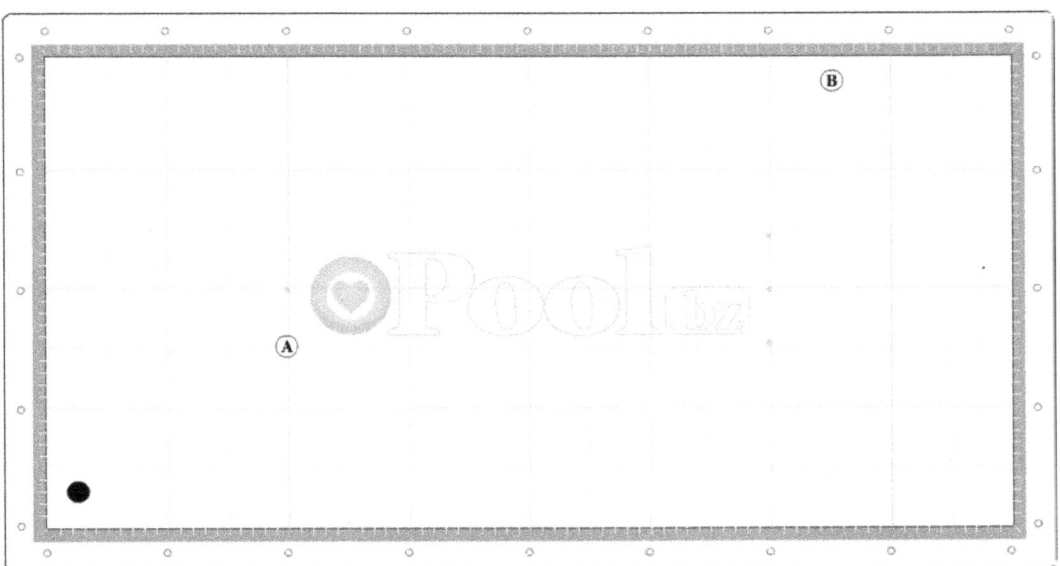

HUOMAUTUS:

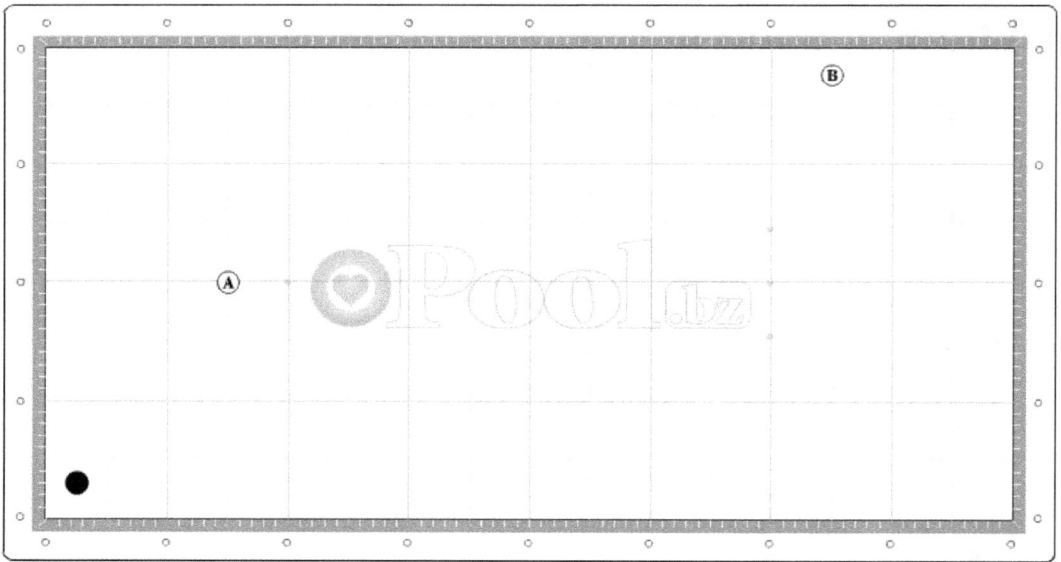

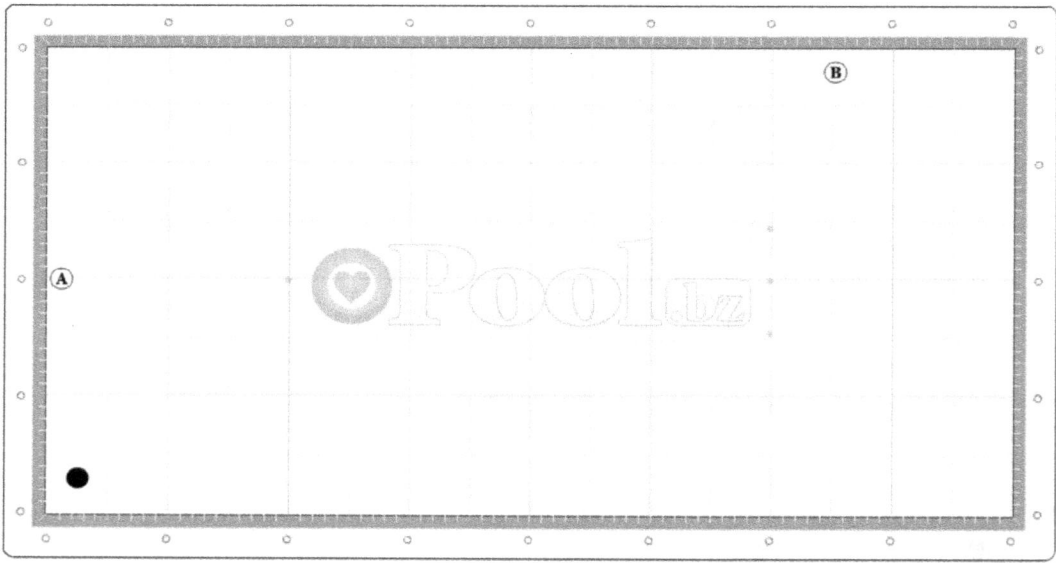

HUOMAUTUS:

Ryhmä 1, sarja 9

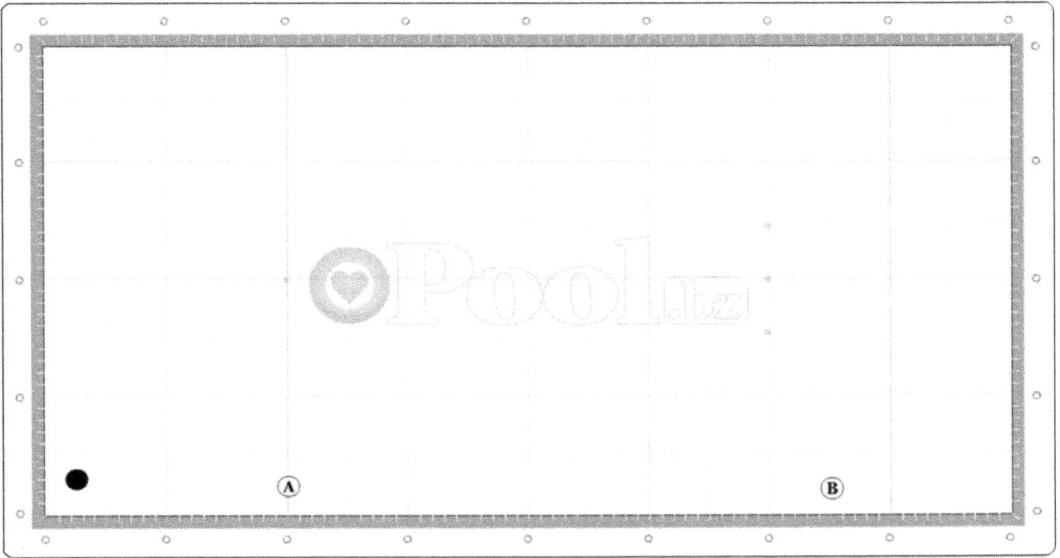

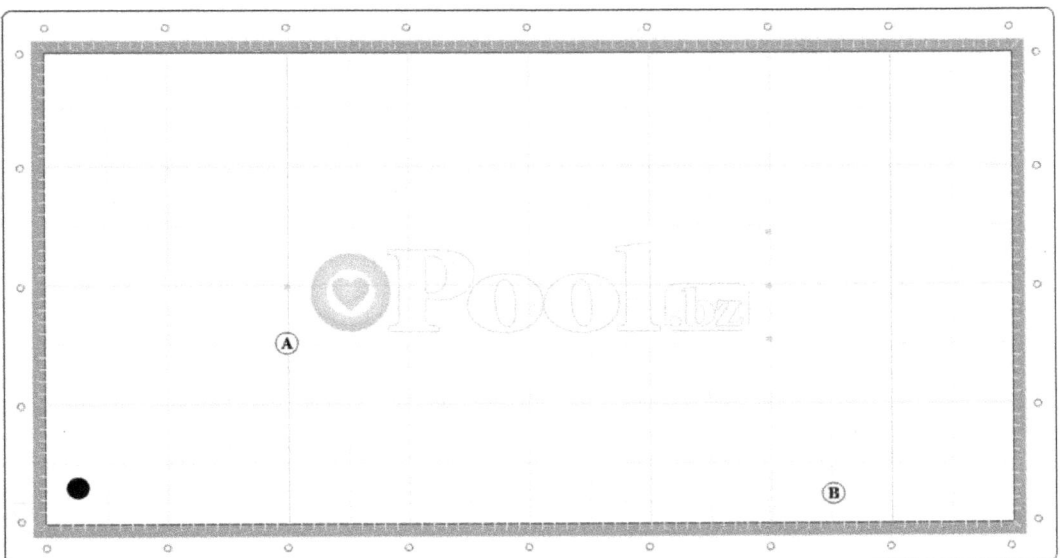

HUOMAUTUS:

Karambolipelejä Biljardi: Lisää arvoituksia ja pulmia

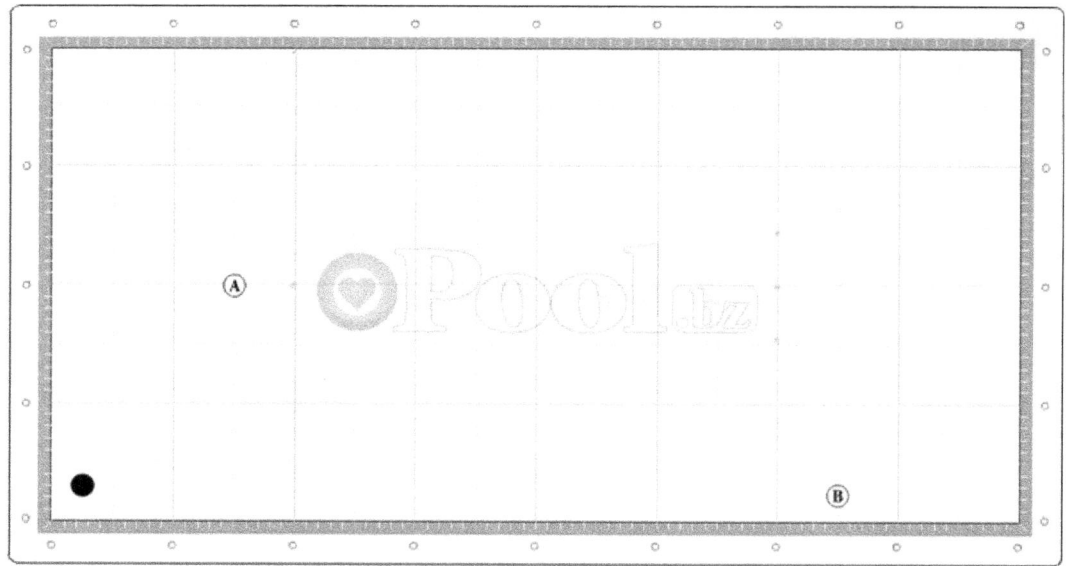

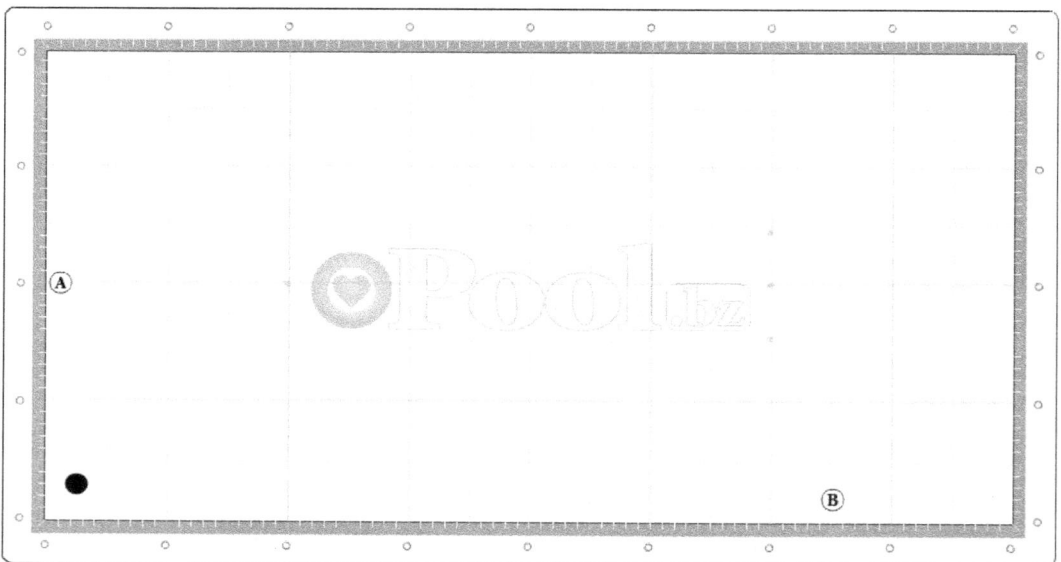

HUOMAUTUS:

Ryhmä 1, sarja 10

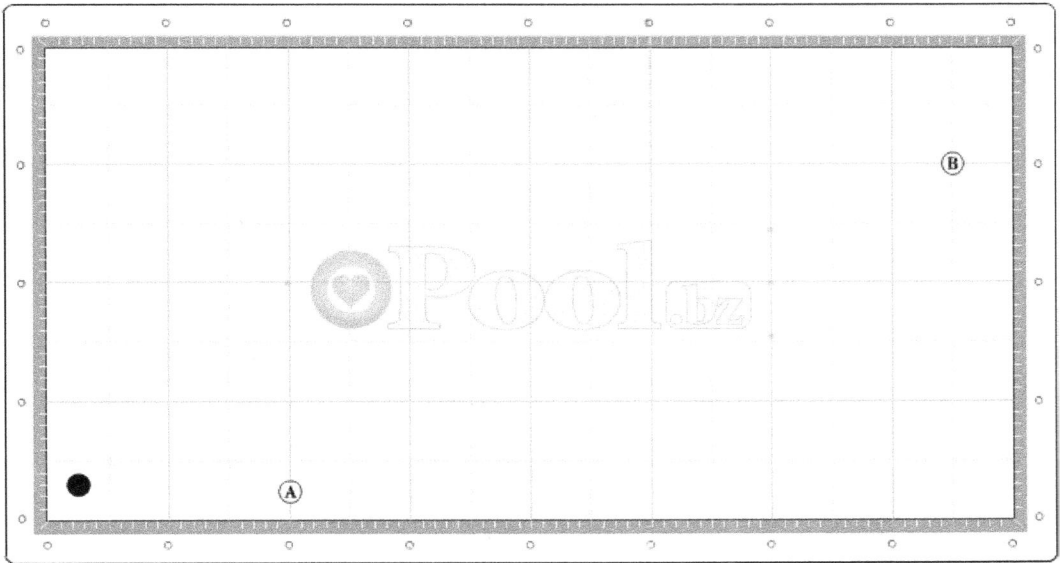

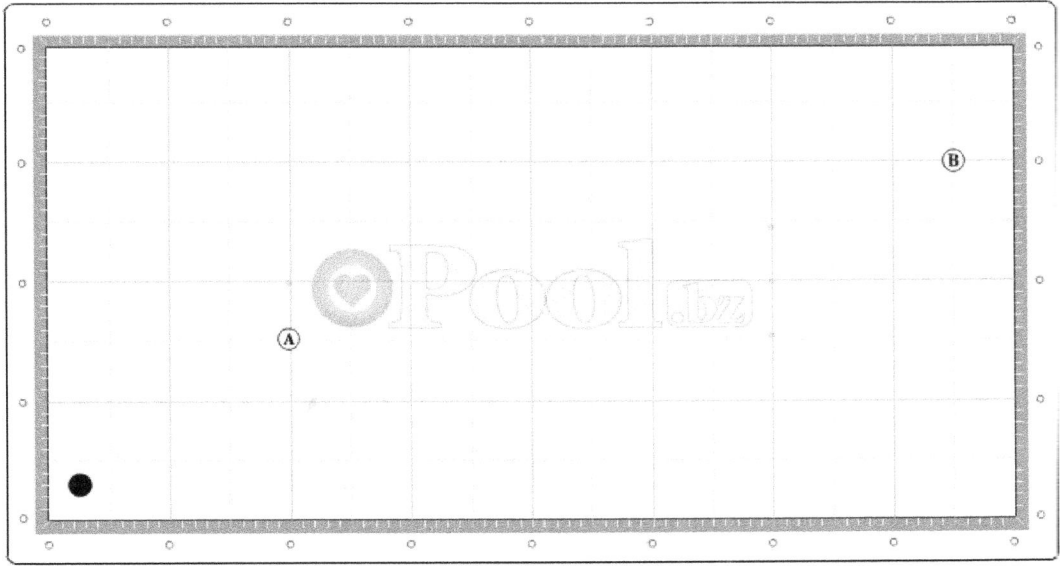

HUOMAUTUS:

Karambolipelejä Biljardi: Lisää arvoituksia ja pulmia

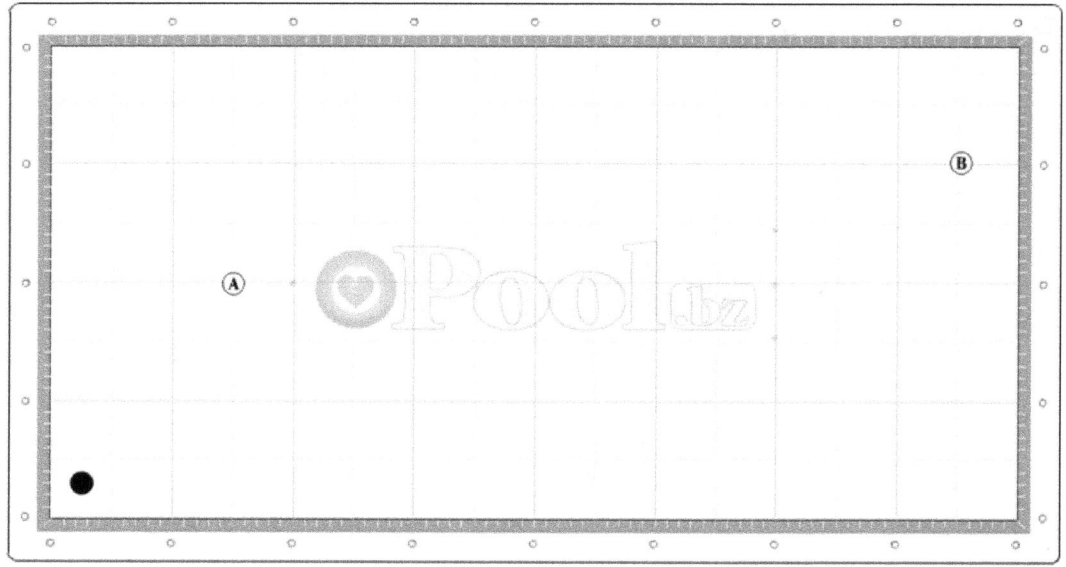

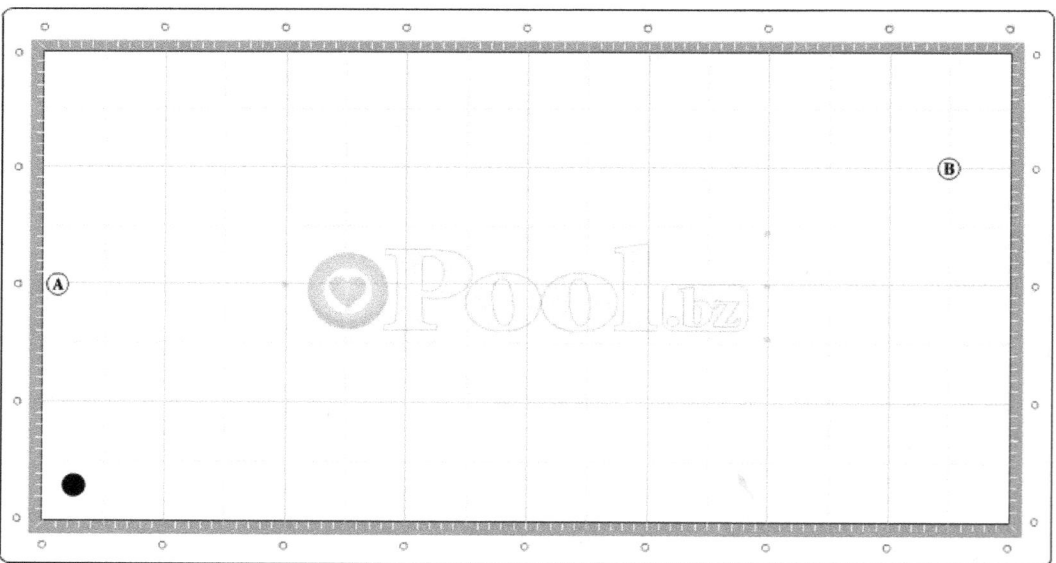

HUOMAUTUS:

Ryhmä 1, sarja 11

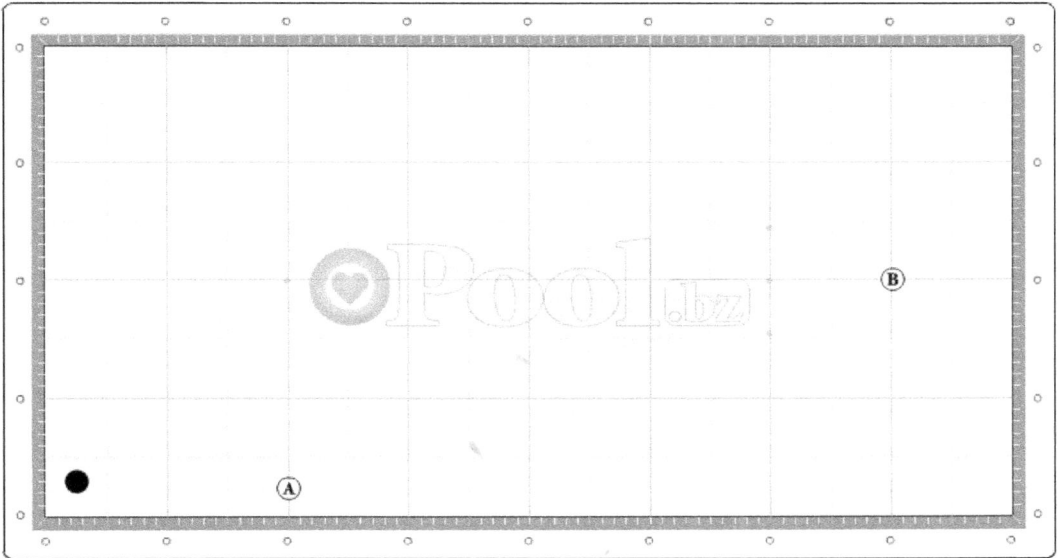

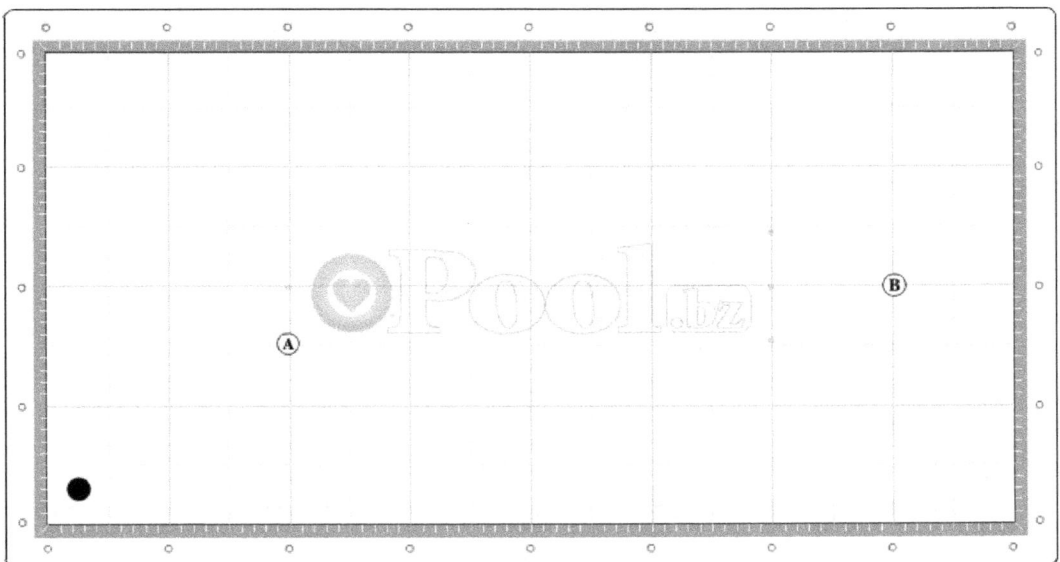

HUOMAUTUS:

Karambolipelejä Biljardi: Lisää arvoituksia ja pulmia

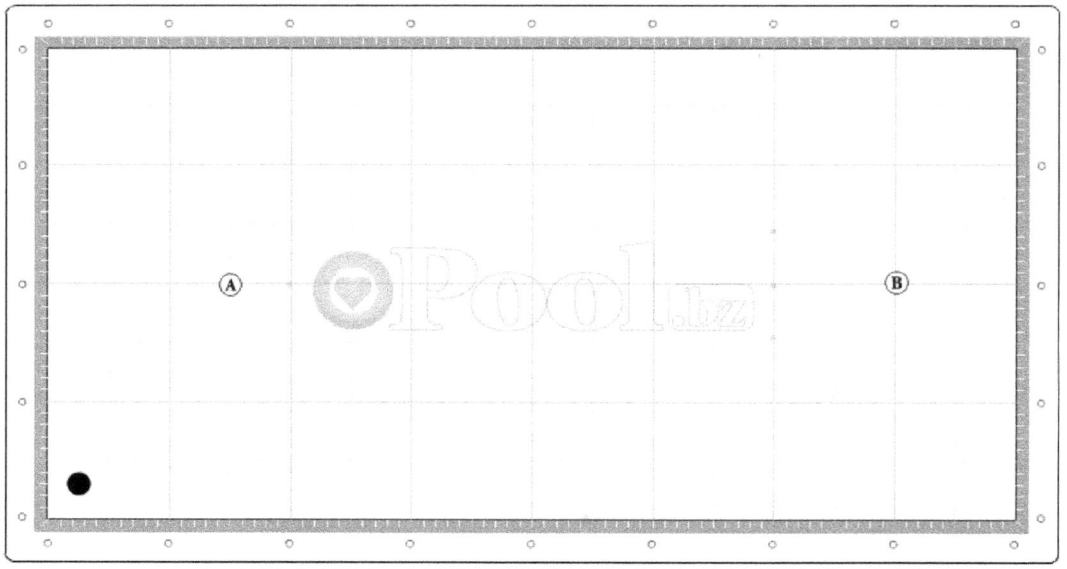

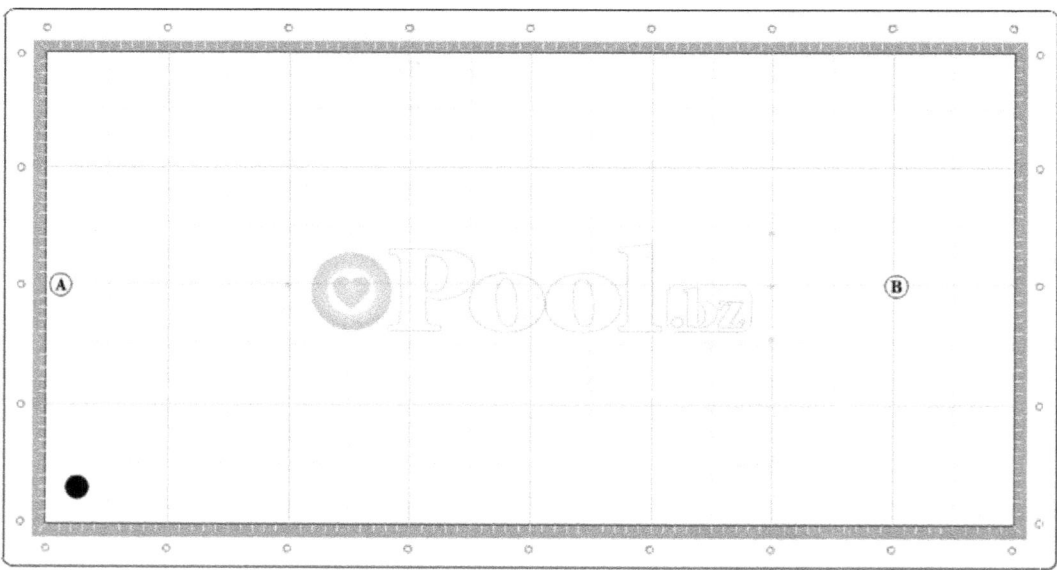

HUOMAUTUS:

Ryhmä 1, sarja 12

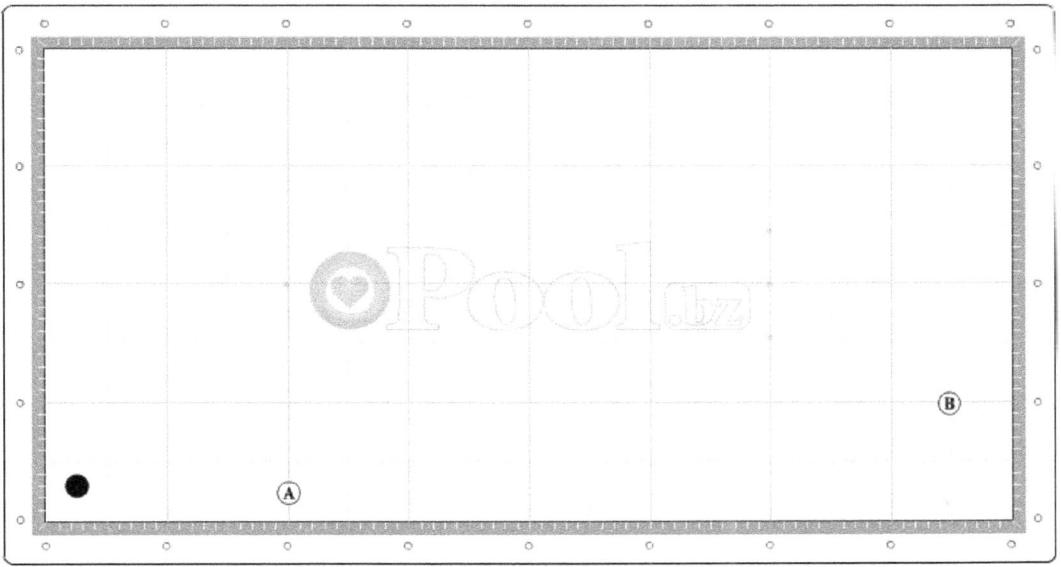

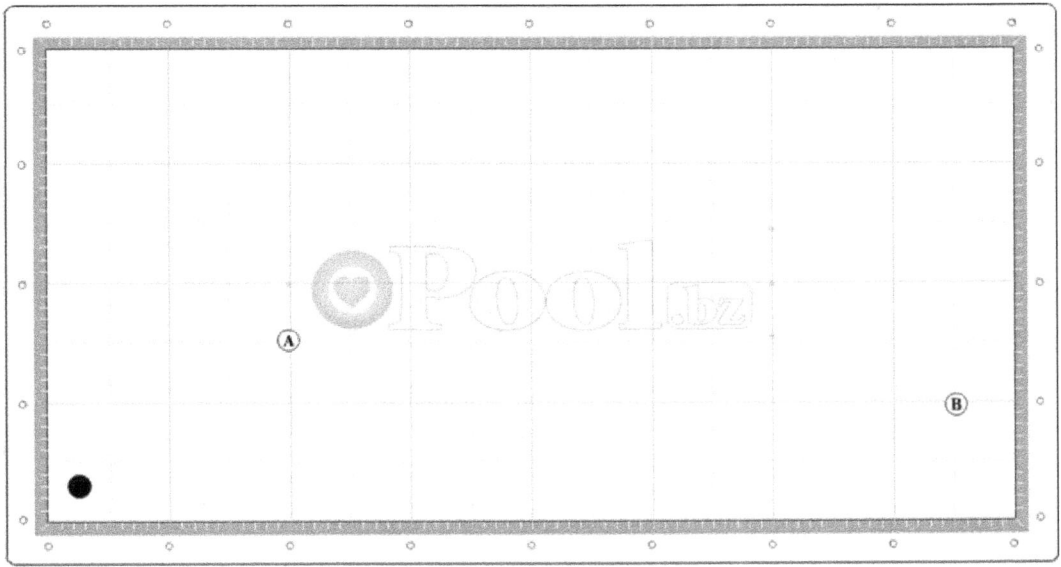

HUOMAUTUS:

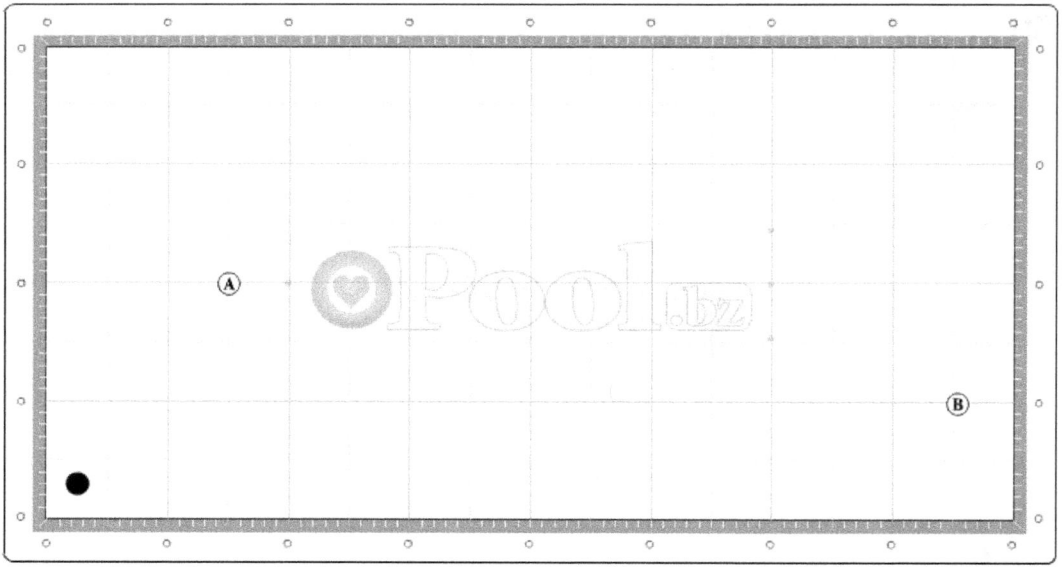

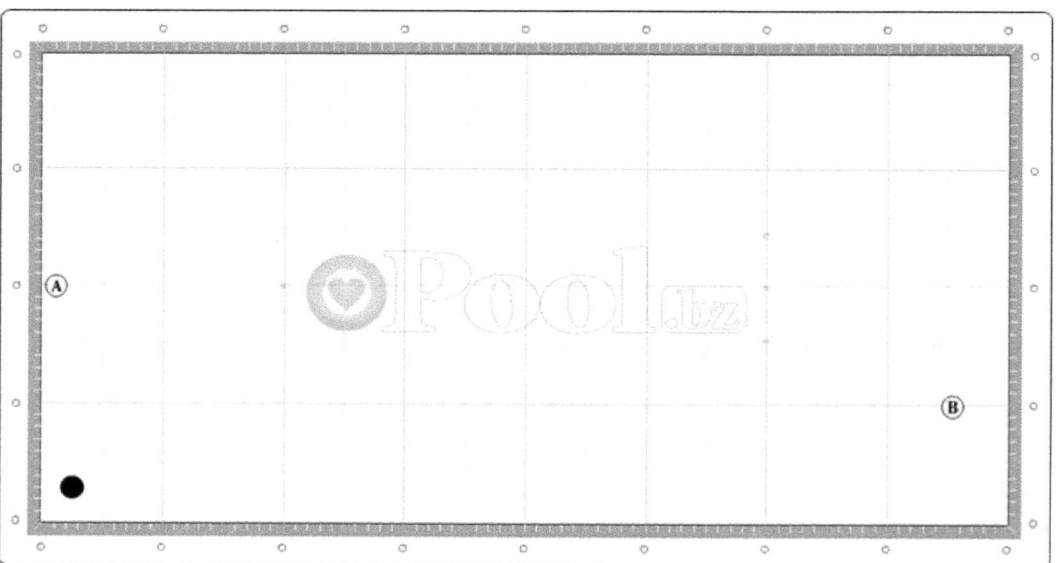

HUOMAUTUS:

RYHMÄ 2

Ryhmä 2, sarja 1

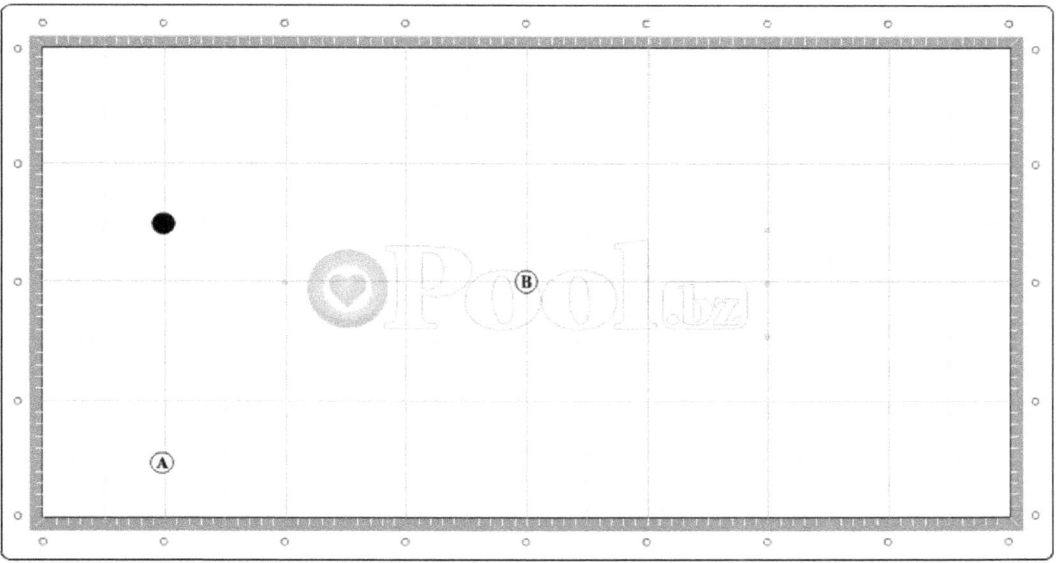

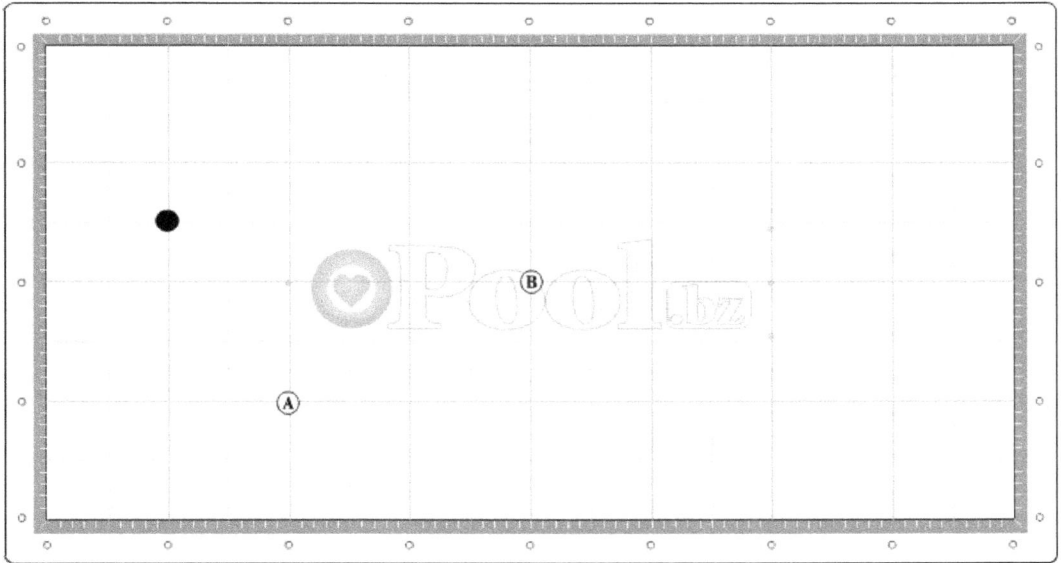

HUOMAUTUS:

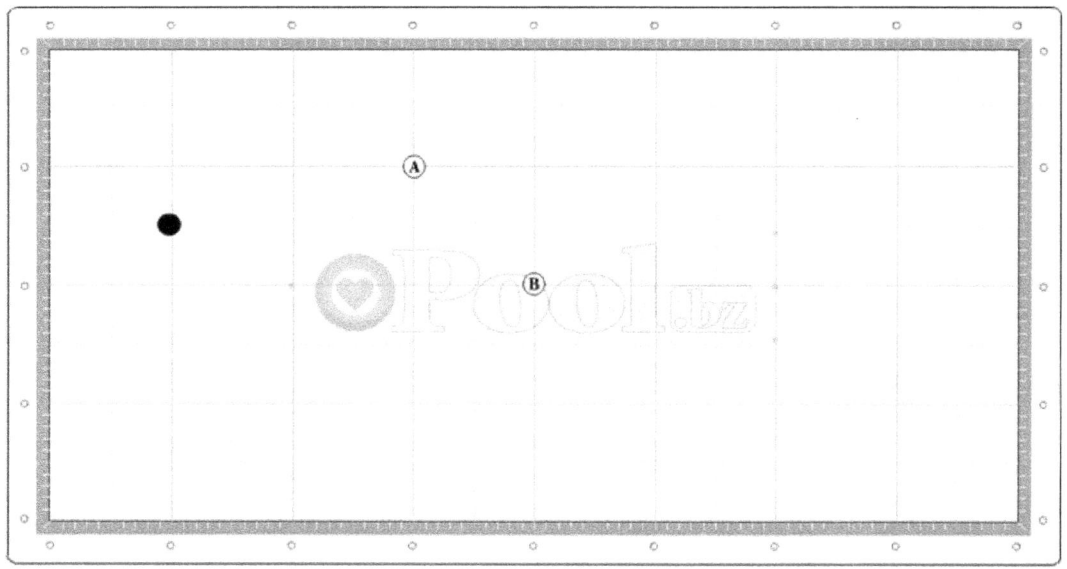

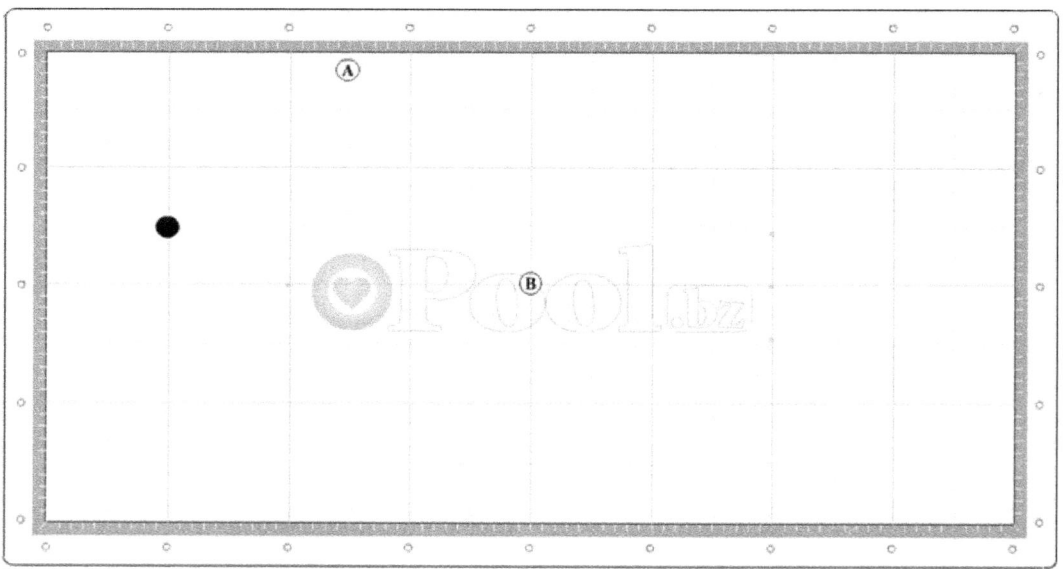

HUOMAUTUS:

Ryhmä 2, sarja 2

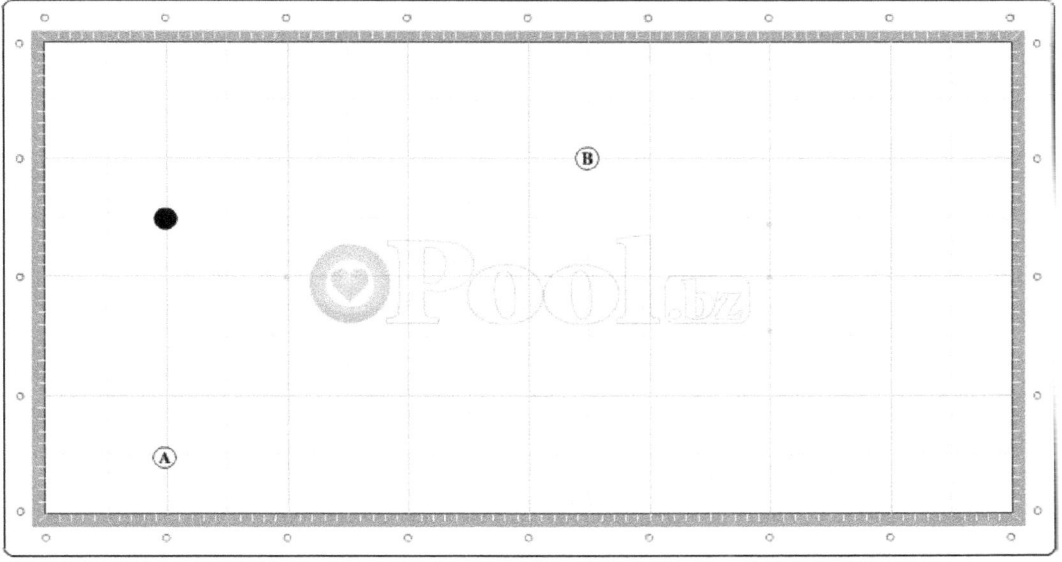

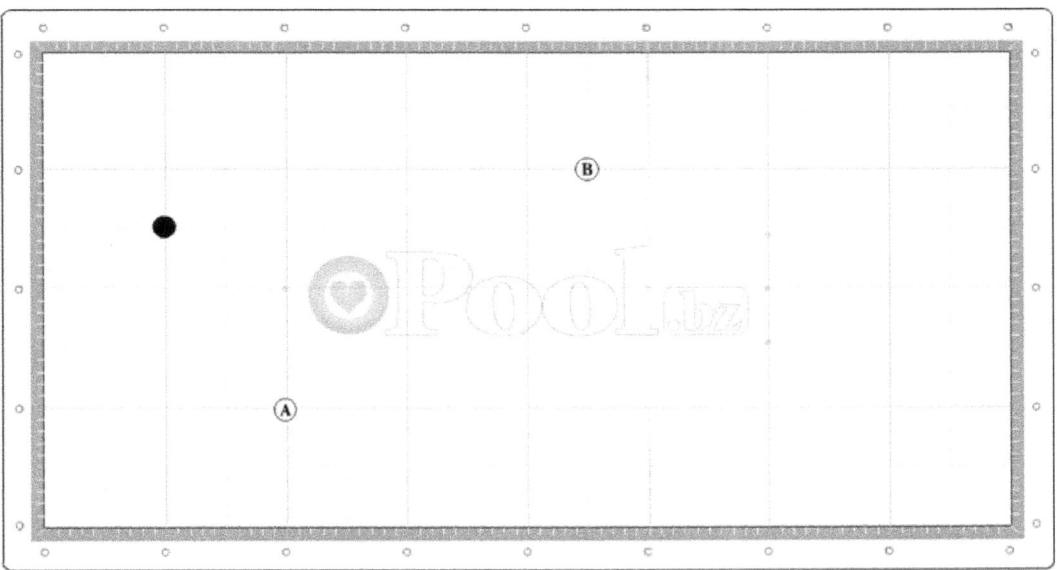

HUOMAUTUS:

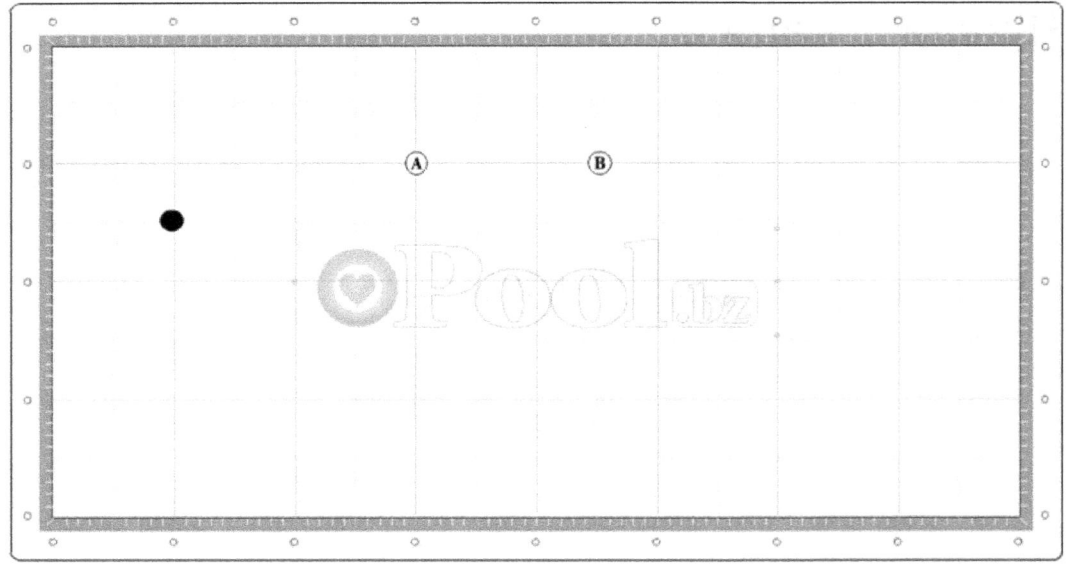

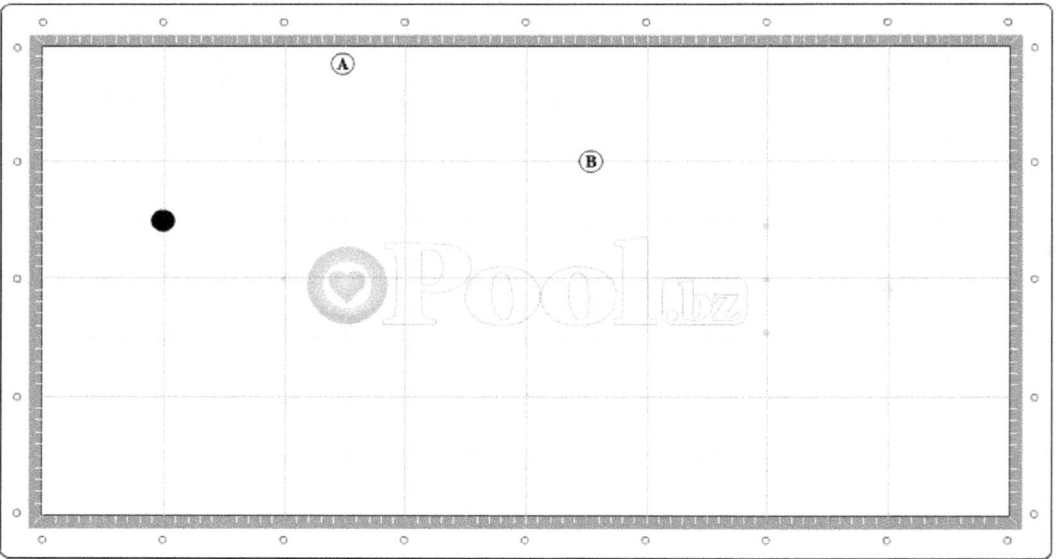

HUOMAUTUS:

Ryhmä 2, sarja 3

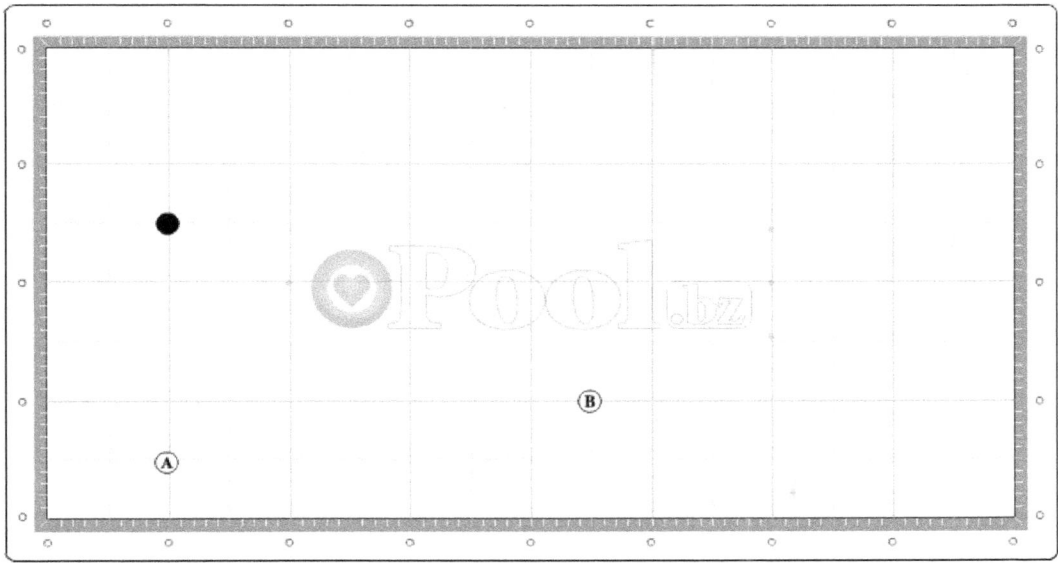

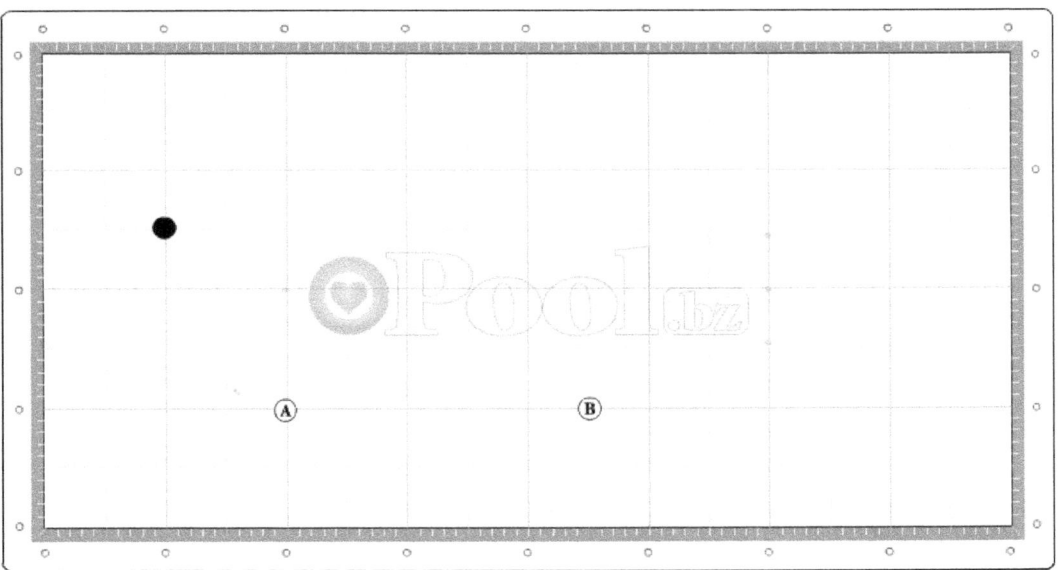

HUOMAUTUS:

Karambolipelejä Biljardi: Lisää arvoituksia ja pulmia

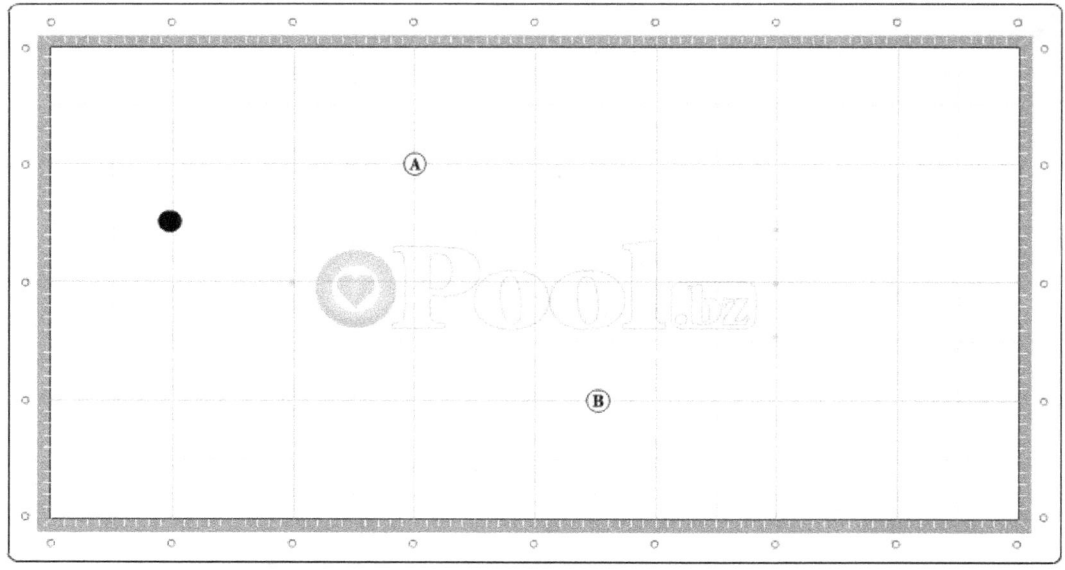

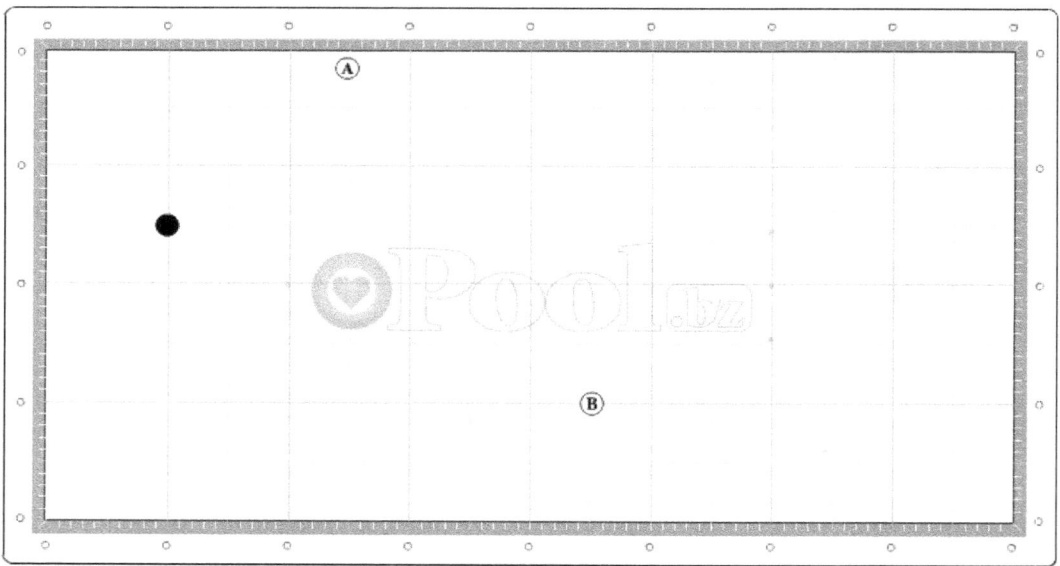

HUOMAUTUS:

Ryhmä 2, sarja 4

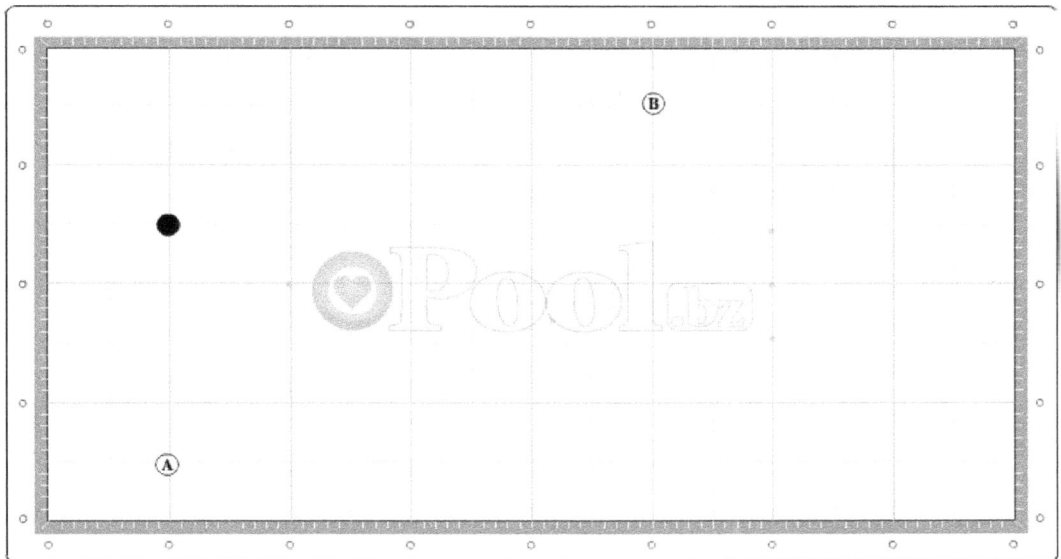

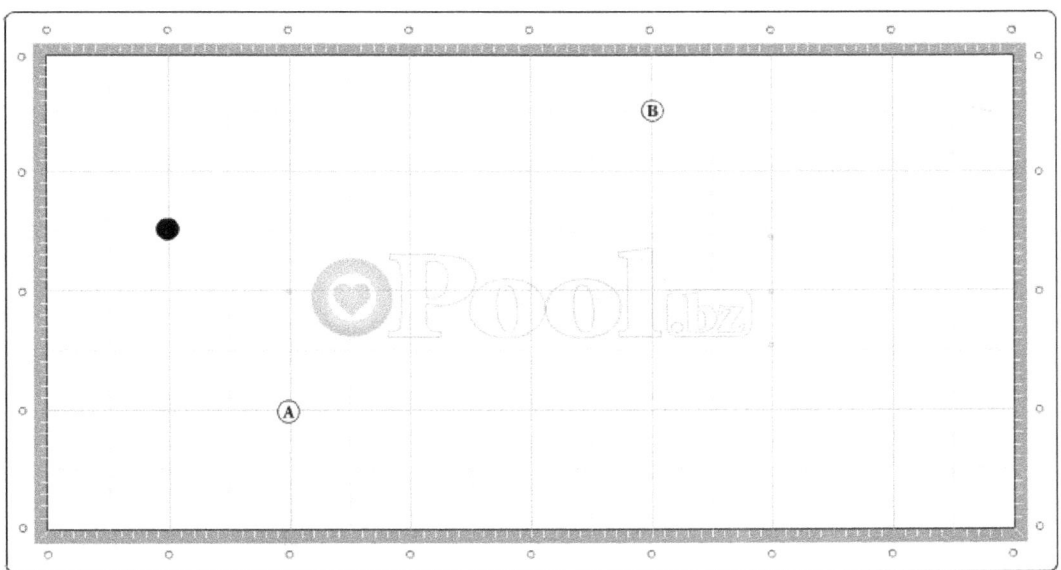

HUOMAUTUS:

Karambolipelejä Biljardi: Lisää arvoituksia ja pulmia

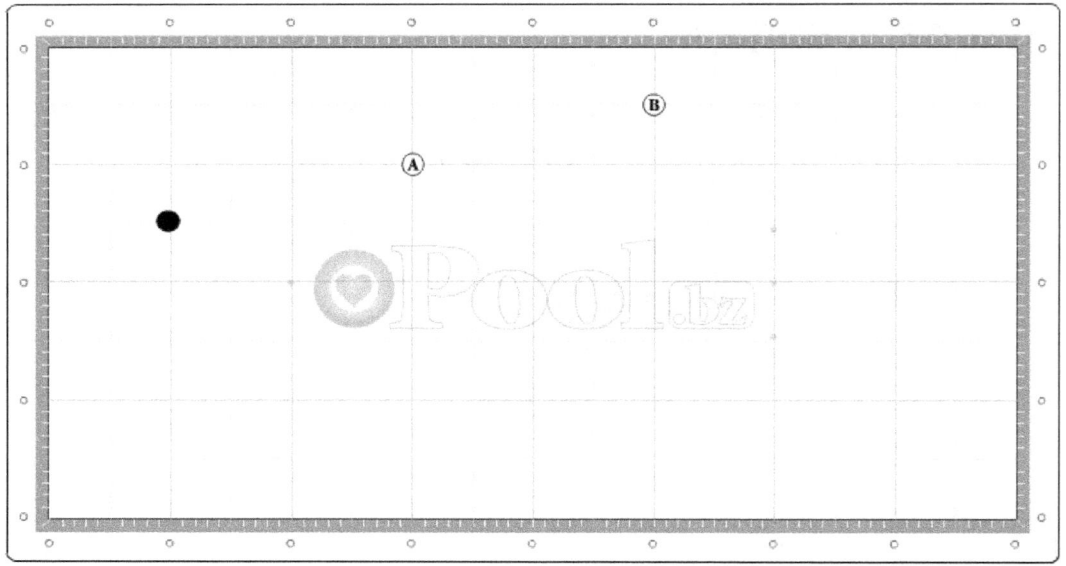

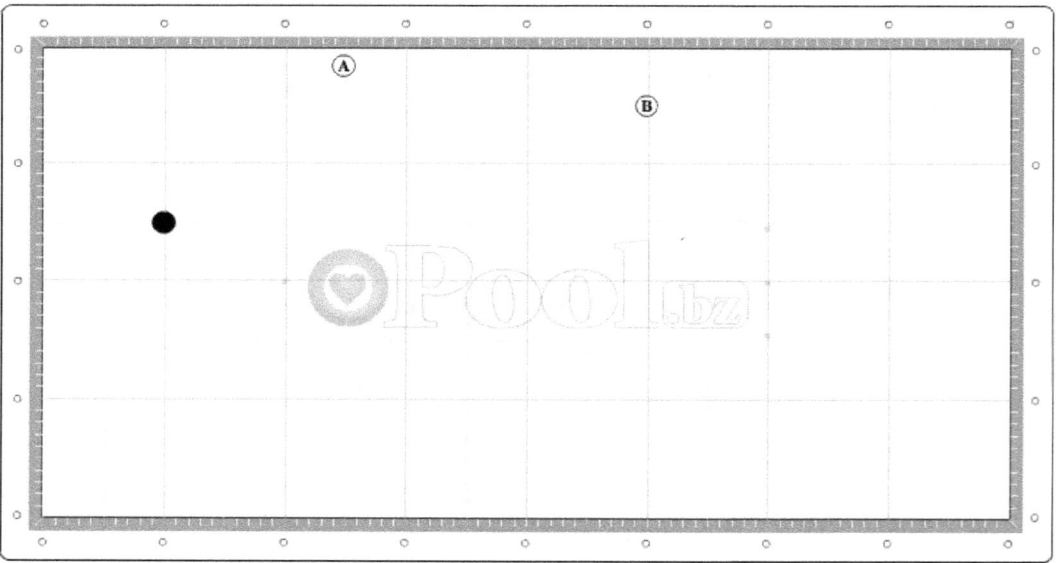

HUOMAUTUS:

Ryhmä 2, sarja 5

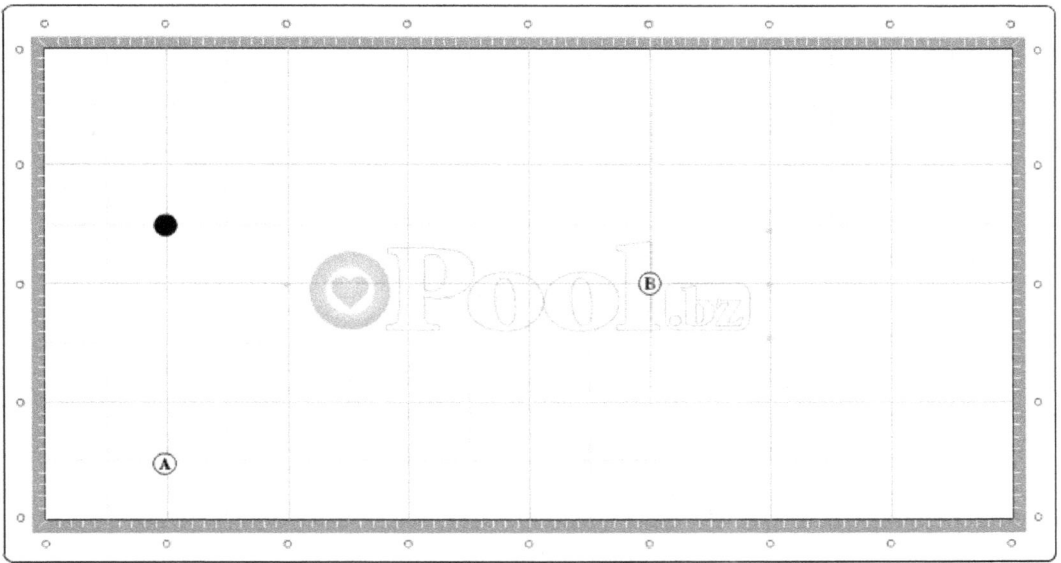

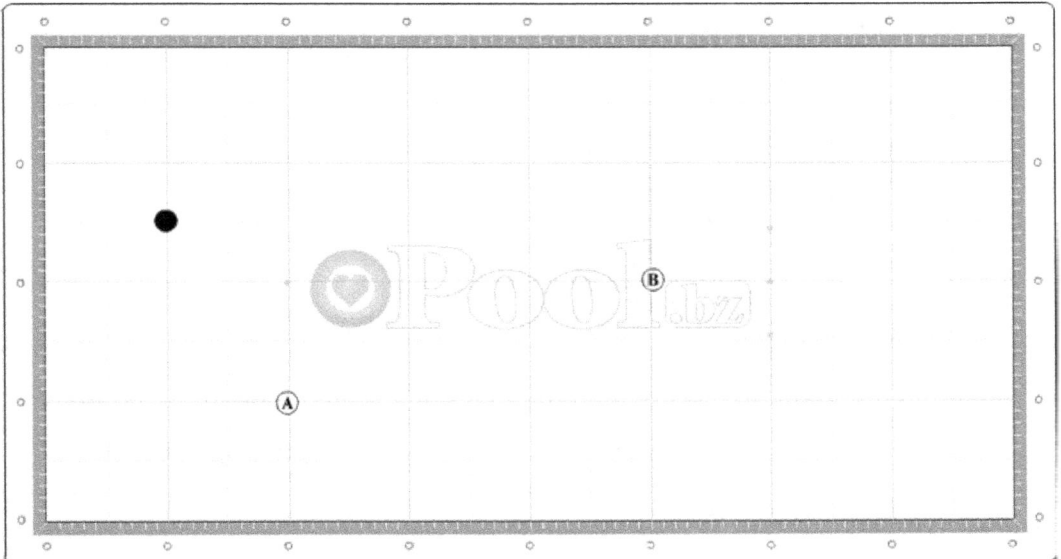

HUOMAUTUS:

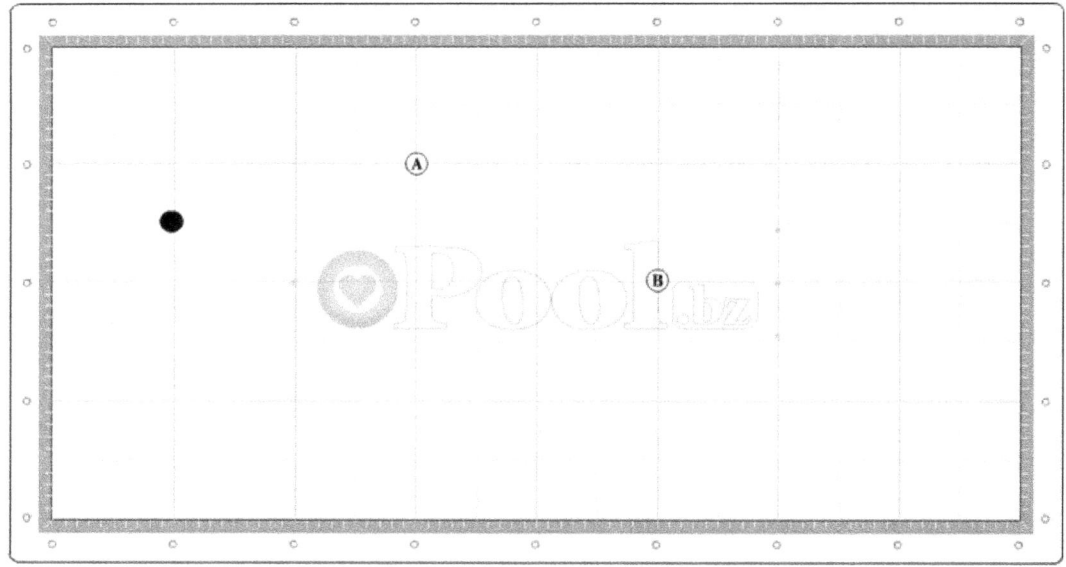

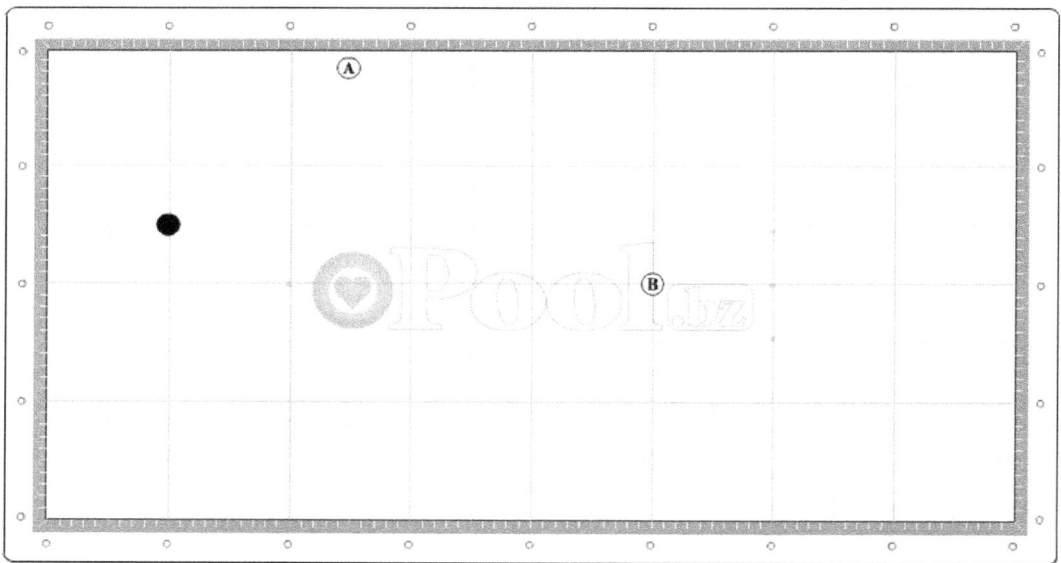

HUOMAUTUS:

Ryhmä 2, sarja 6

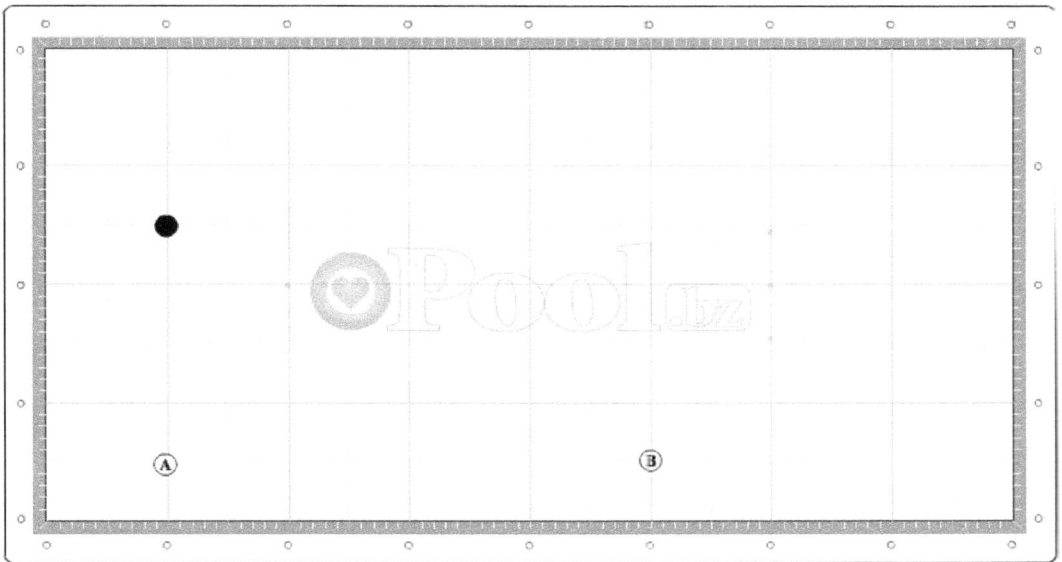

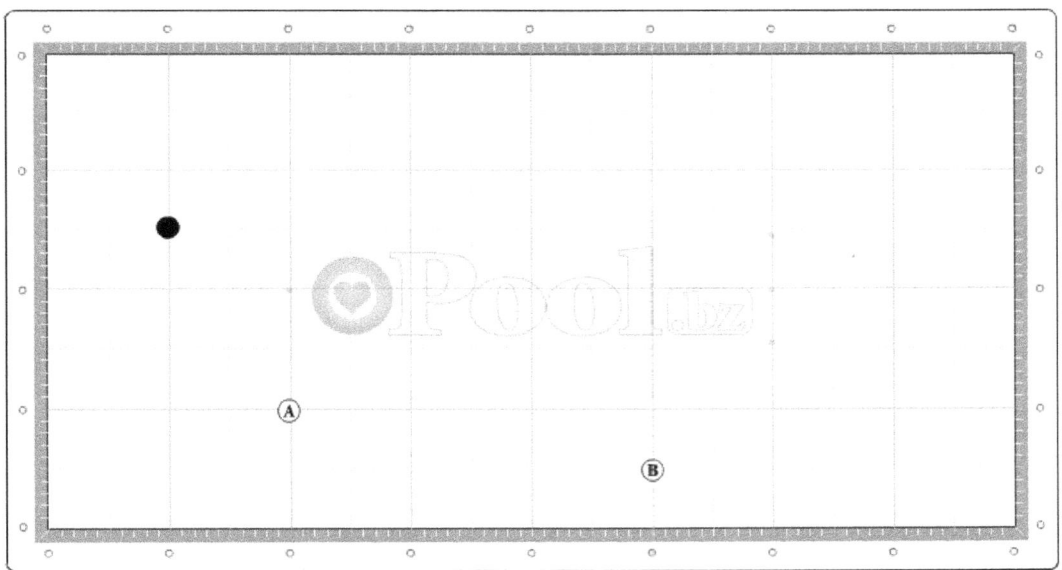

HUOMAUTUS:

Karambolipelejä Biljardi: Lisää arvoituksia ja pulmia

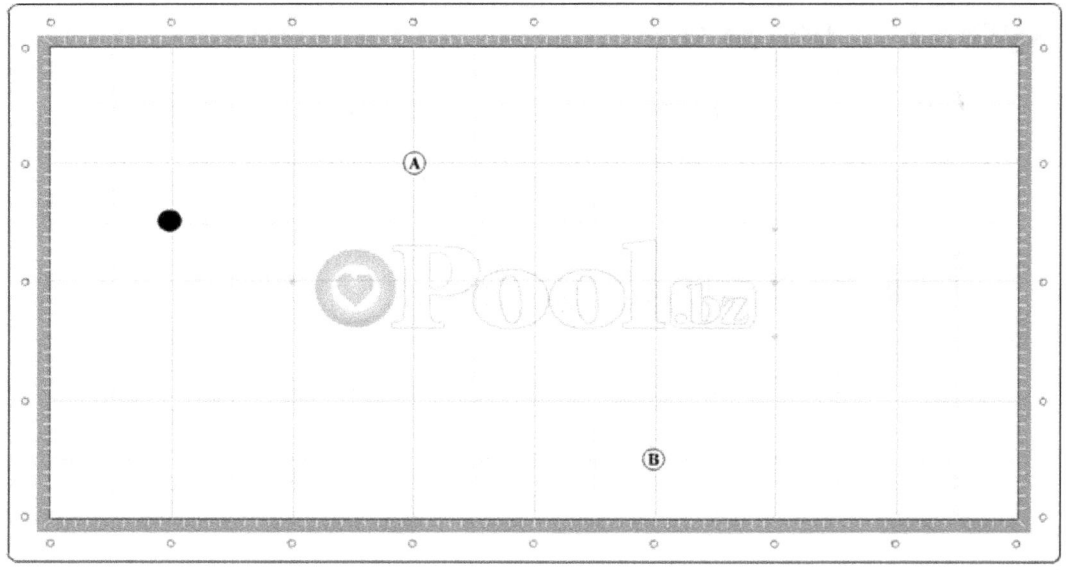

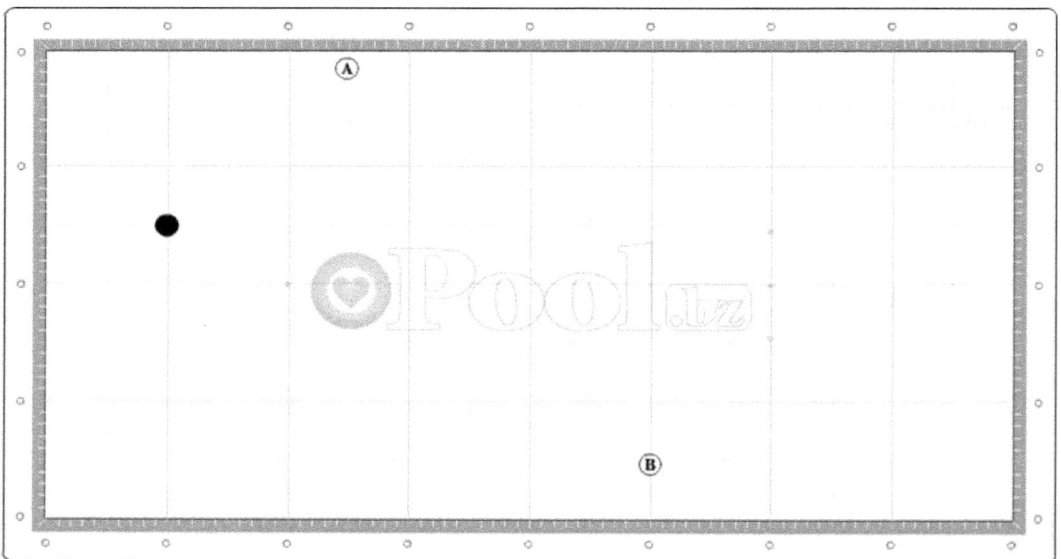

HUOMAUTUS:

Ryhmä 2, sarja 7

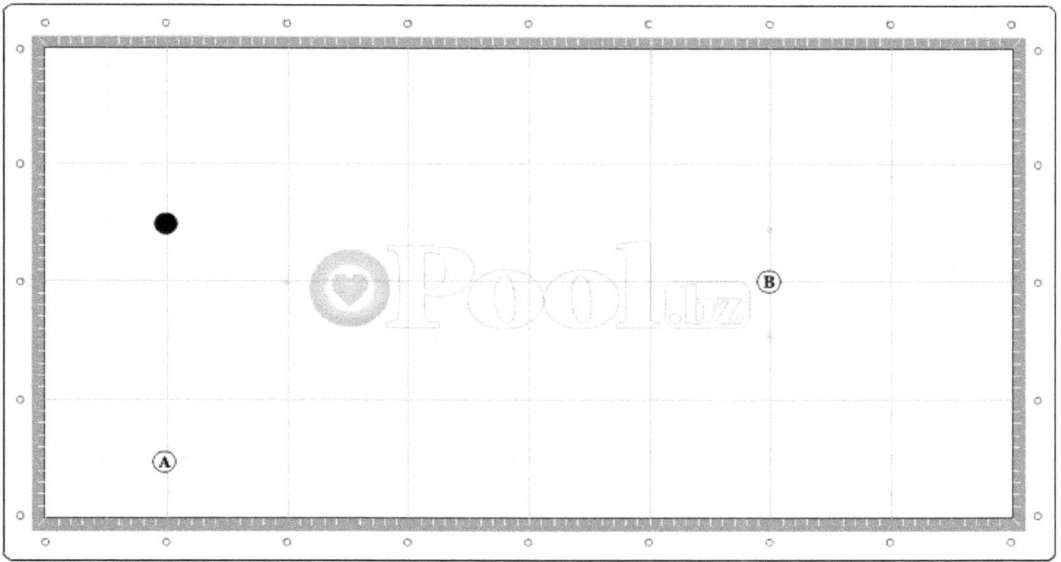

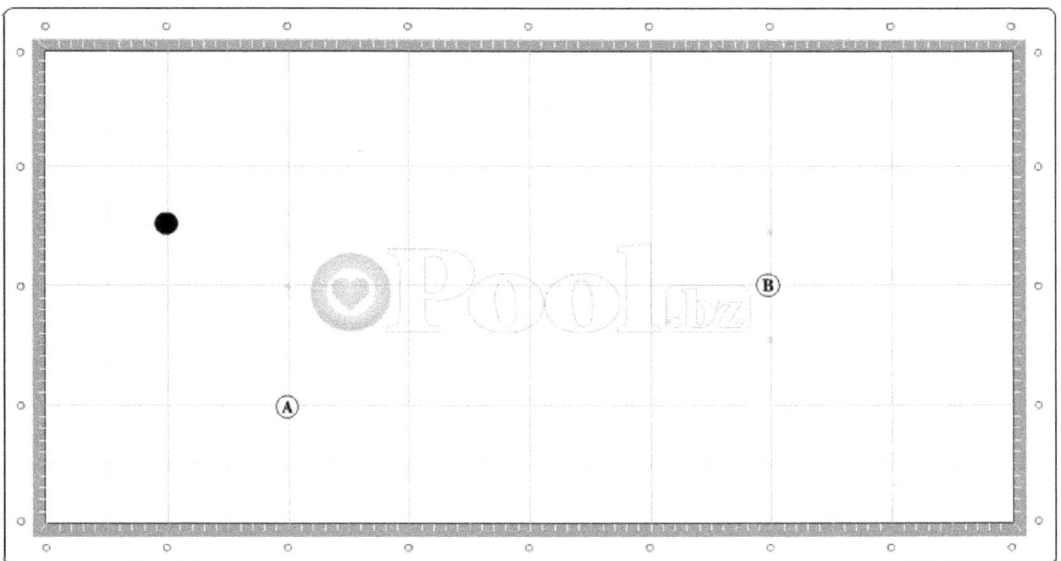

HUOMAUTUS:

Karambolipelejä Biljardi: Lisää arvoituksia ja pulmia

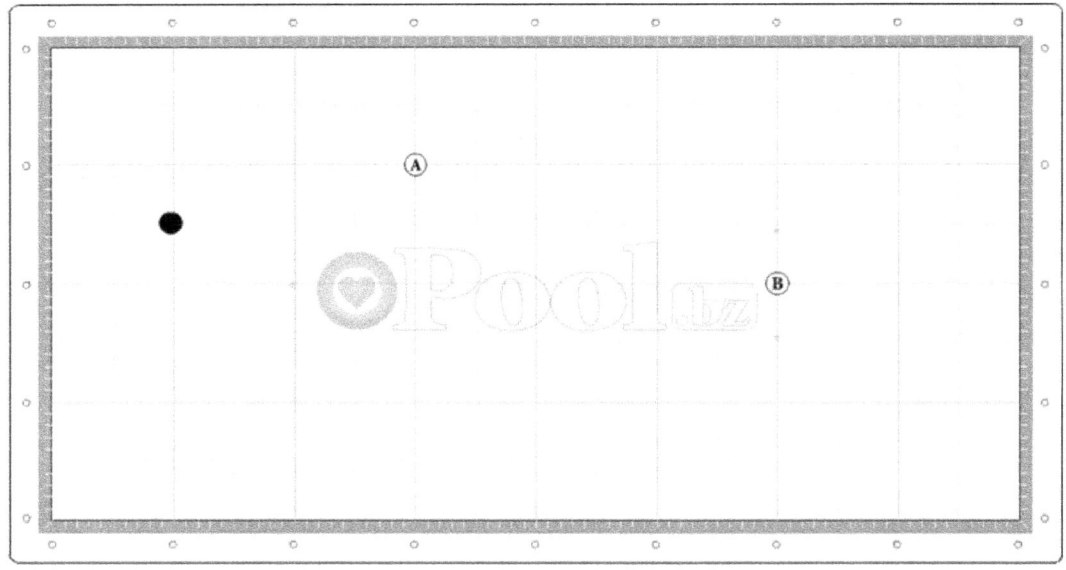

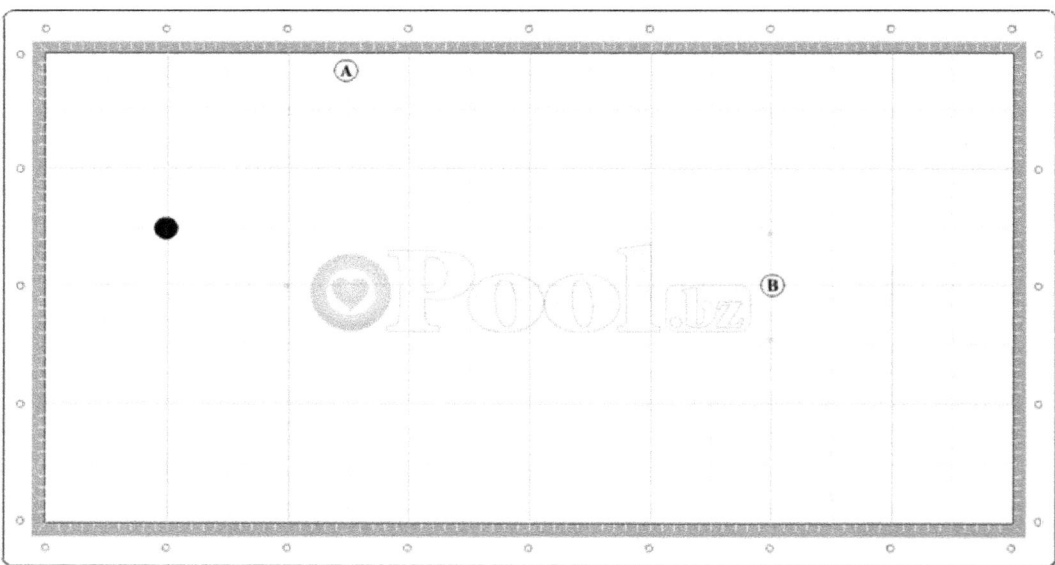

HUOMAUTUS:

Ryhmä 2, sarja 8

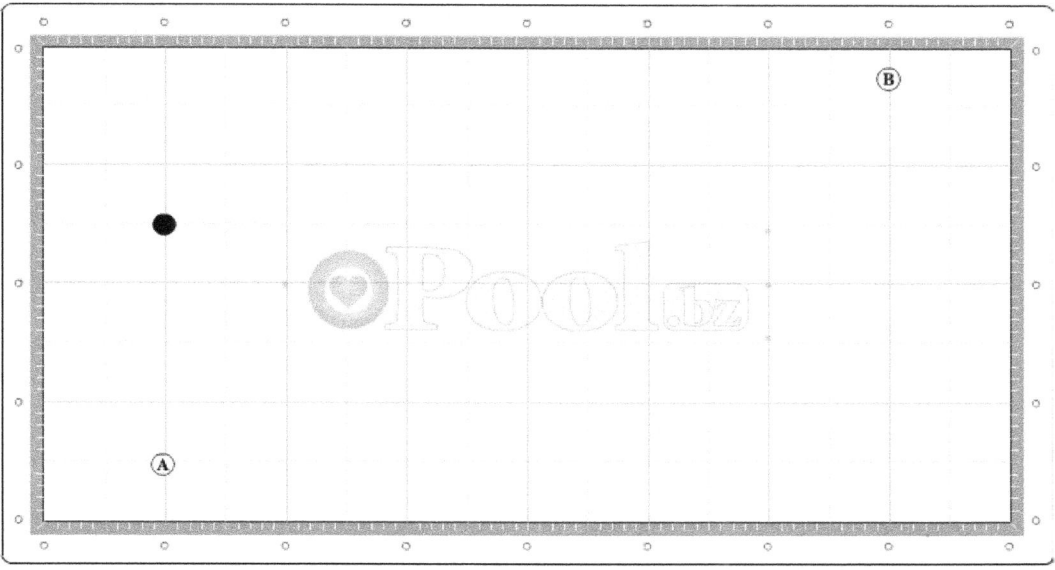

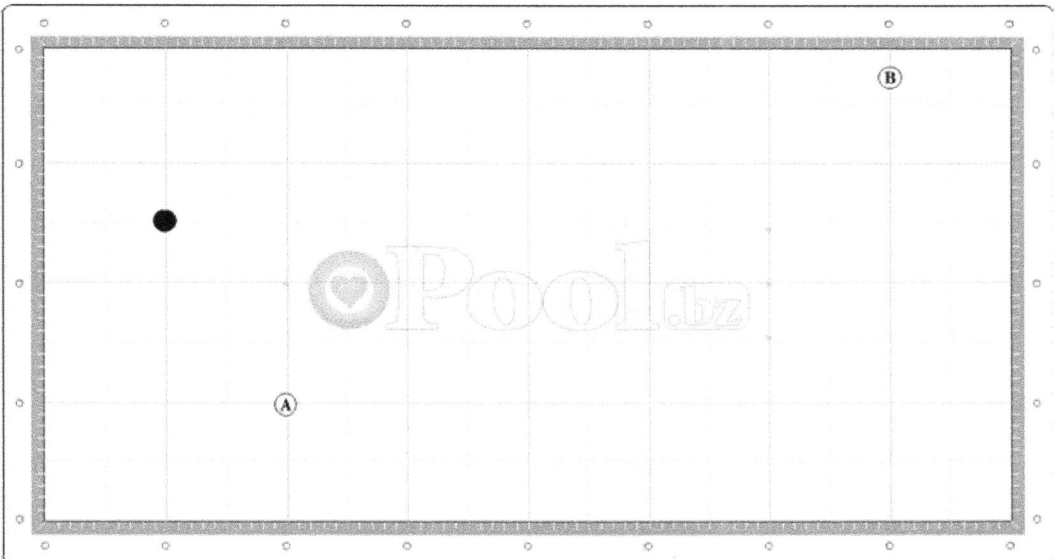

HUOMAUTUS:

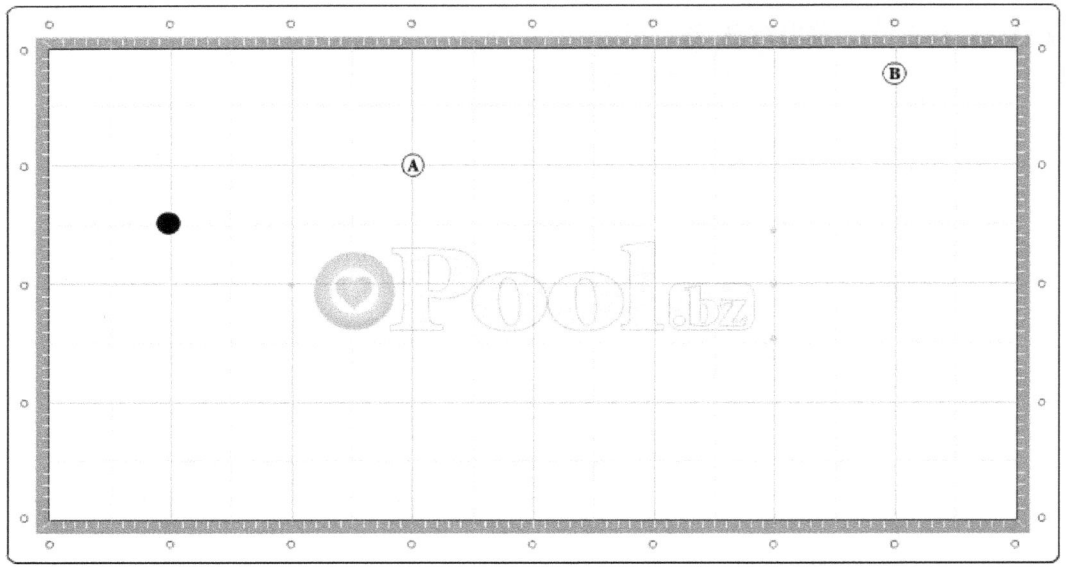

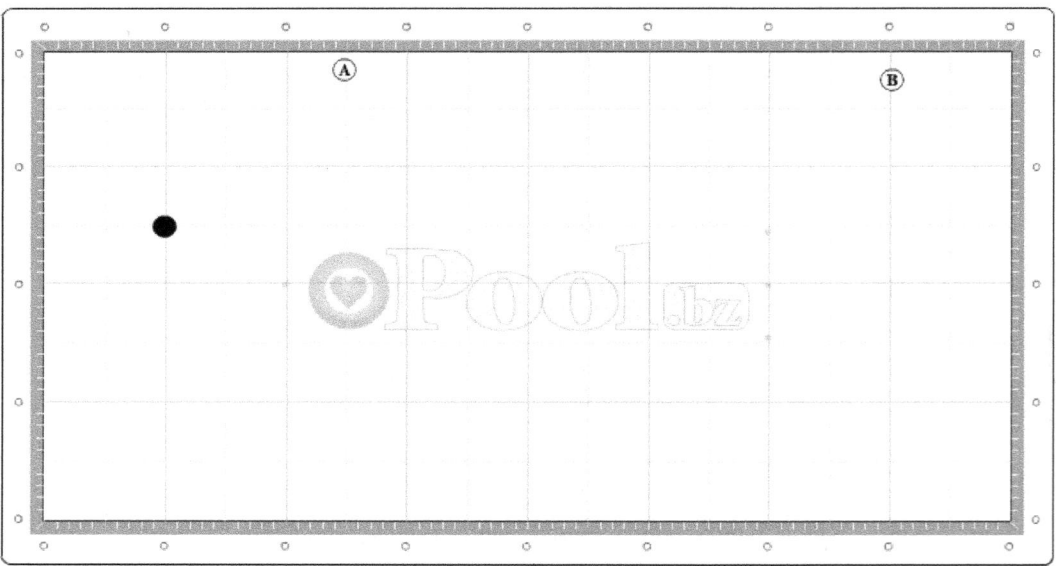

HUOMAUTUS:

Ryhmä 2, sarja 9

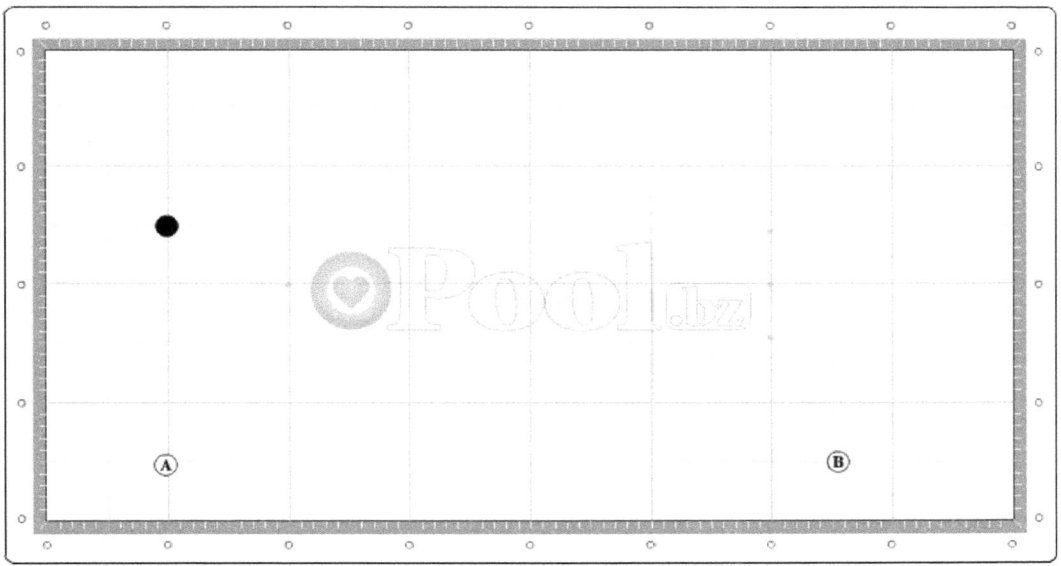

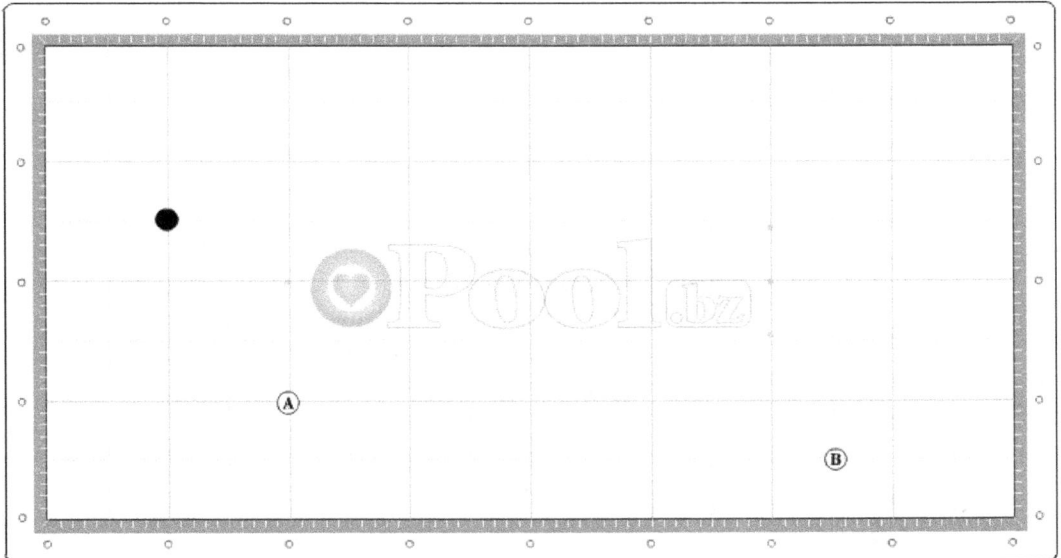

HUOMAUTUS:

Karambolipelejä Biljardi: Lisää arvoituksia ja pulmia

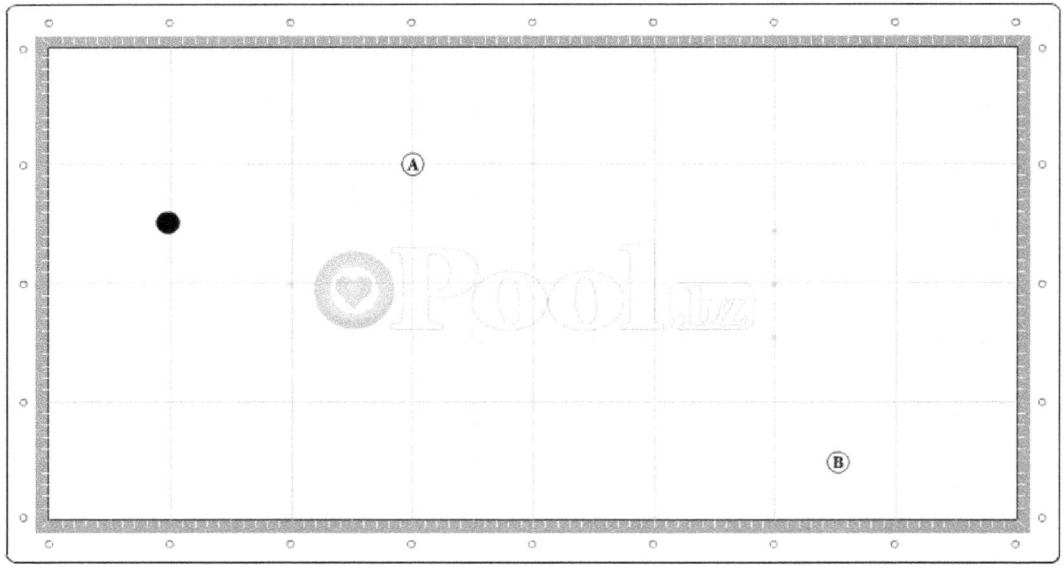

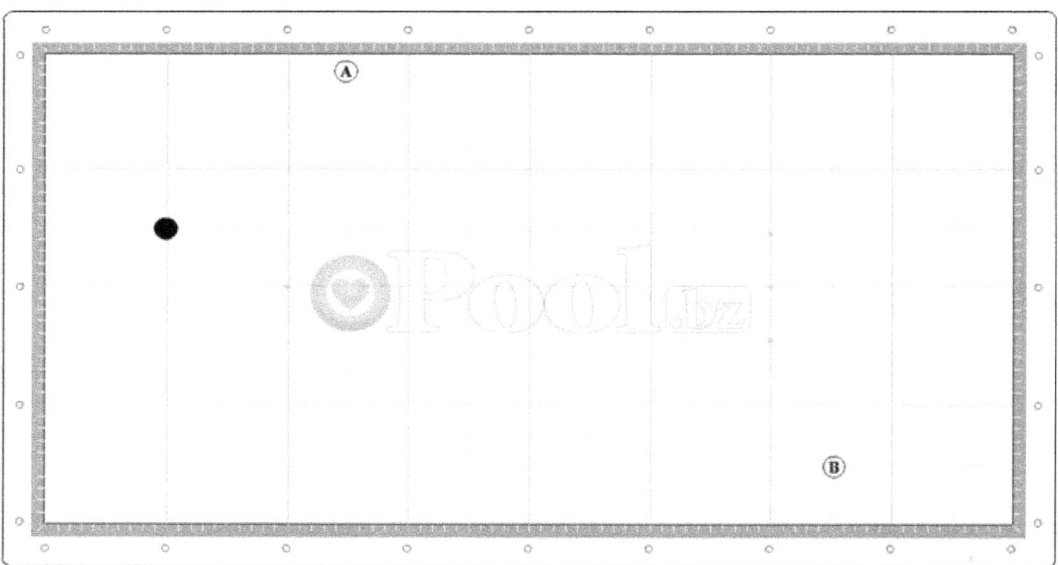

HUOMAUTUS:

Ryhmä 2, sarja 10

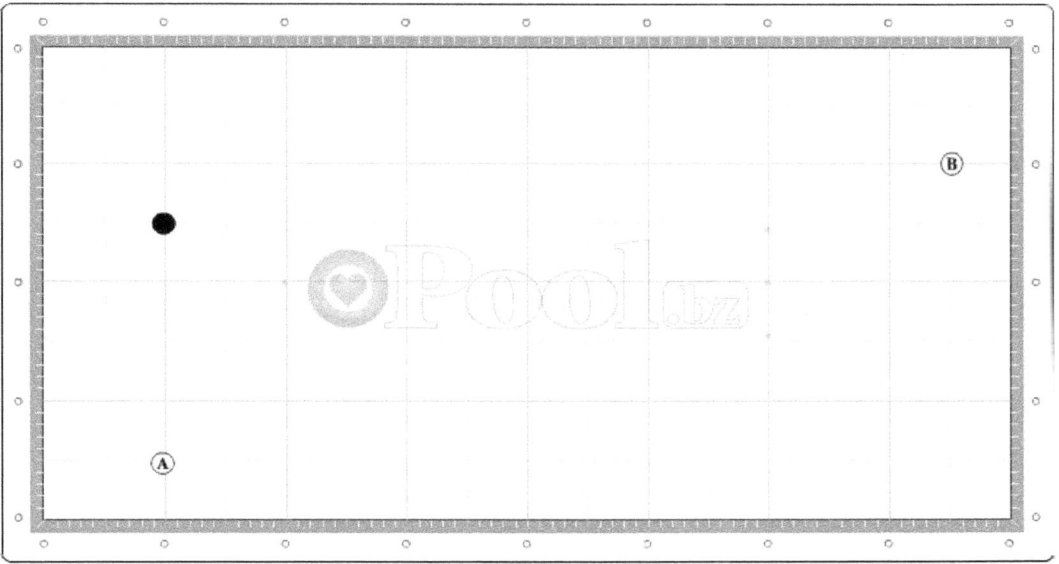

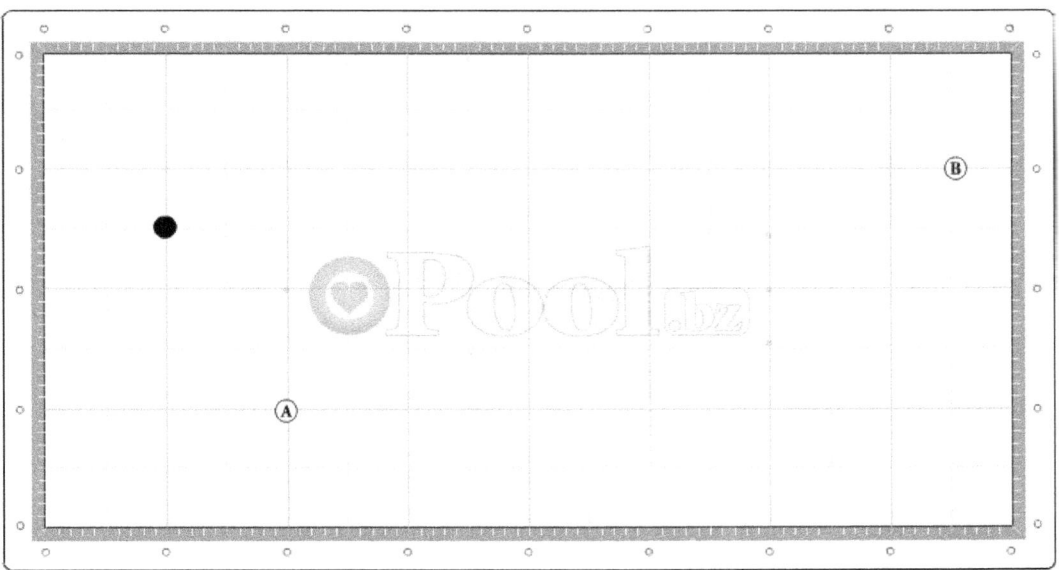

HUOMAUTUS:

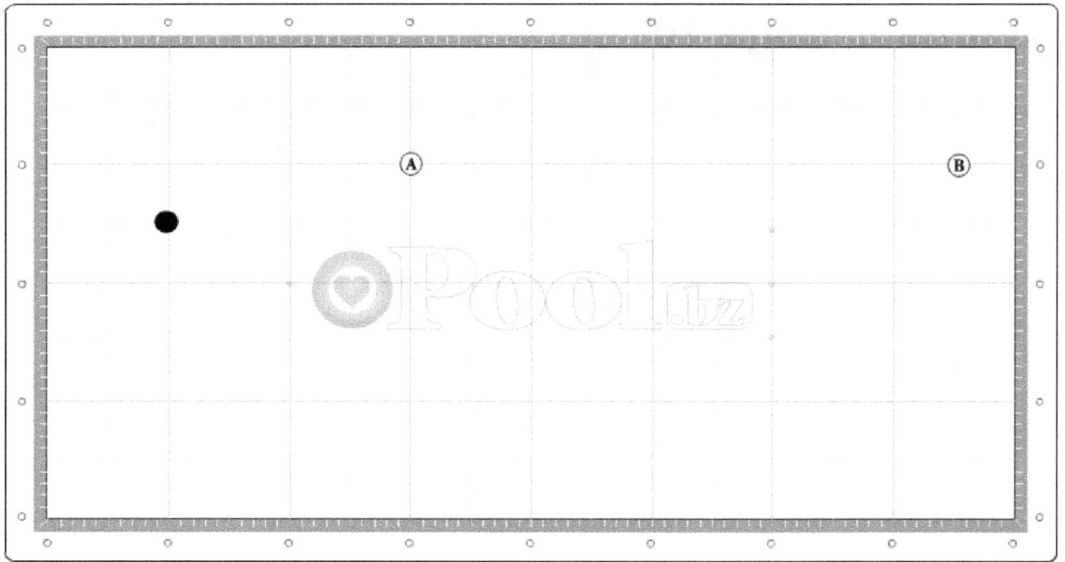

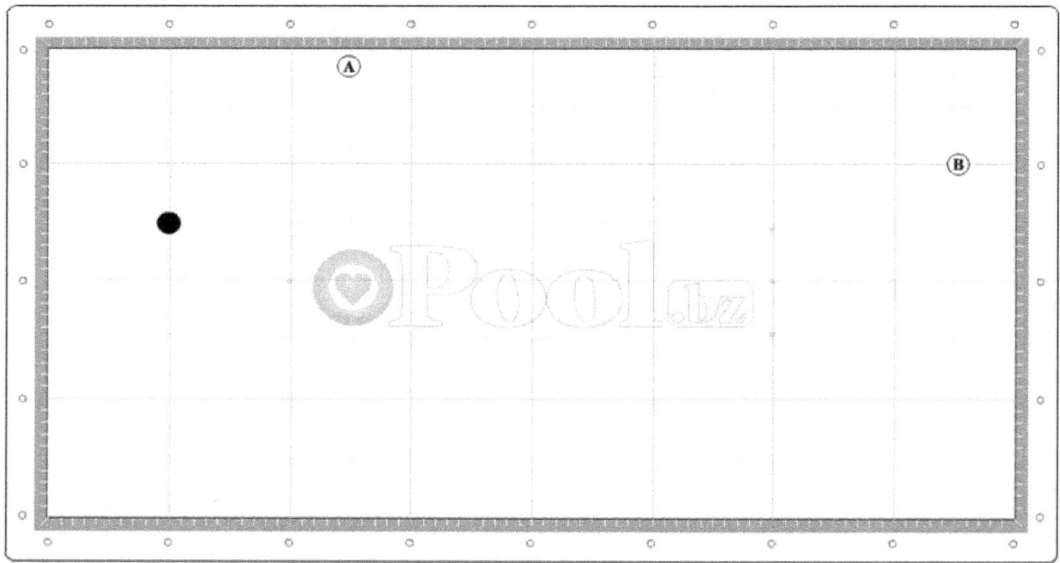

HUOMAUTUS:

Ryhmä 2, sarja 11

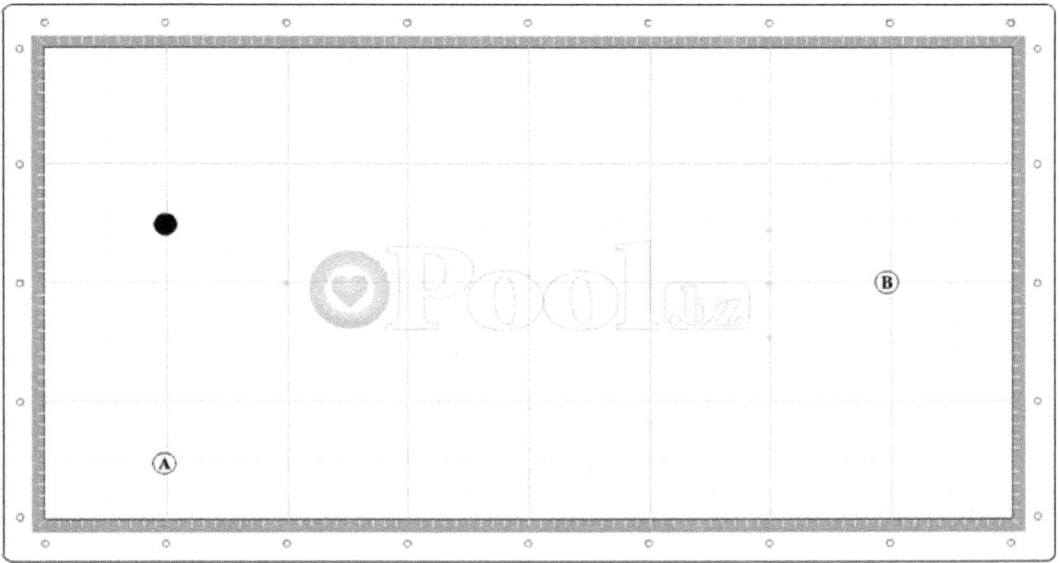

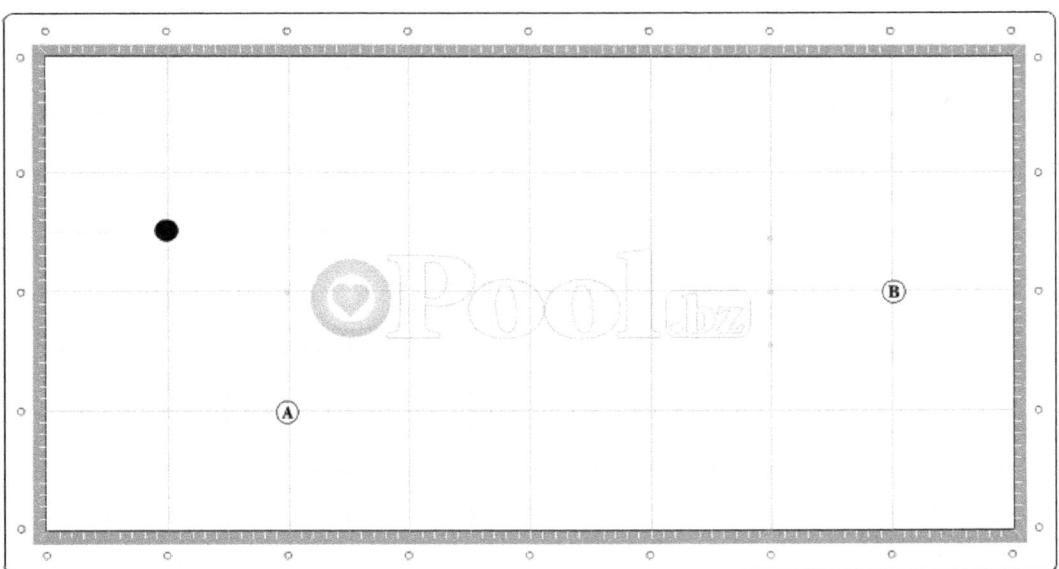

HUOMAUTUS:

Karambolipelejä Biljardi: Lisää arvoituksia ja pulmia

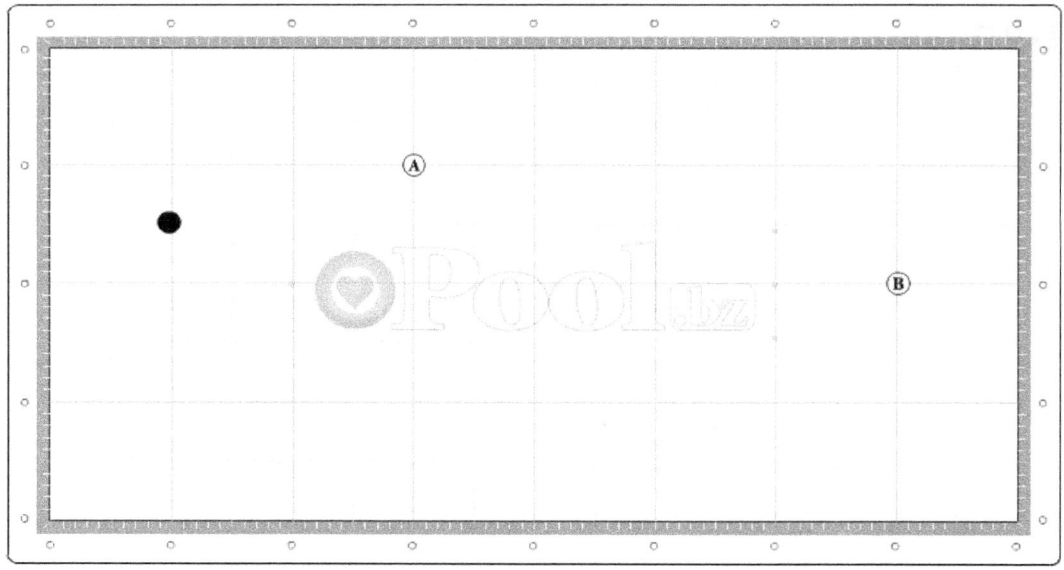

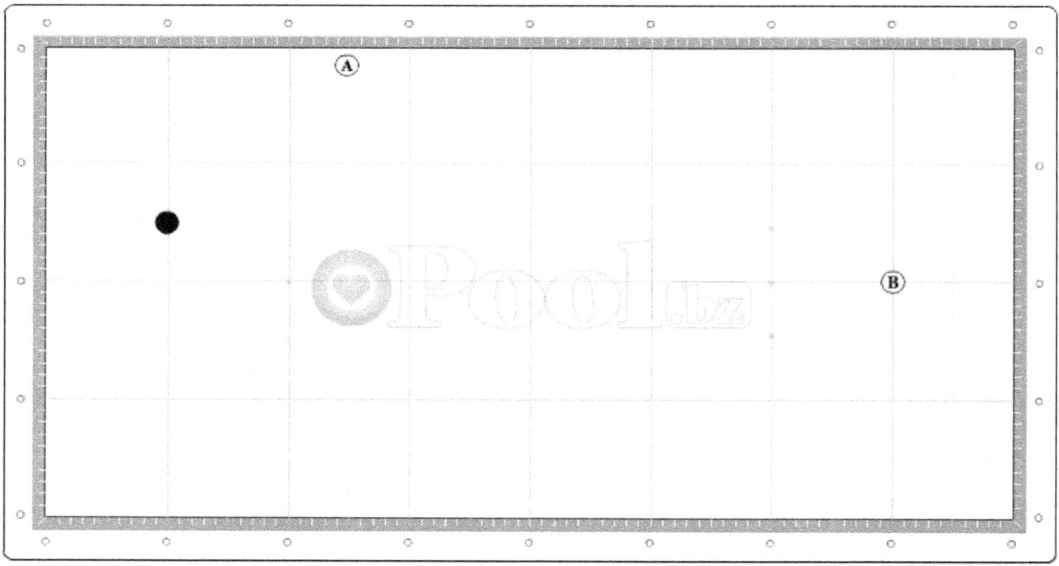

HUOMAUTUS:

Ryhmä 2, sarja 12

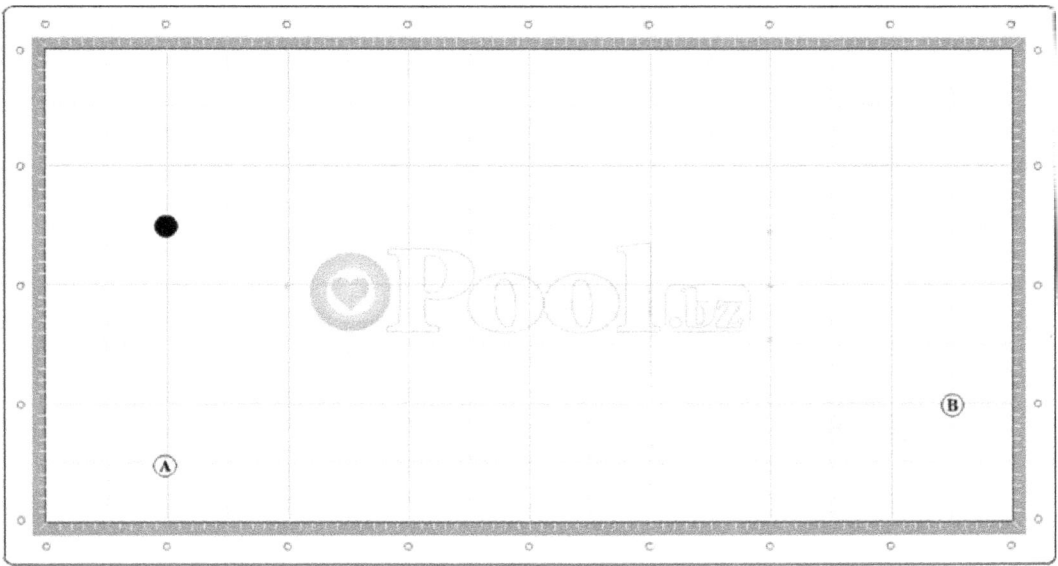

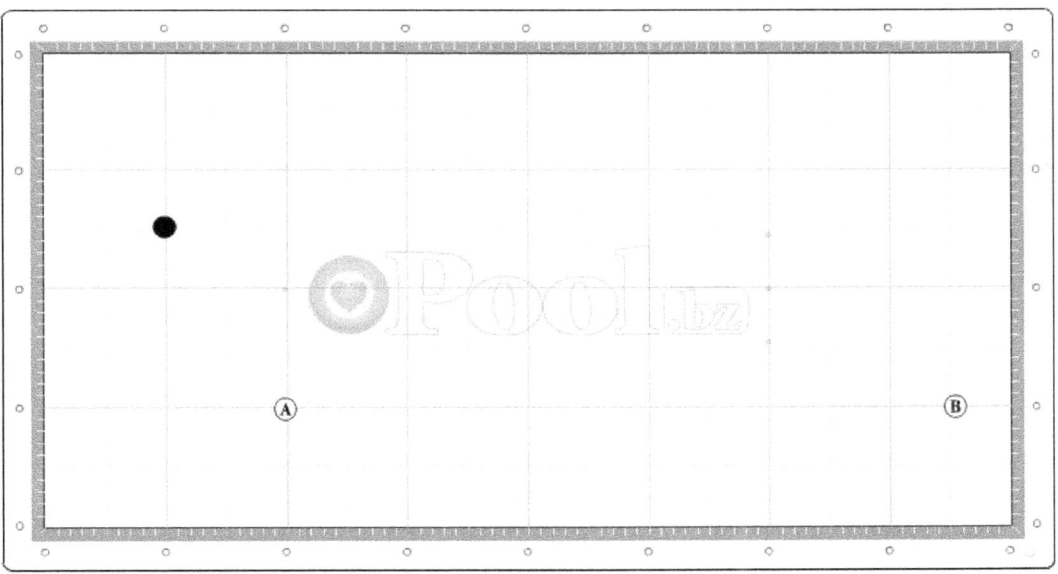

HUOMAUTUS:

Karambolipelejä Biljardi: Lisää arvoituksia ja pulmia

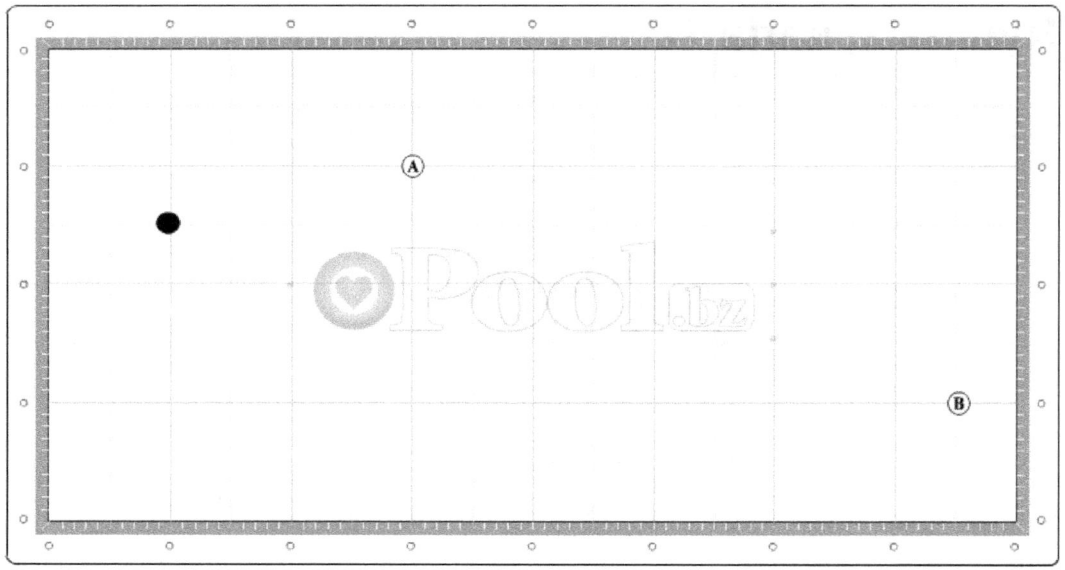

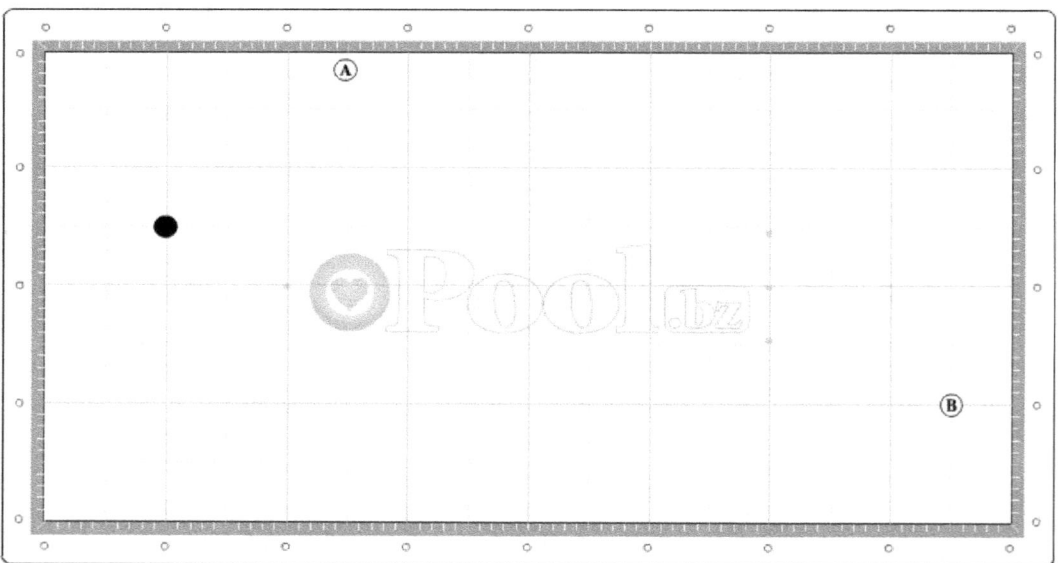

HUOMAUTUS:

RYHMÄ 3

Ryhmä 3, sarja 1

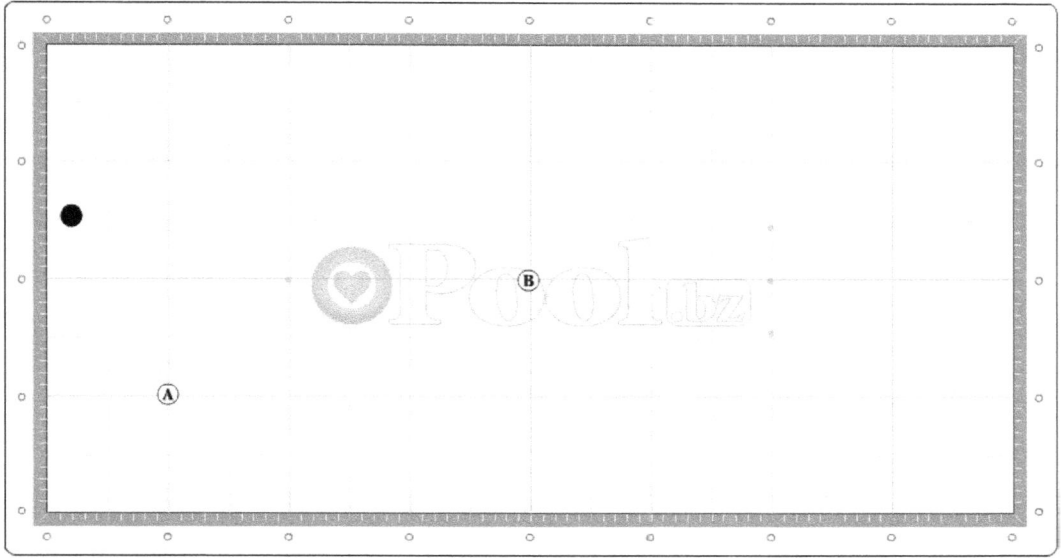

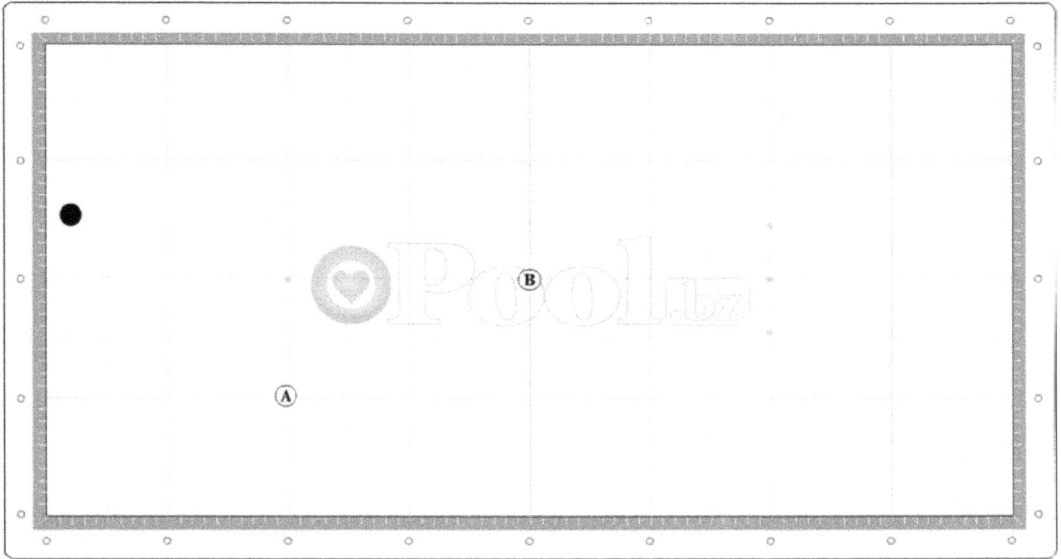

HUOMAUTUS:

Karambolipelejä Biljardi: Lisää arvoituksia ja pulmia

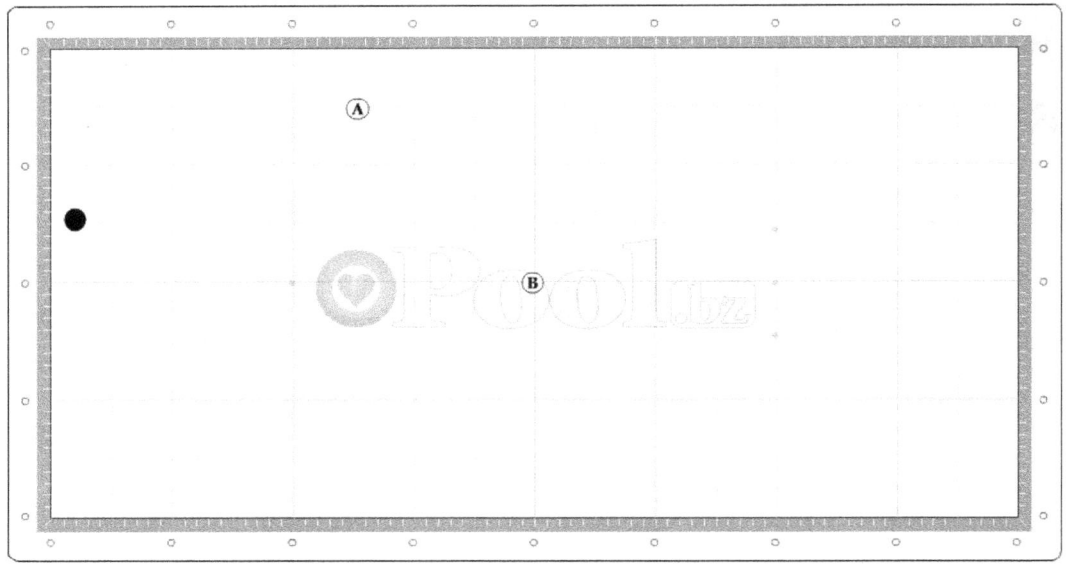

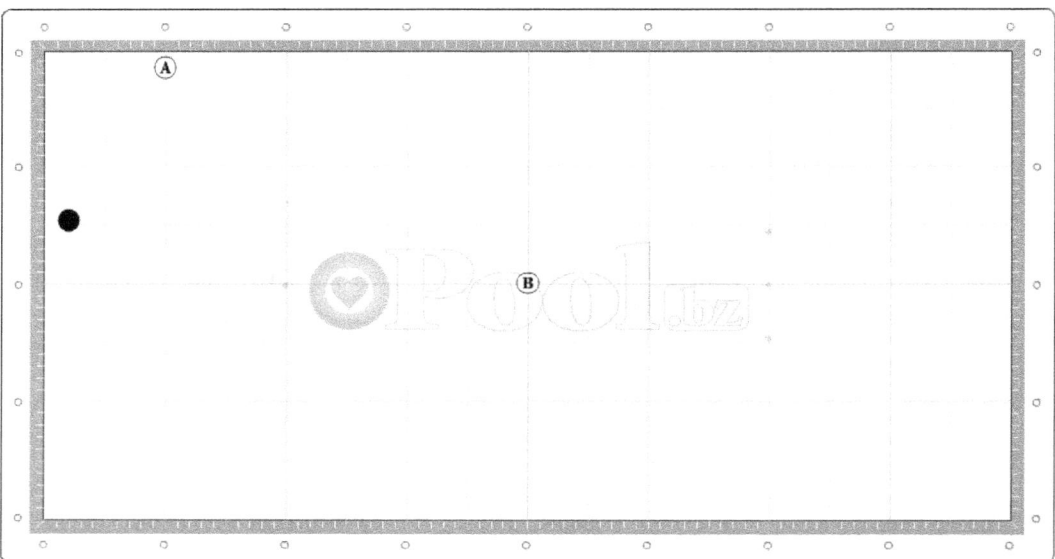

HUOMAUTUS:

Ryhmä 3, sarja 2

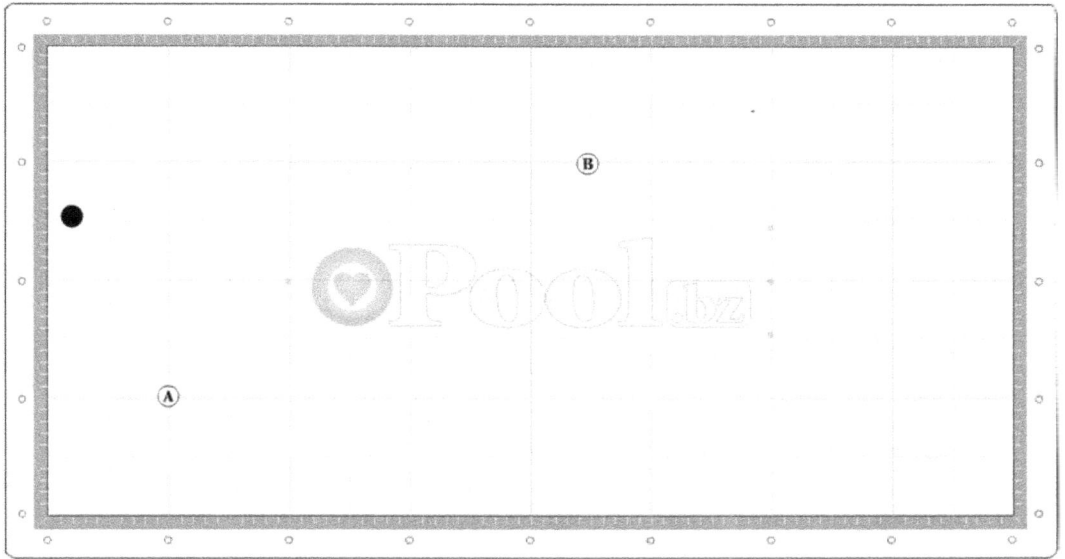

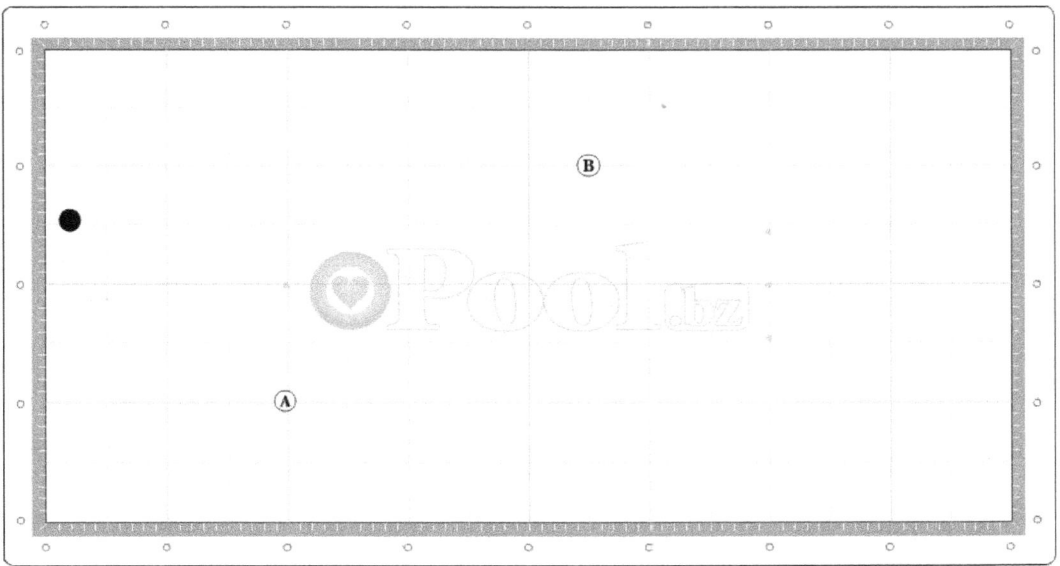

HUOMAUTUS:

Karambolipelejä Biljardi: Lisää arvoituksia ja pulmia

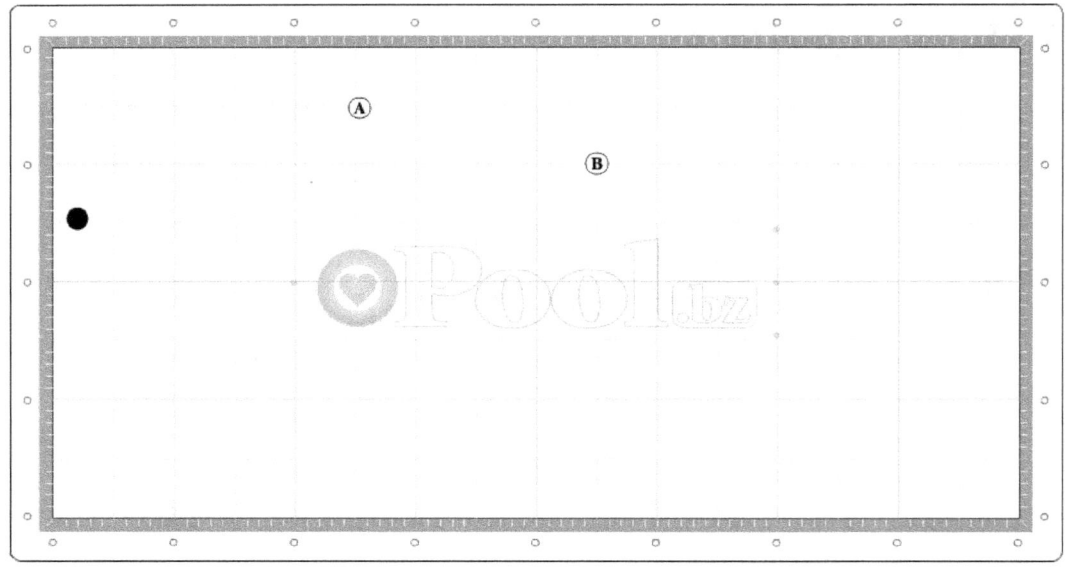

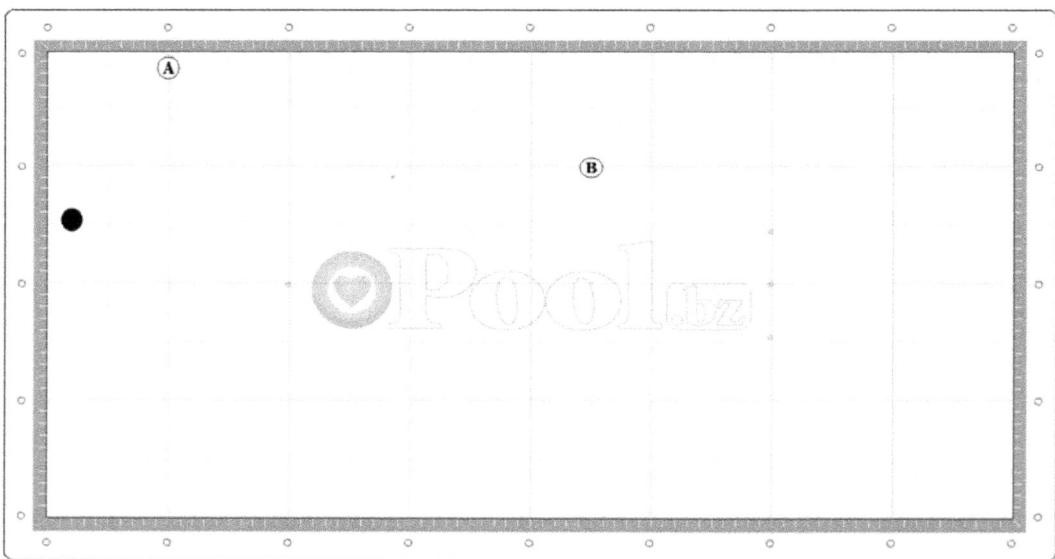

HUOMAUTUS:

Ryhmä 3, sarja 3

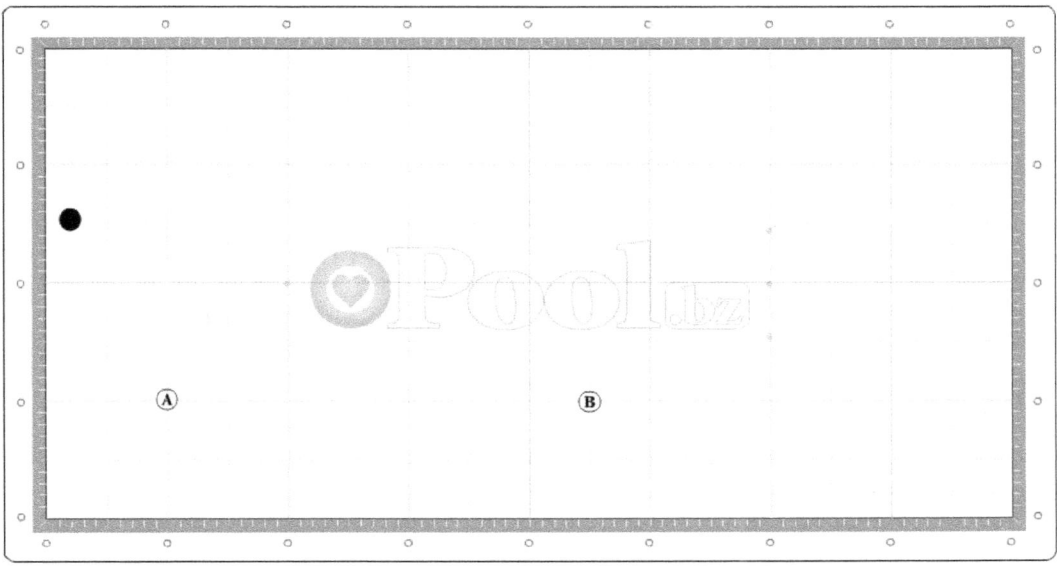

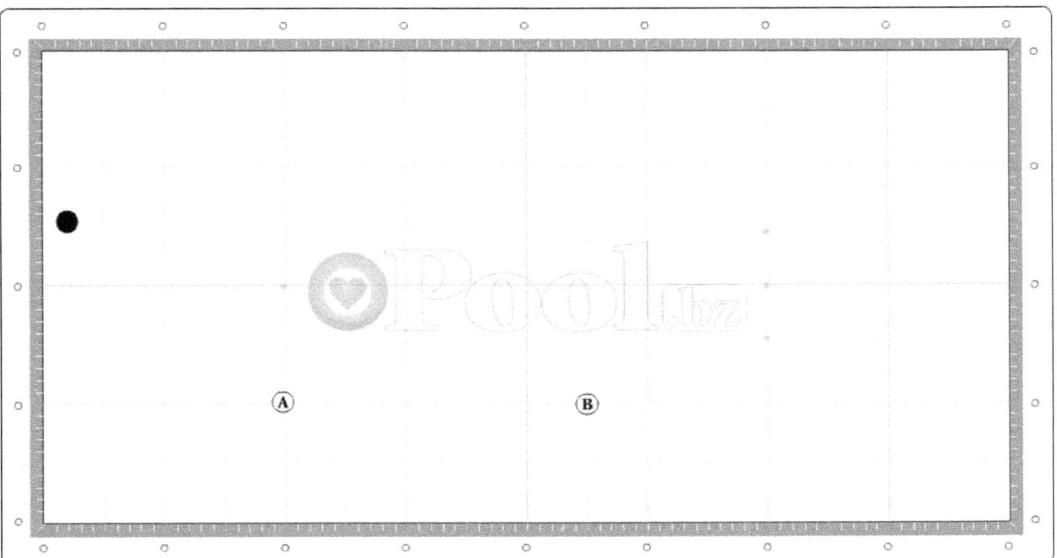

HUOMAUTUS:

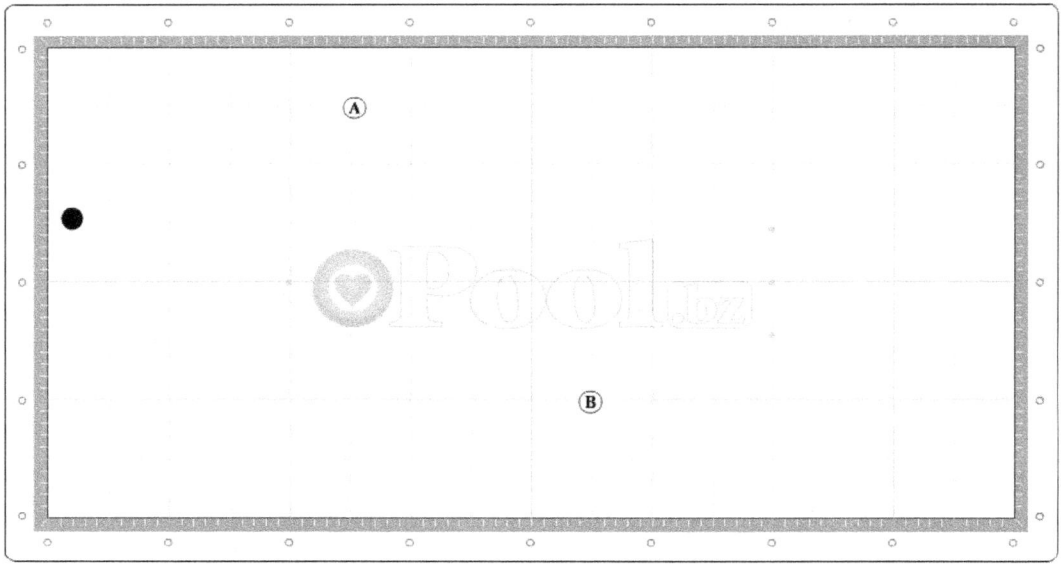

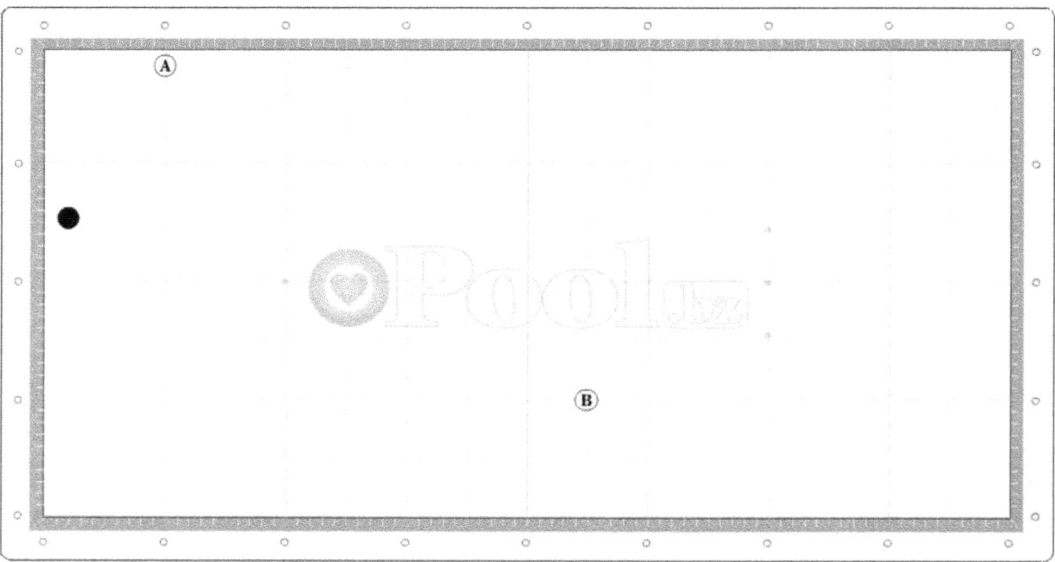

HUOMAUTUS:

Ryhmä 3, sarja 4

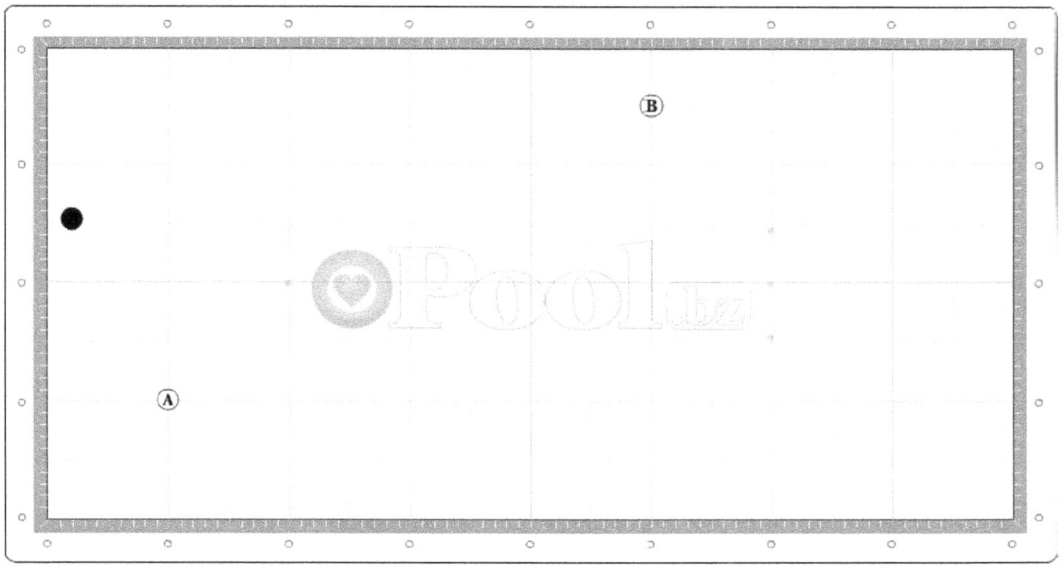

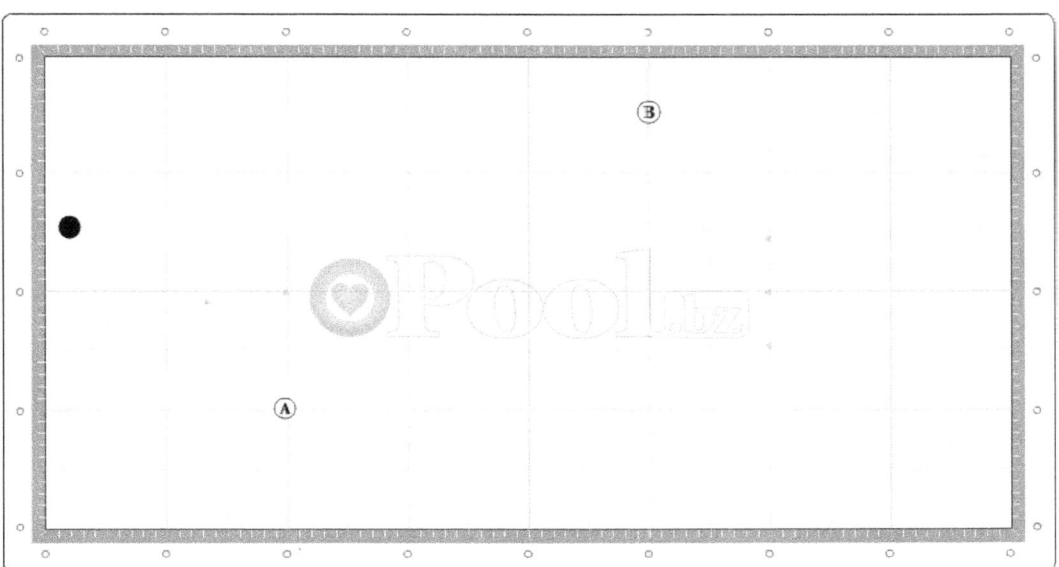

HUOMAUTUS:

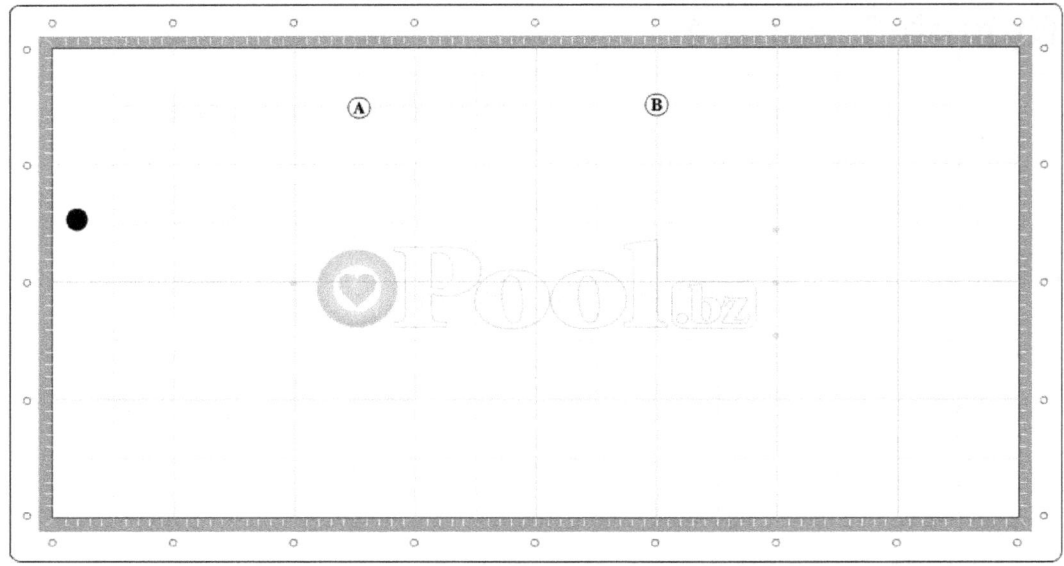

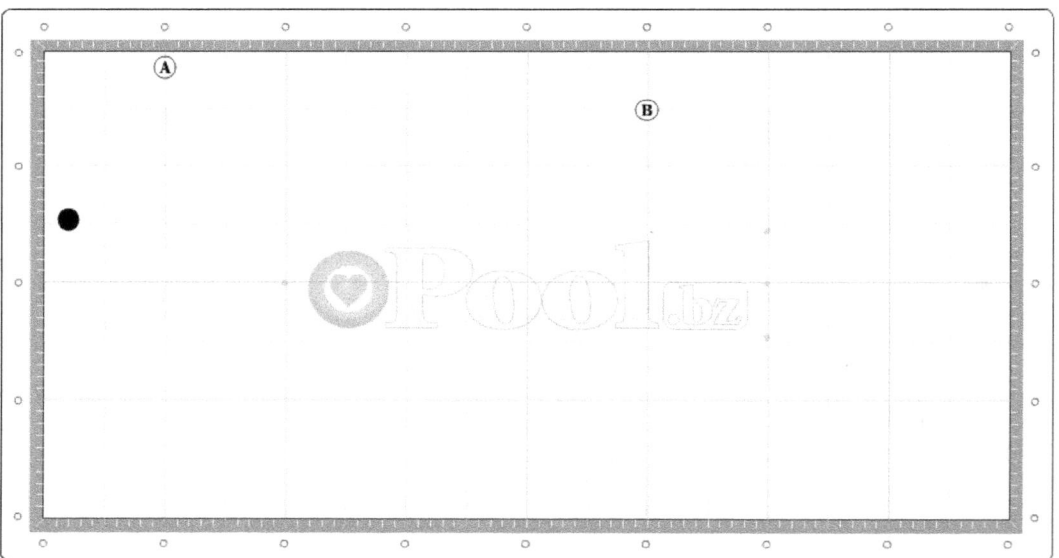

HUOMAUTUS:

Ryhmä 3, sarja 5

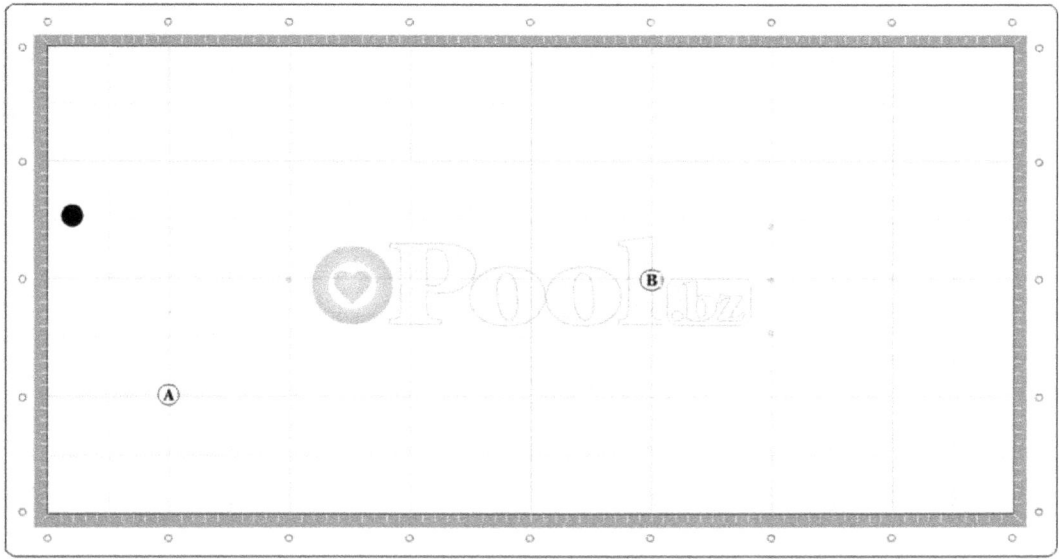

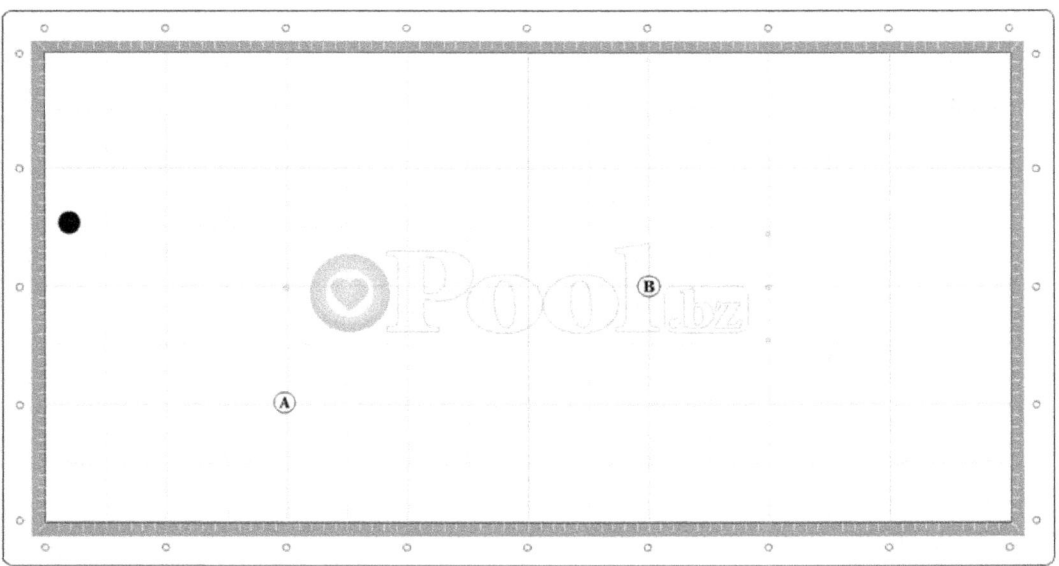

HUOMAUTUS:

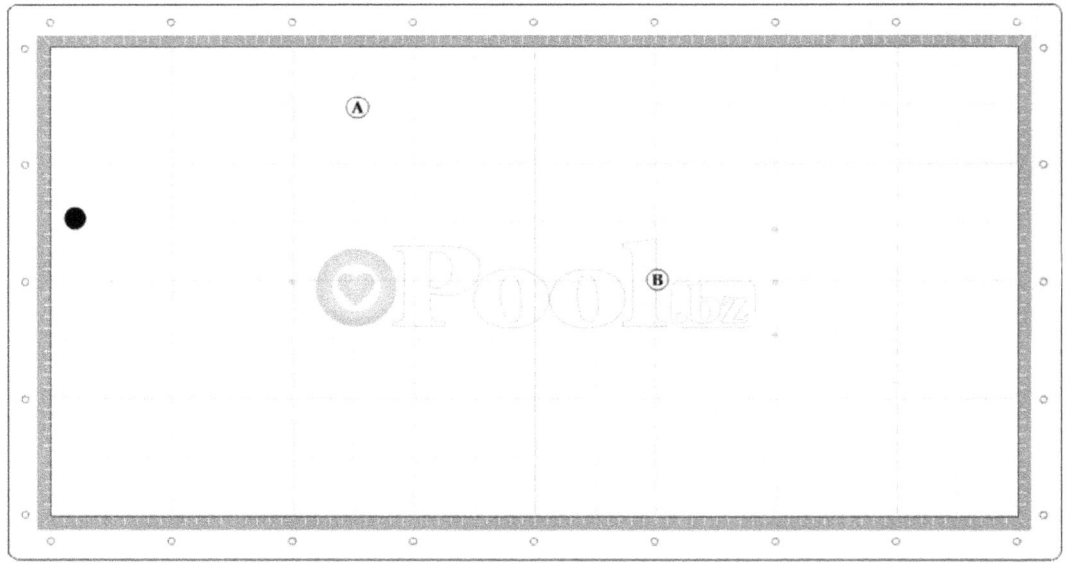

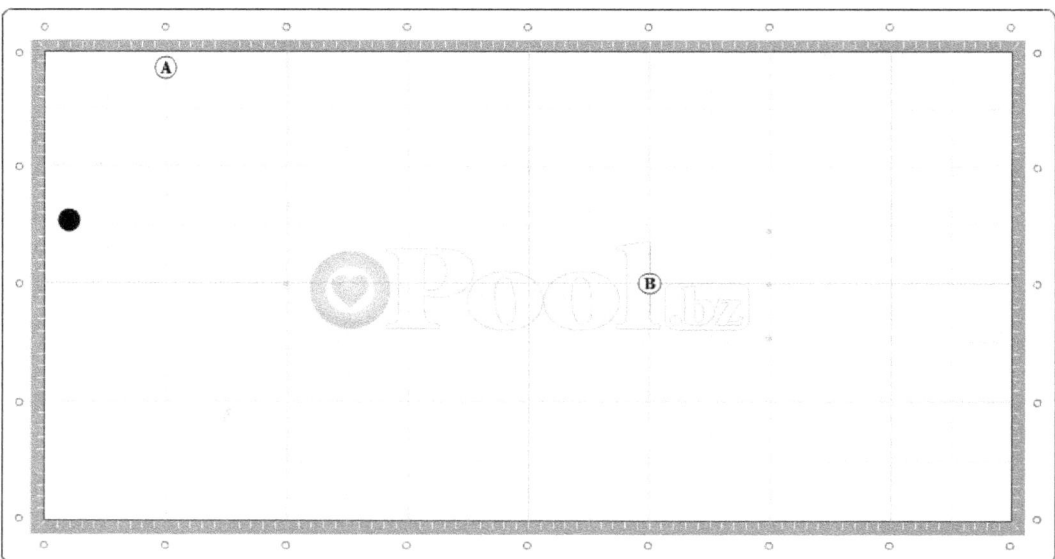

HUOMAUTUS:

Ryhmä 3, sarja 6

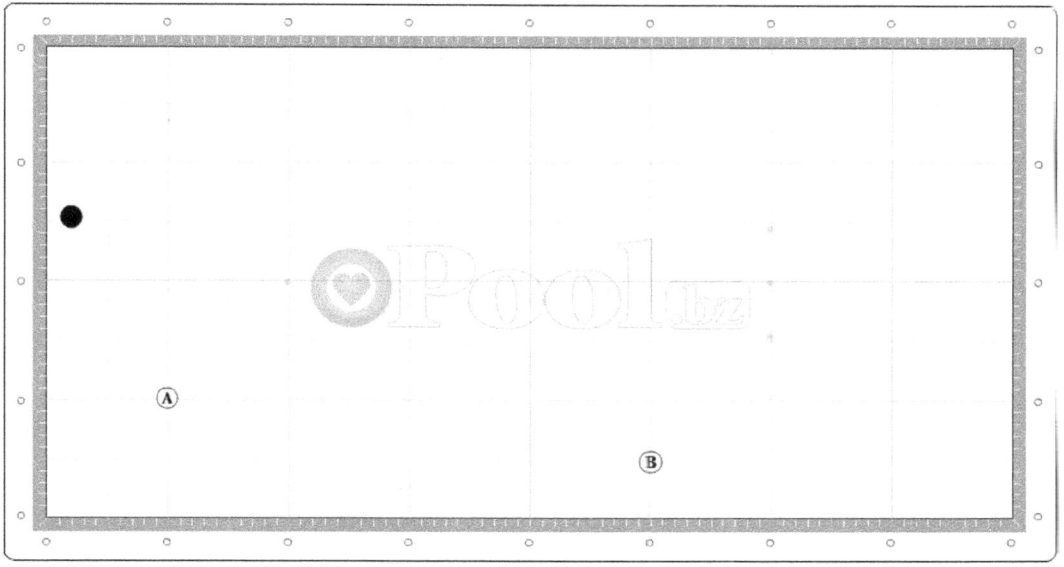

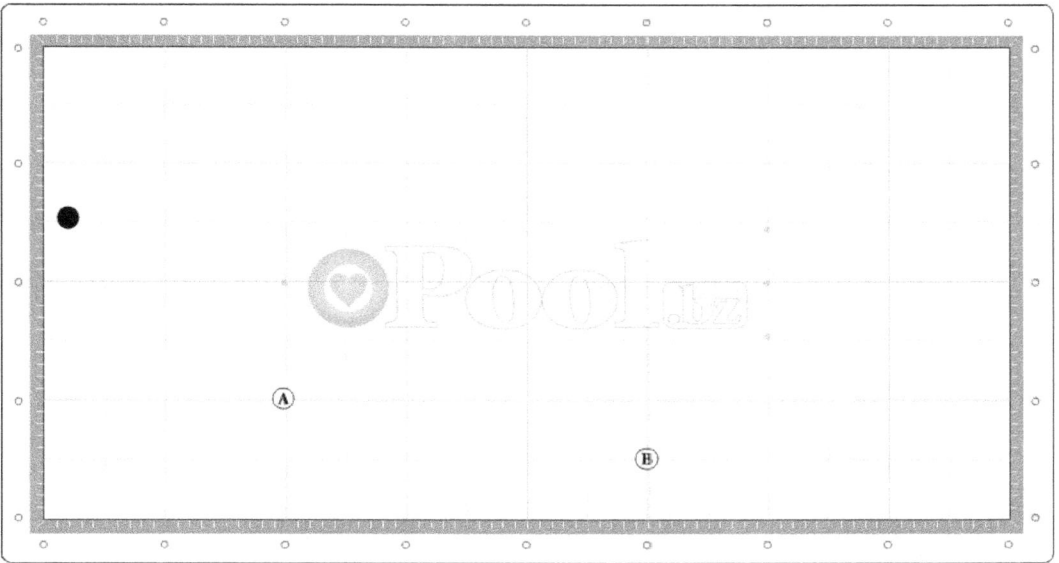

HUOMAUTUS:

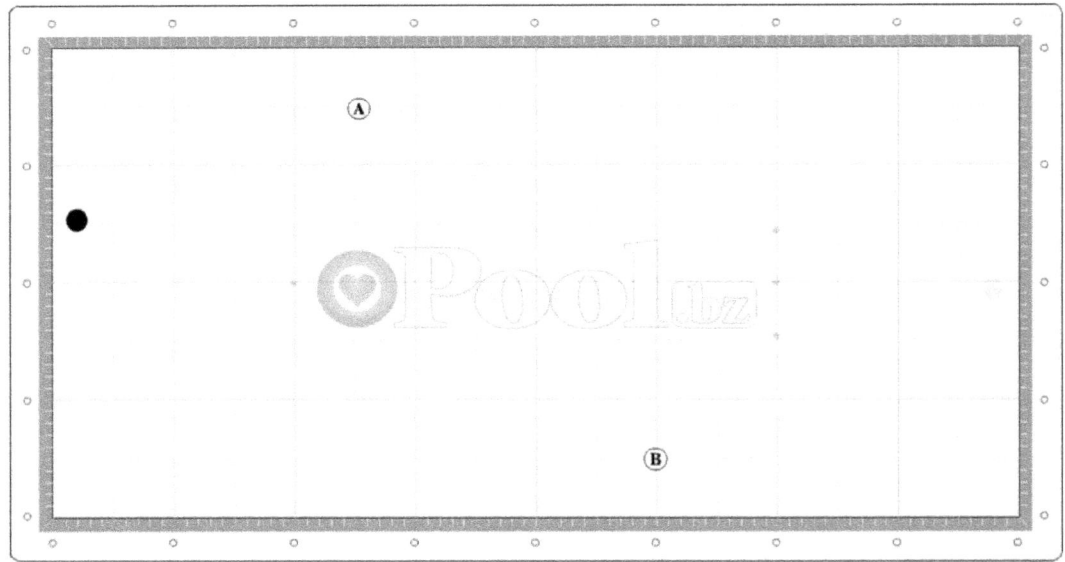

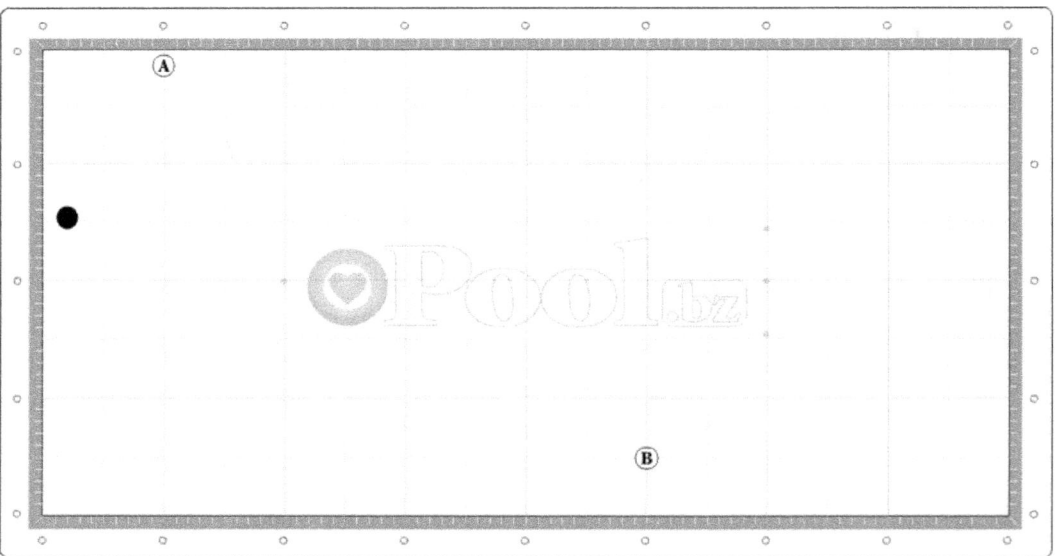

HUOMAUTUS:

Ryhmä 3, sarja 7

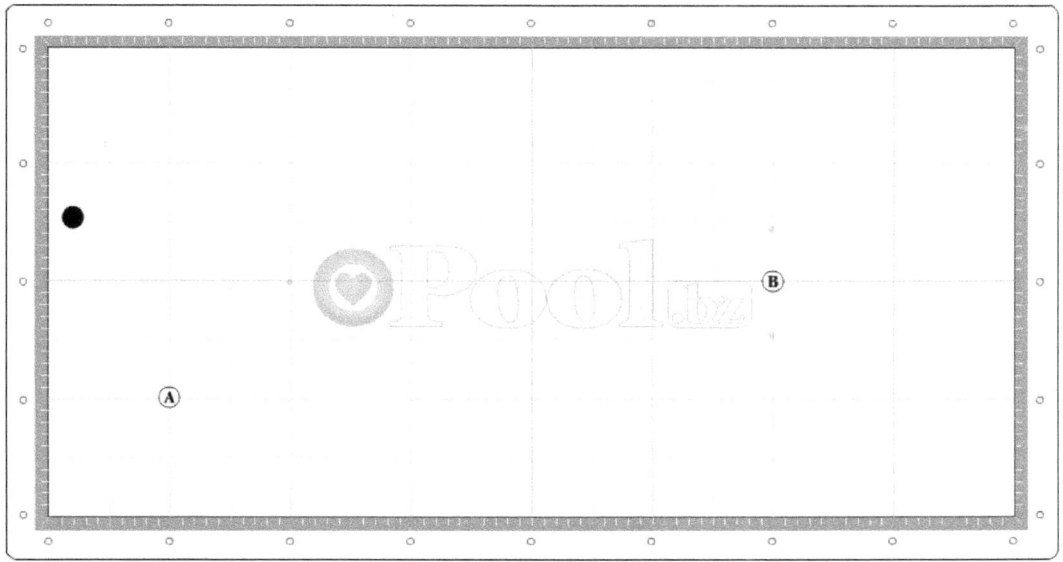

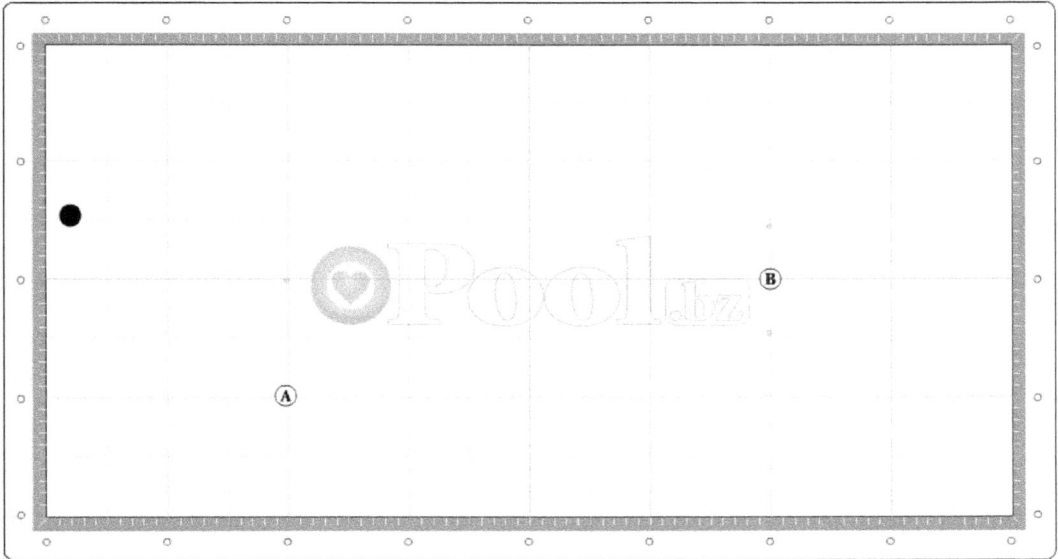

HUOMAUTUS:

Karambolipelejä Biljardi: Lisää arvoituksia ja pulmia

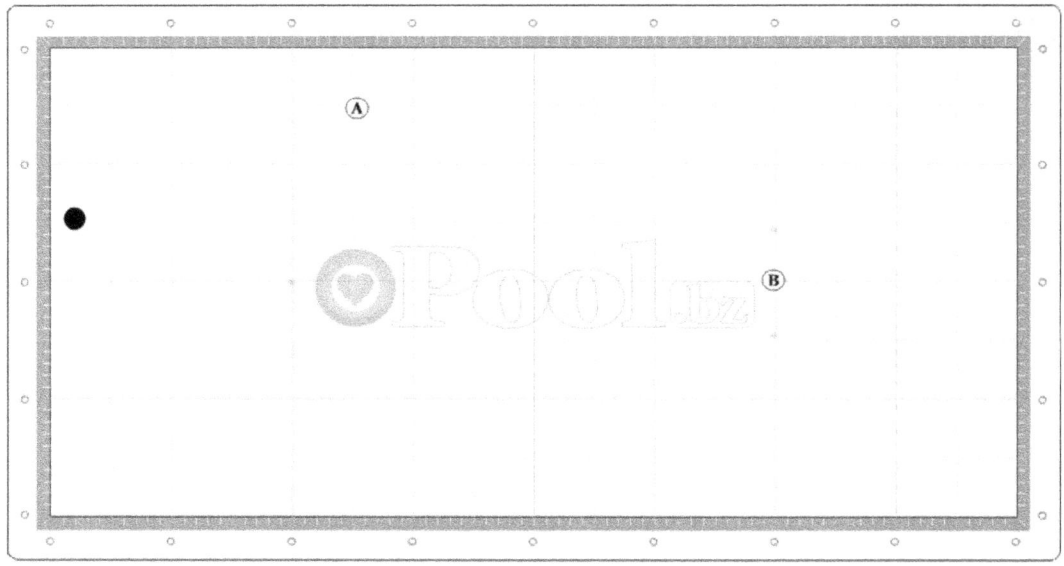

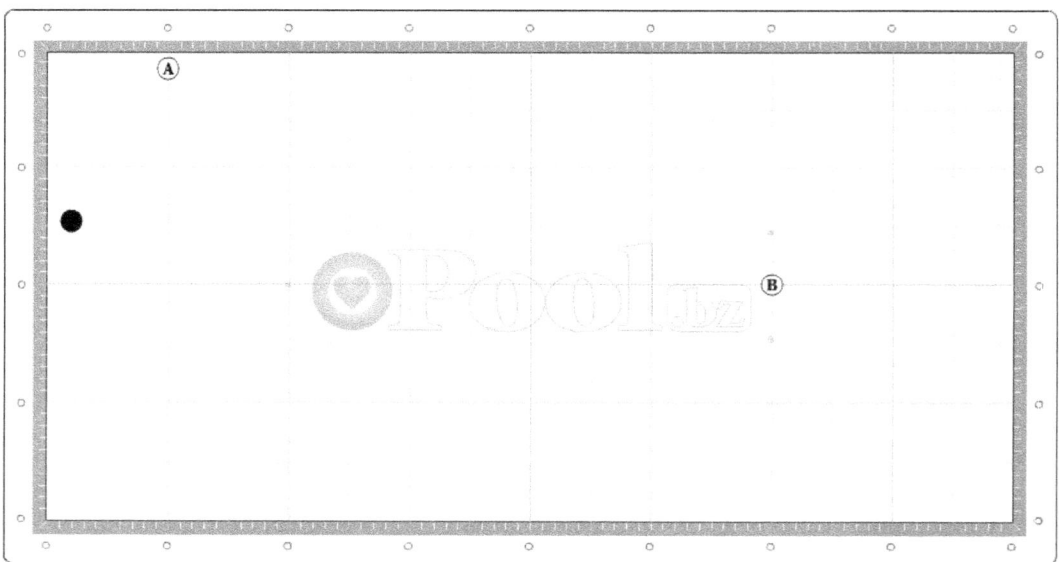

HUOMAUTUS:

Ryhmä 3, sarja 8

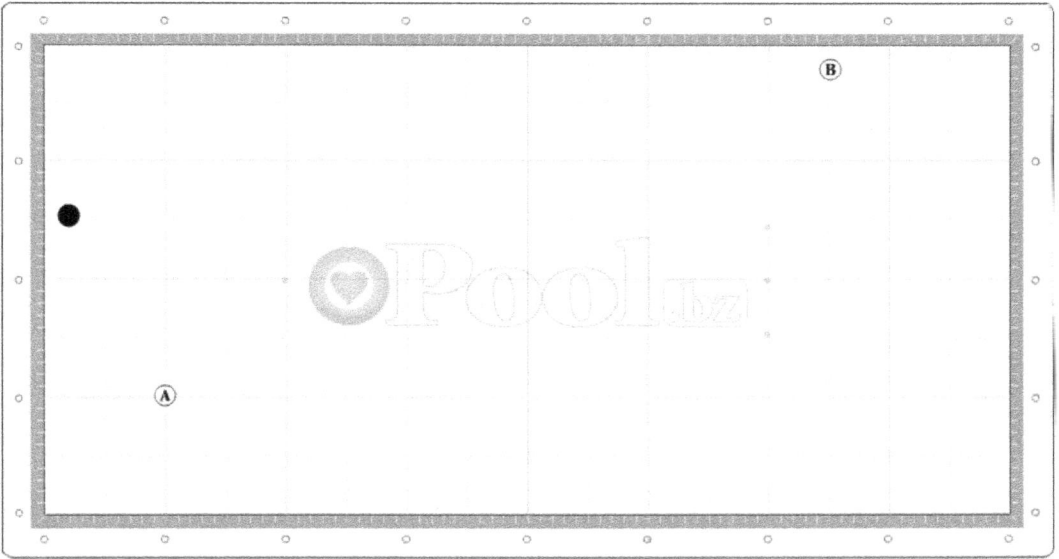

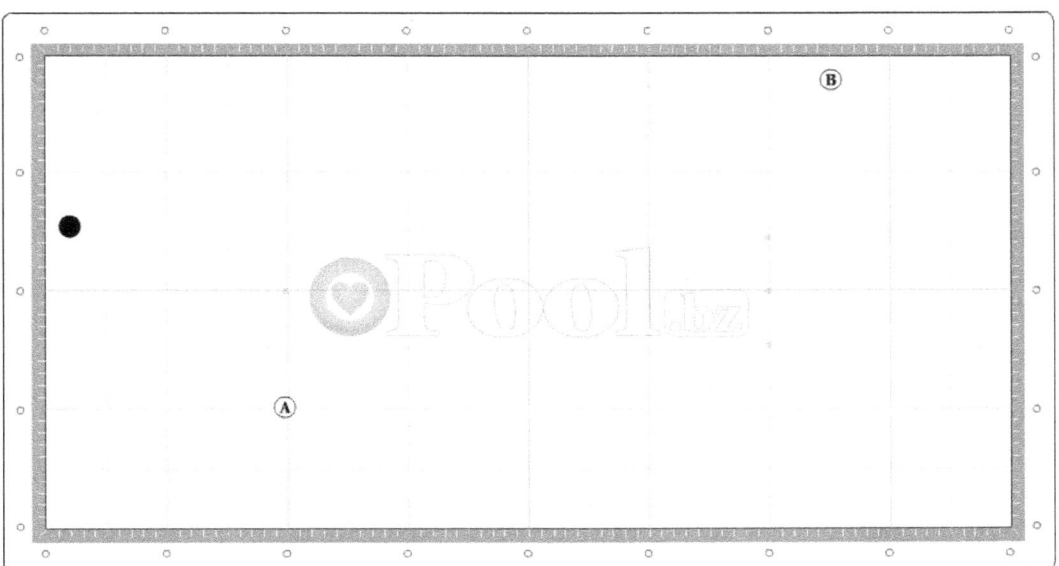

HUOMAUTUS:

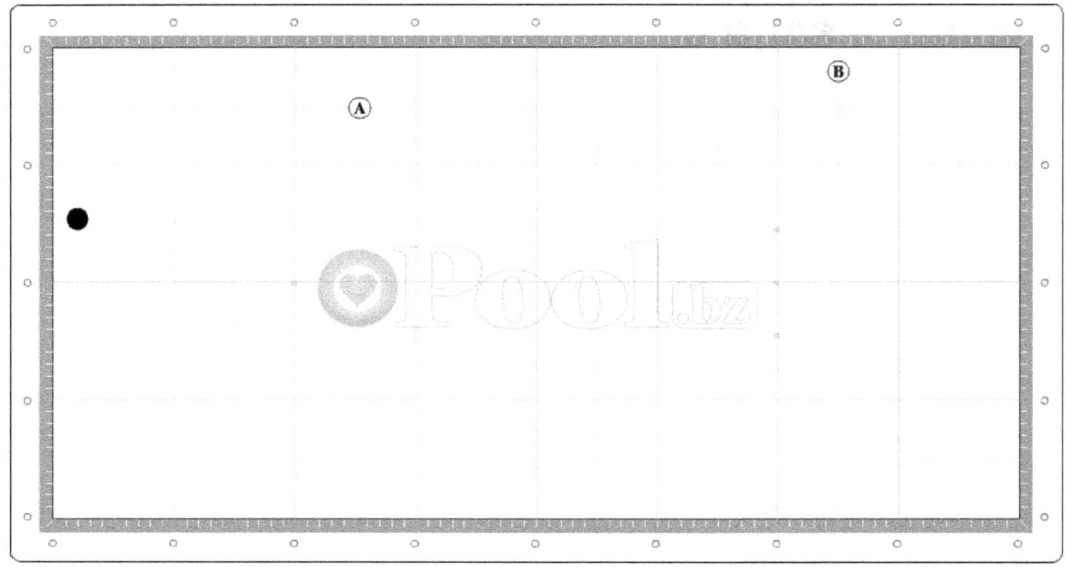

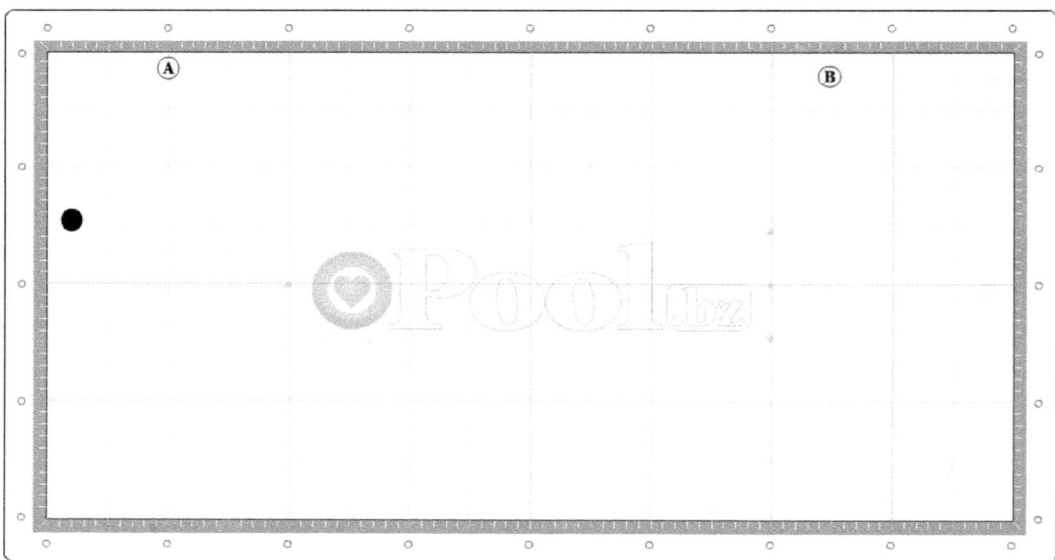

HUOMAUTUS:

Ryhmä 3, sarja 9

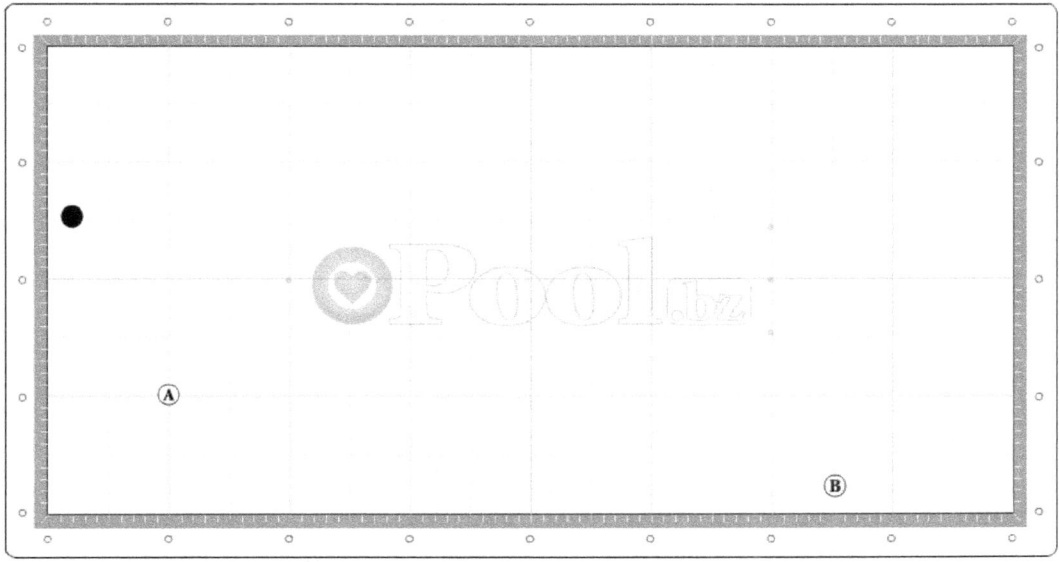

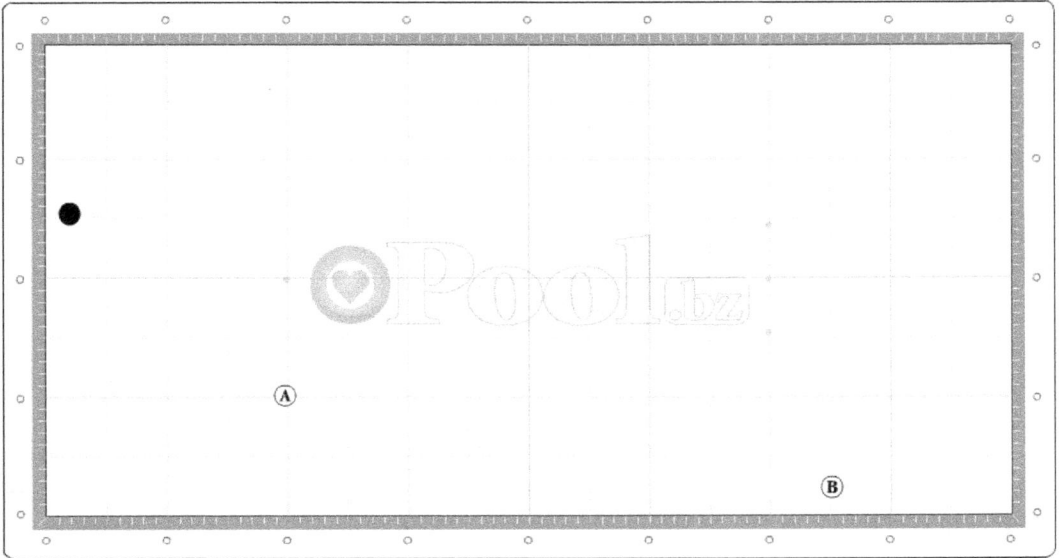

HUOMAUTUS:

Karambolipelejä Biljardi: Lisää arvoituksia ja pulmia

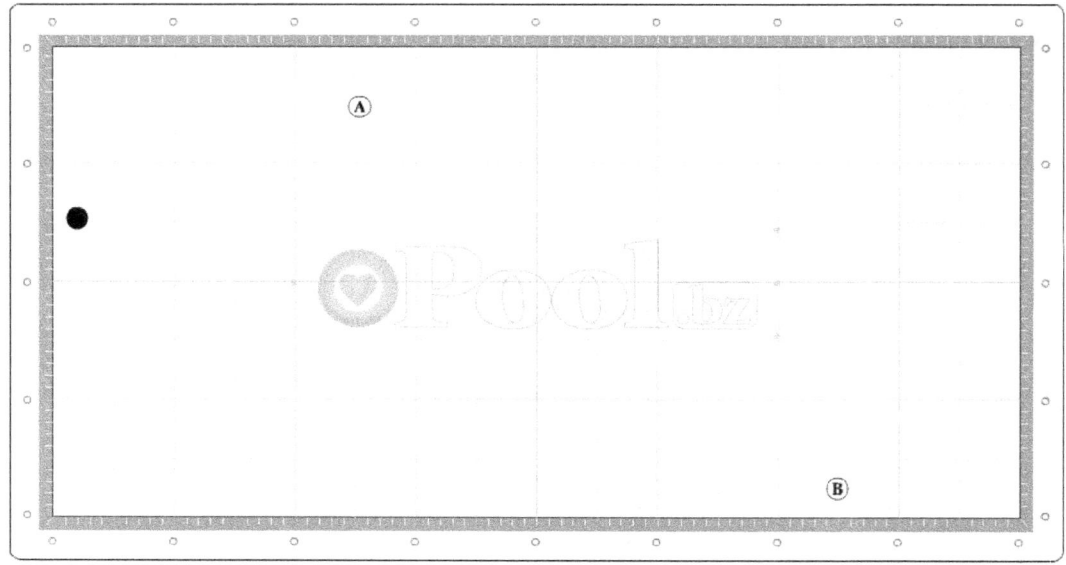

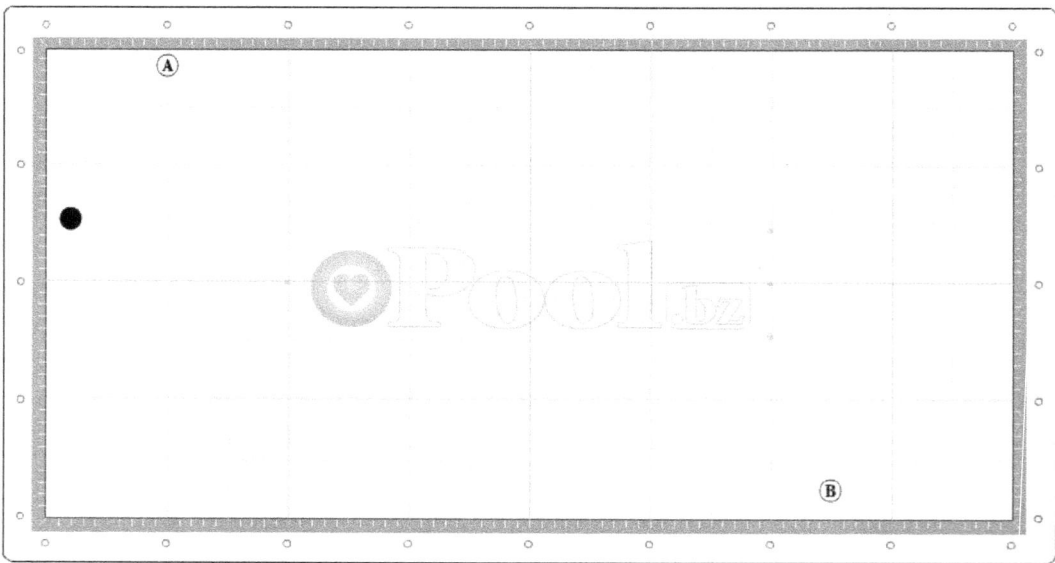

HUOMAUTUS:

Ryhmä 3, sarja 10

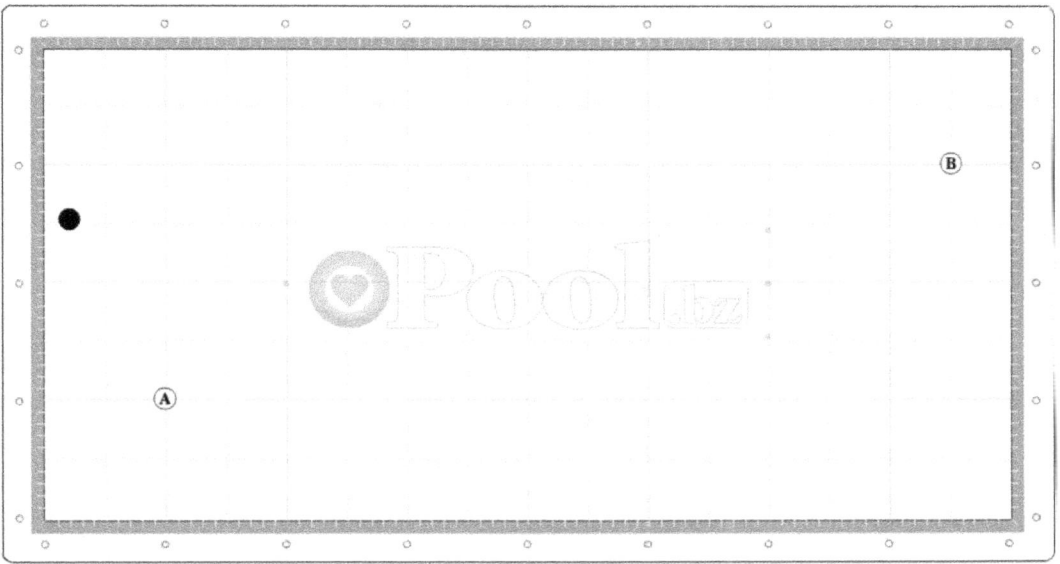

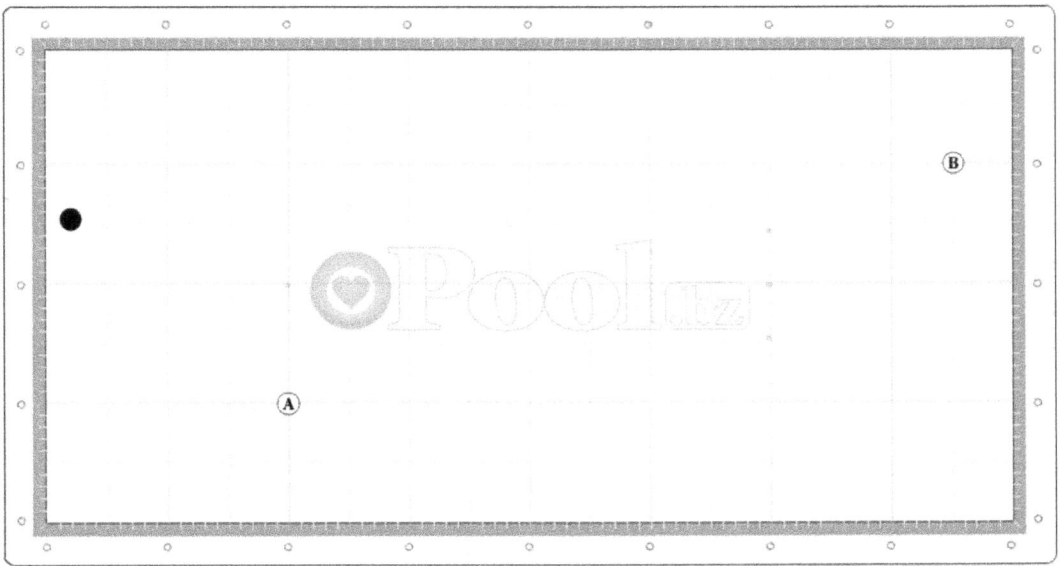

HUOMAUTUS:

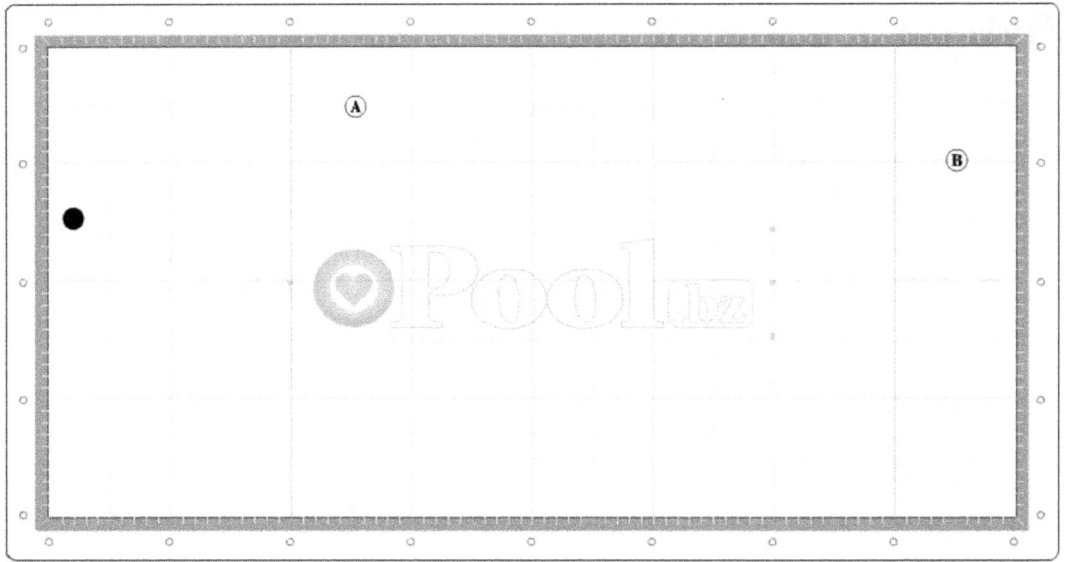

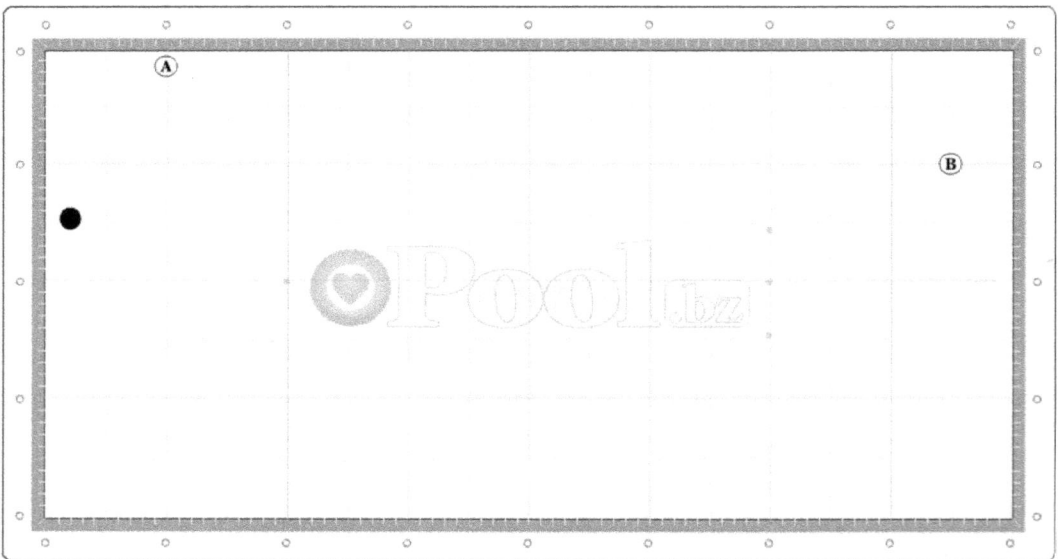

HUOMAUTUS:

Ryhmä 3, sarja 11

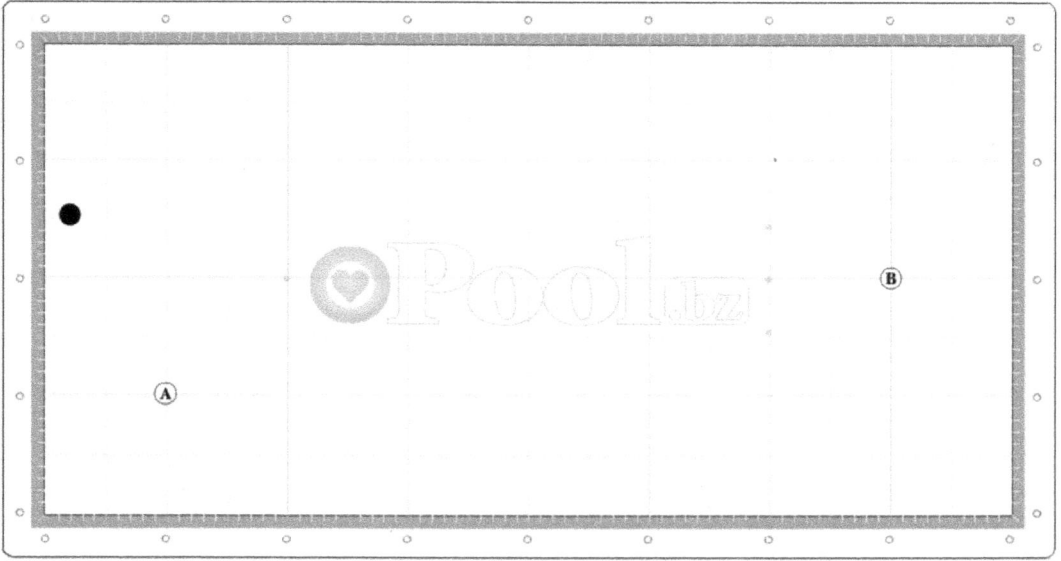

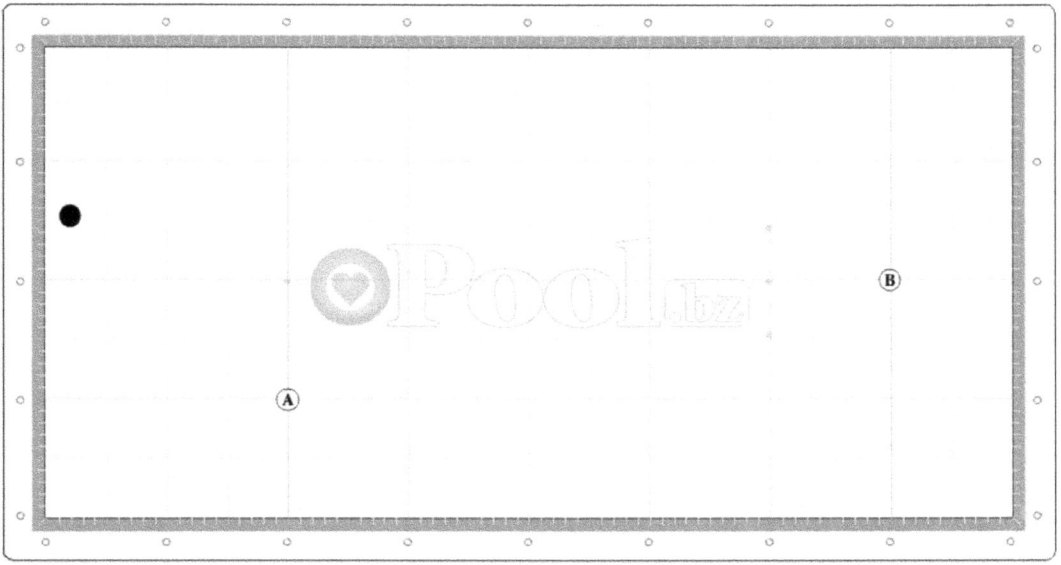

HUOMAUTUS:

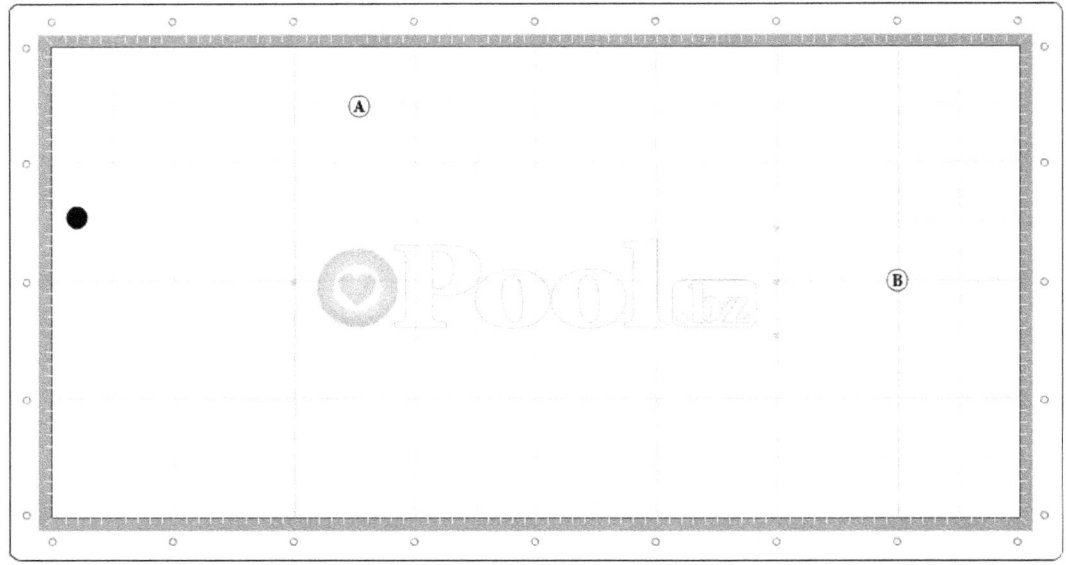

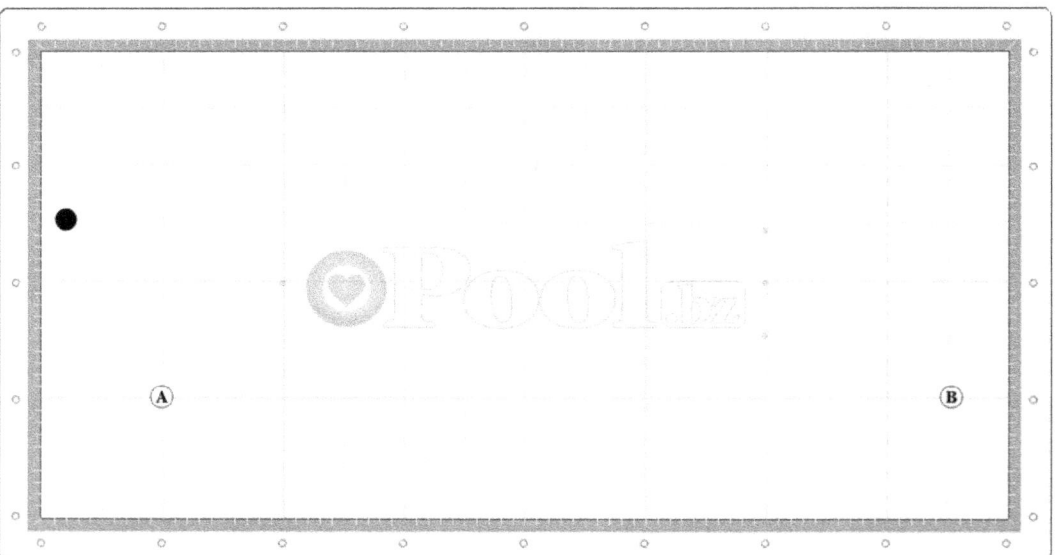

HUOMAUTUS:

Ryhmä 3, sarja 12

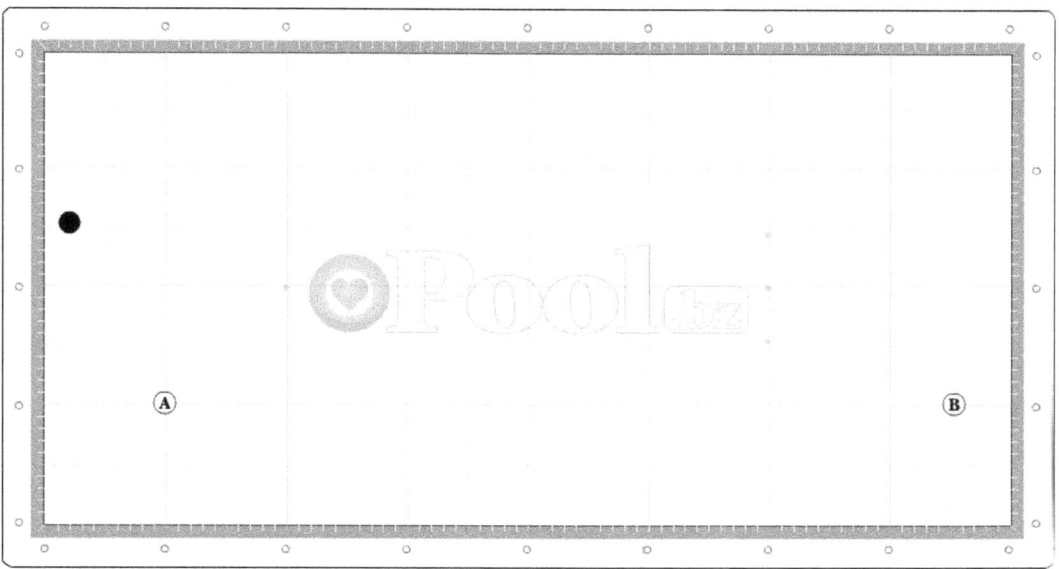

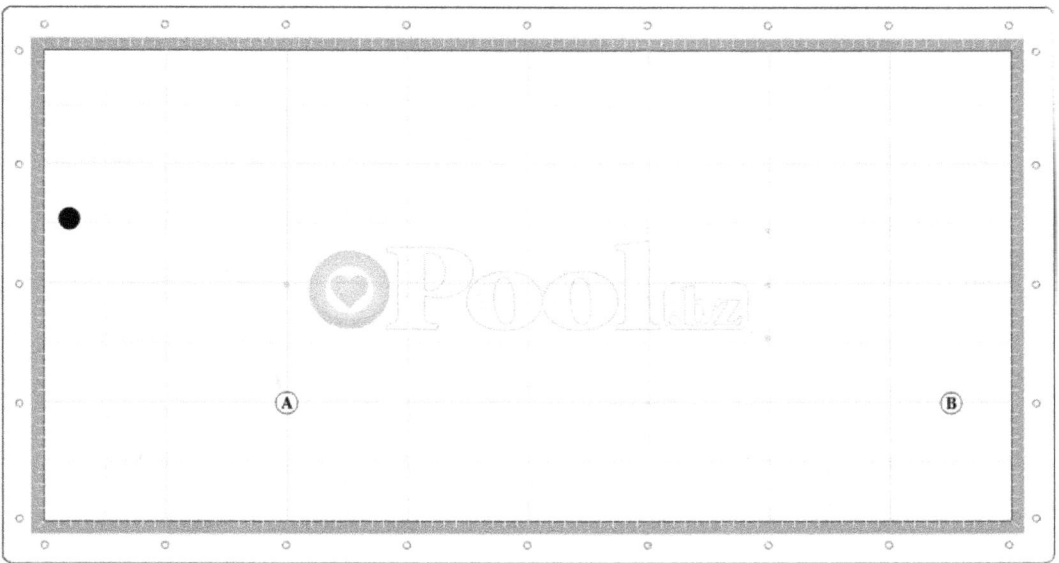

HUOMAUTUS:

Karambolipelejä Biljardi: Lisää arvoituksia ja pulmia

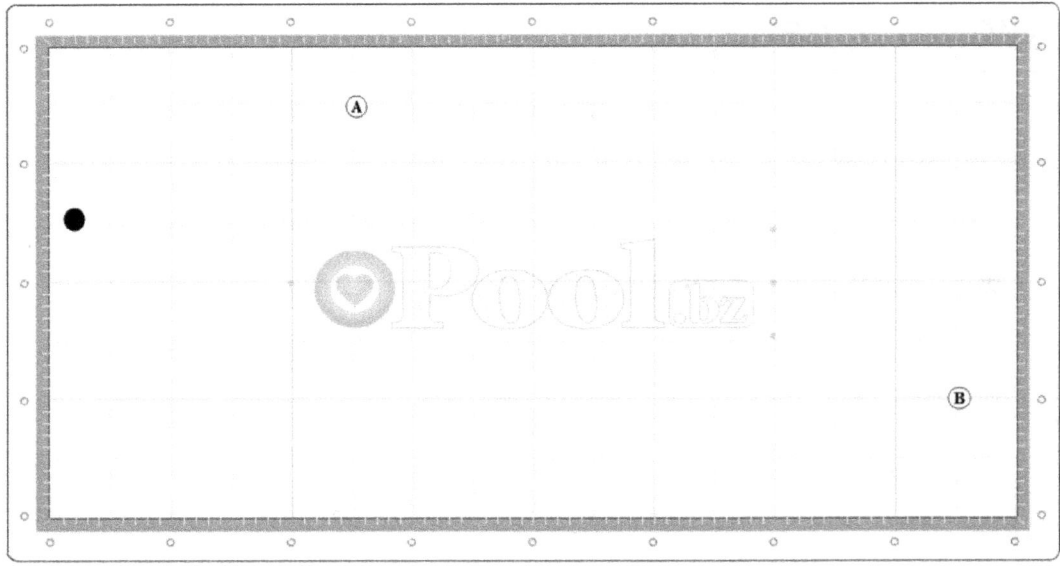

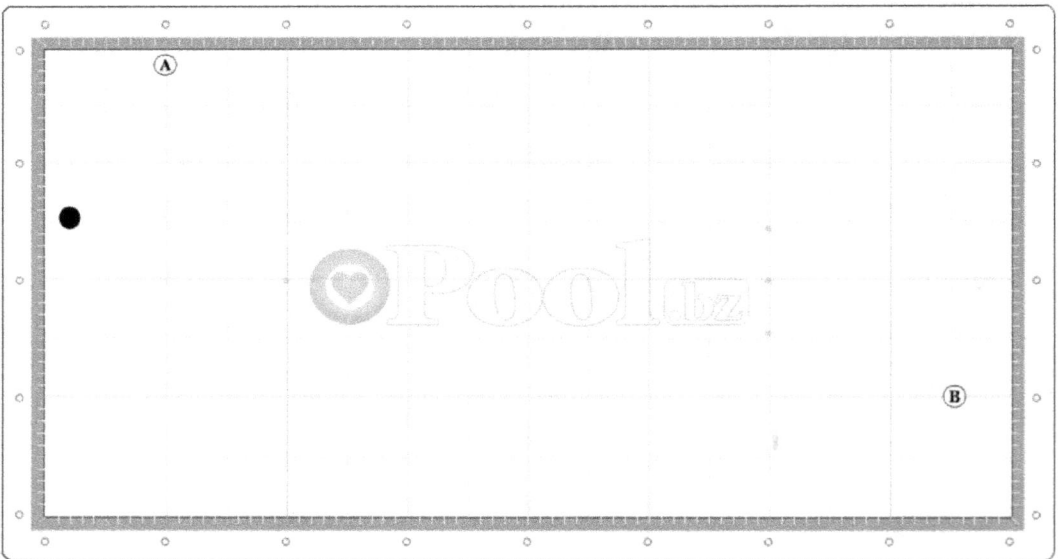

HUOMAUTUS:

RYHMÄ 4
Ryhmä 4, sarja 1

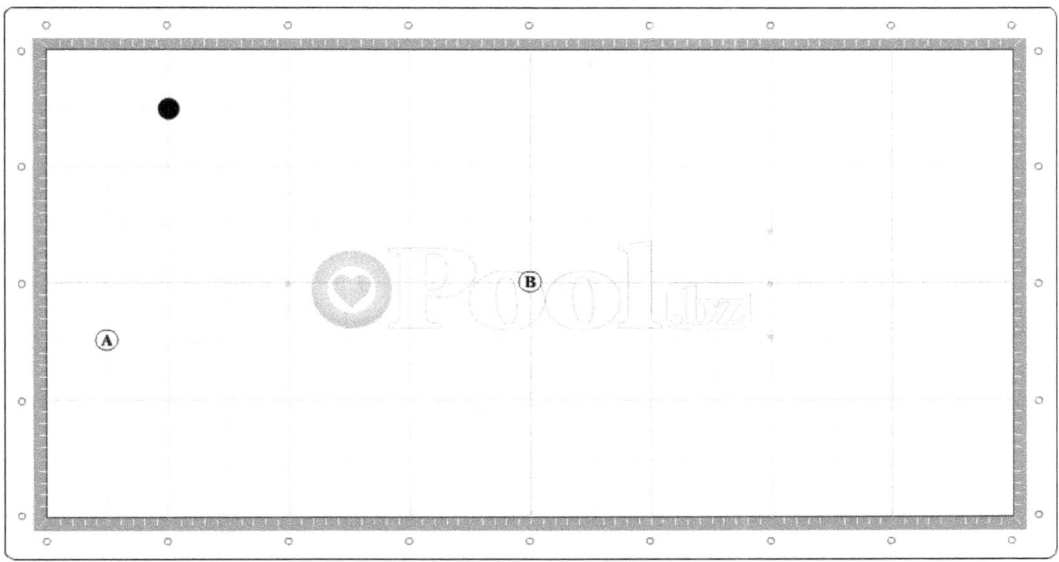

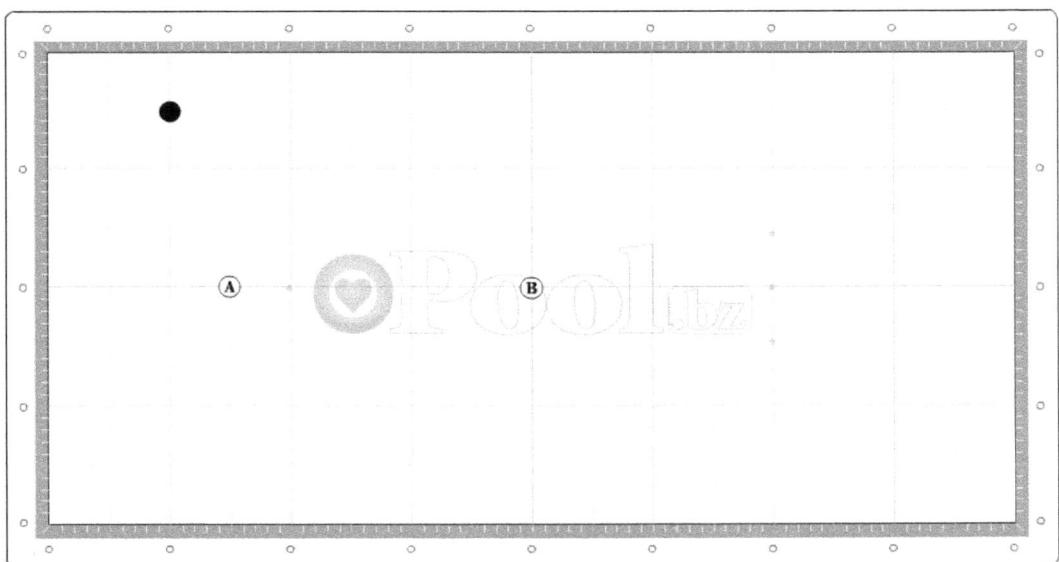

HUOMAUTUS:

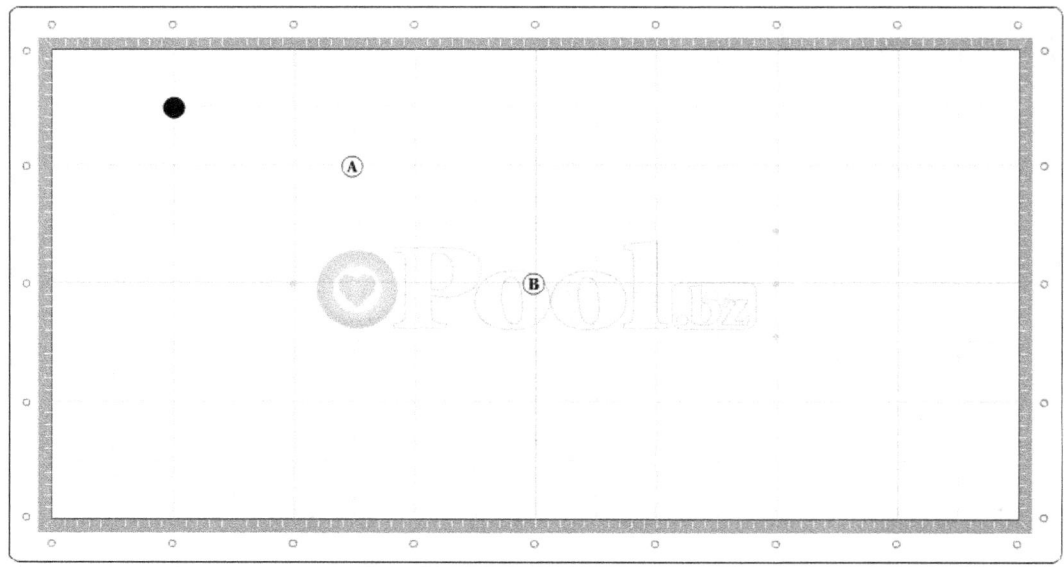

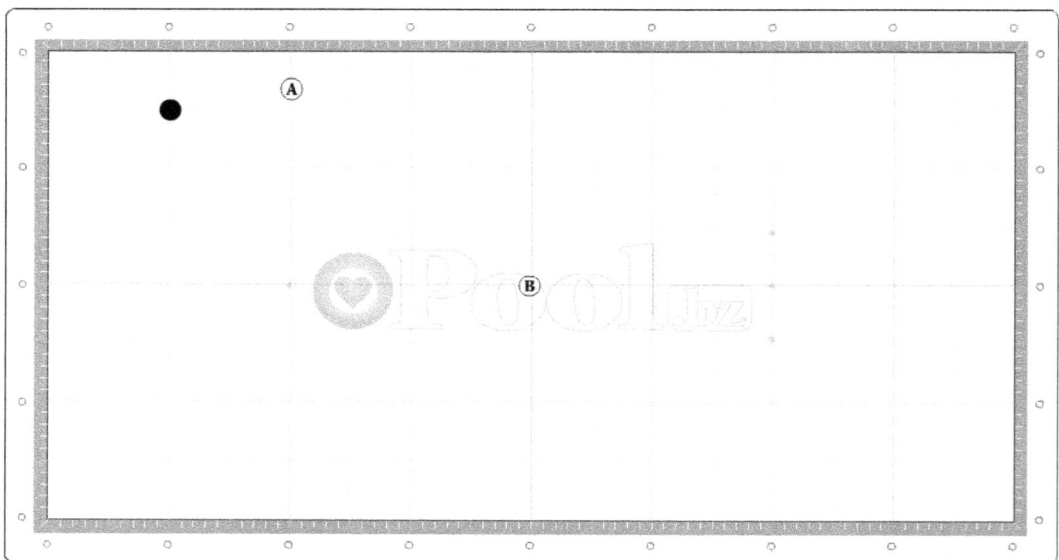

HUOMAUTUS:

Ryhmä 4, sarja 2

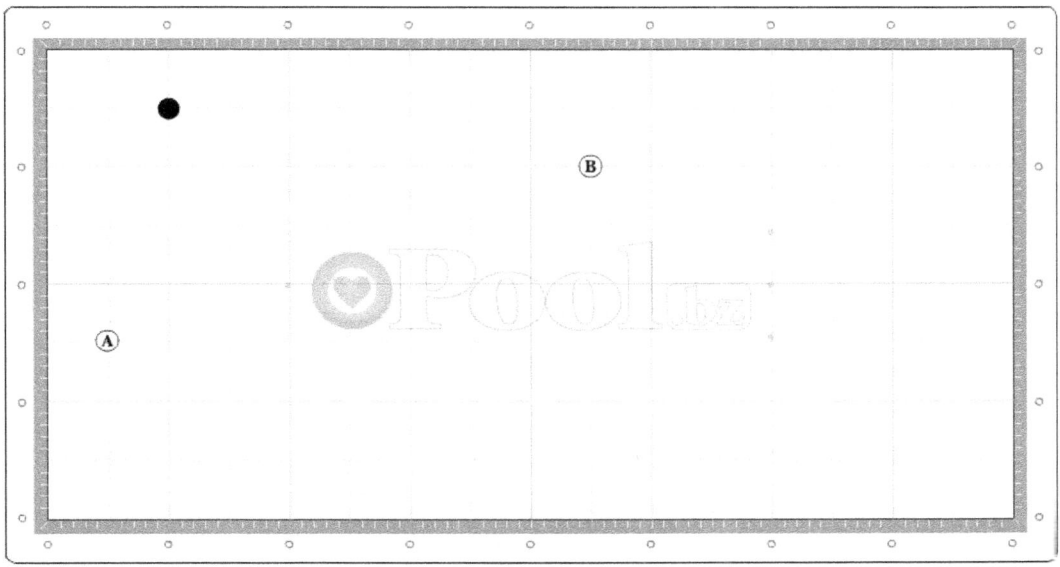

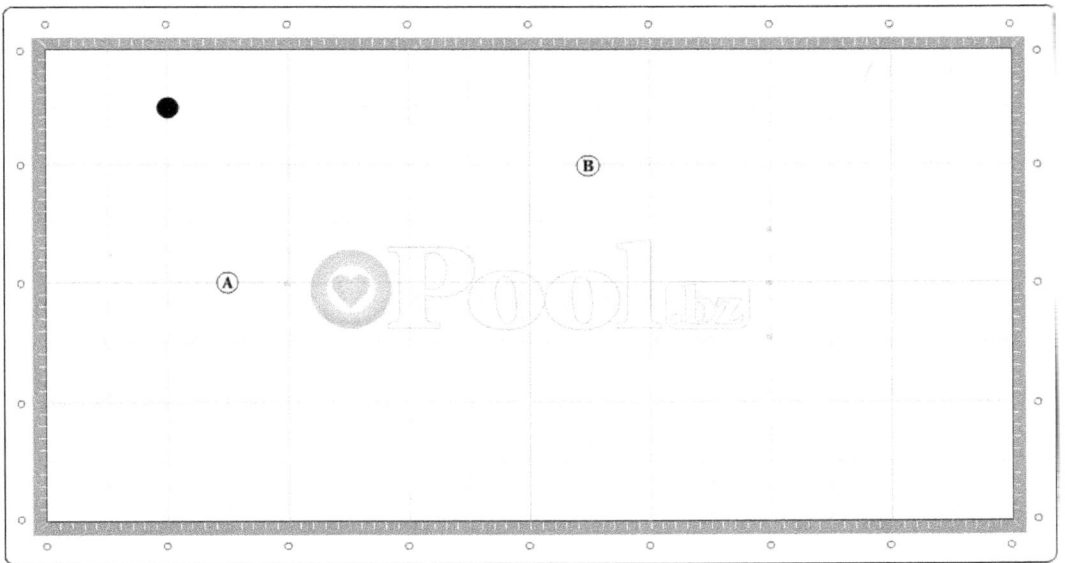

HUOMAUTUS:

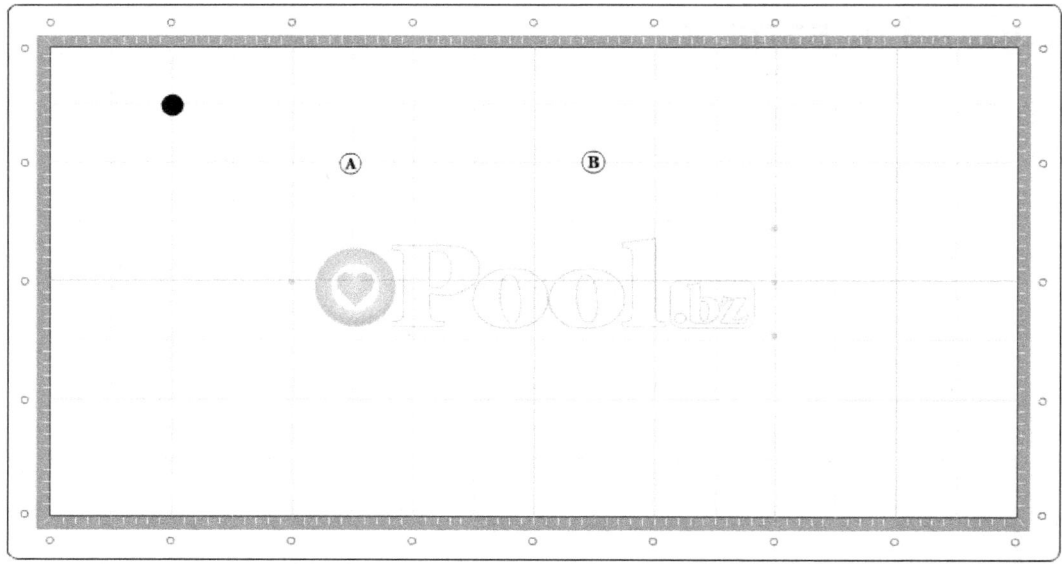

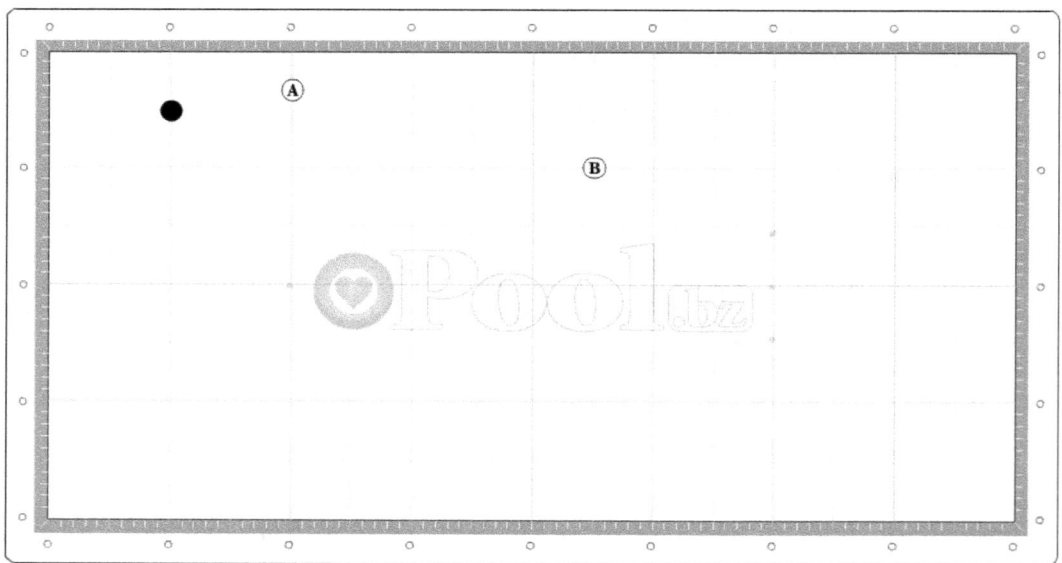

HUOMAUTUS:

Ryhmä 4, sarja 3

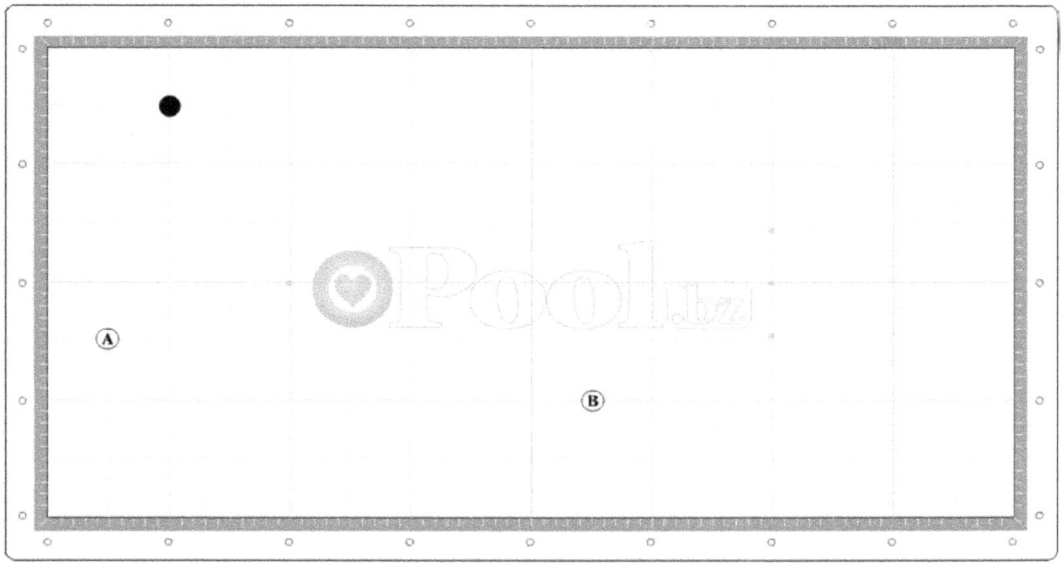

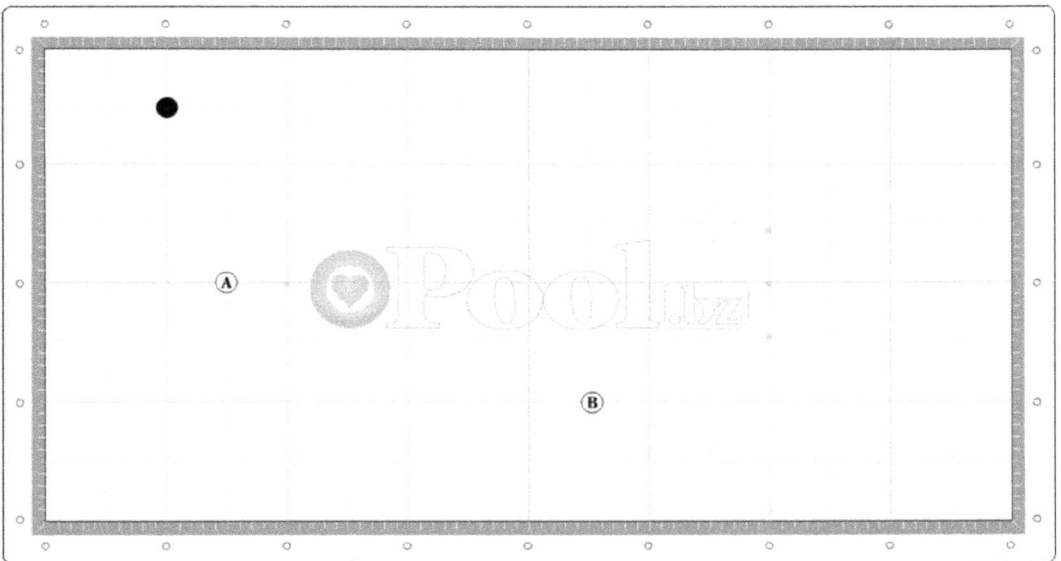

HUOMAUTUS:

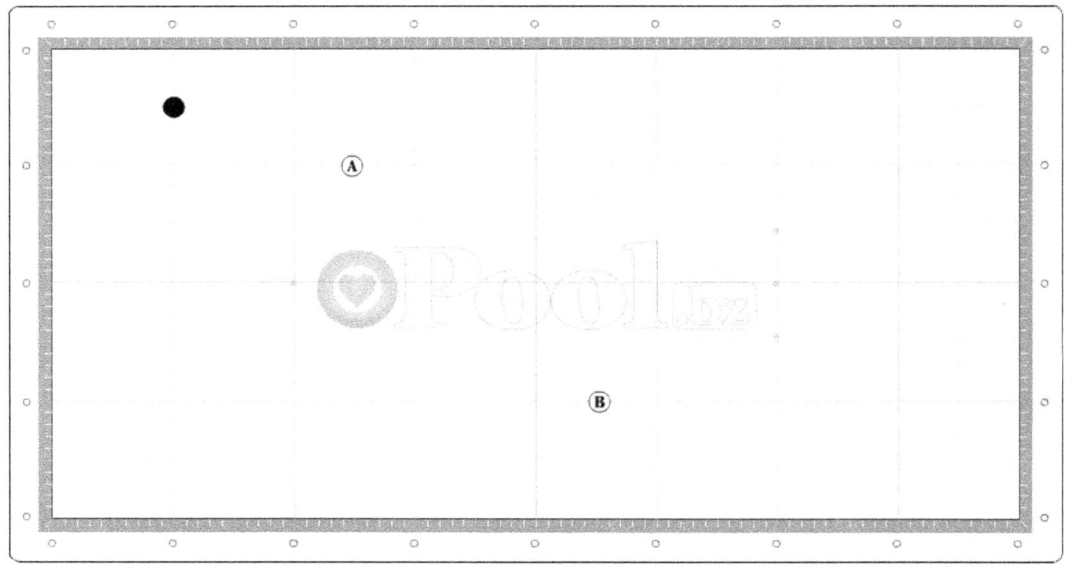

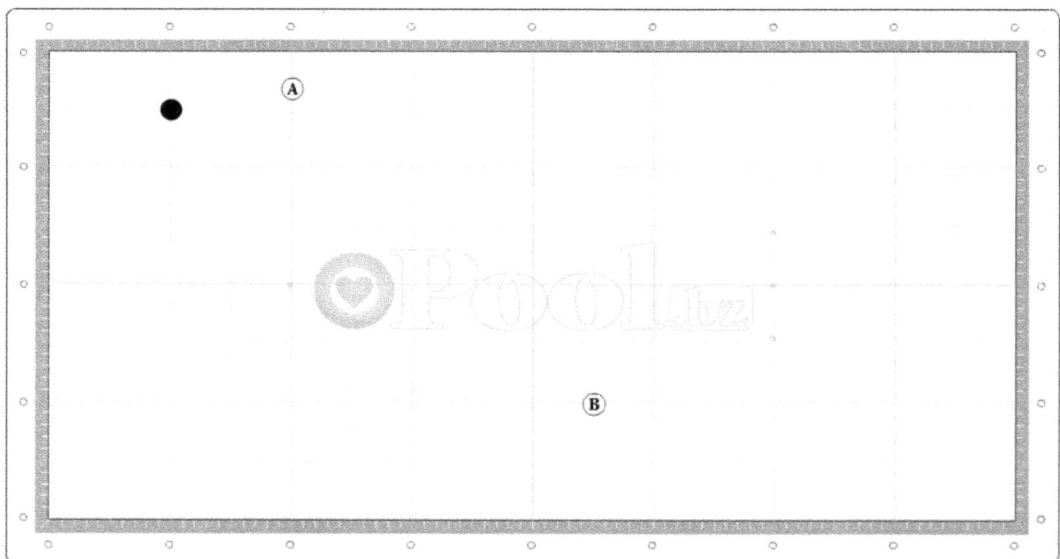

HUOMAUTUS:

Ryhmä 4, sarja 4

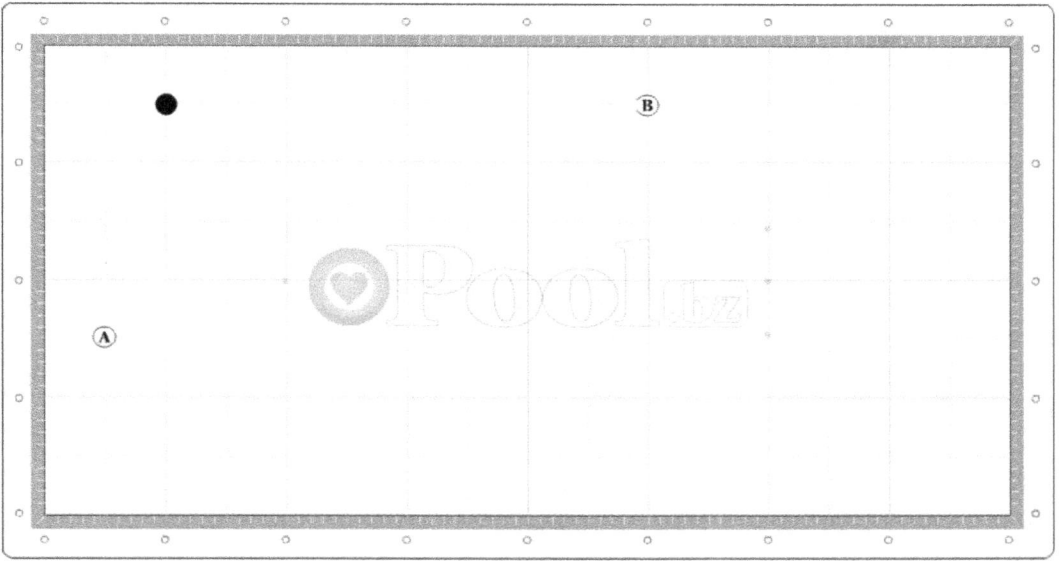

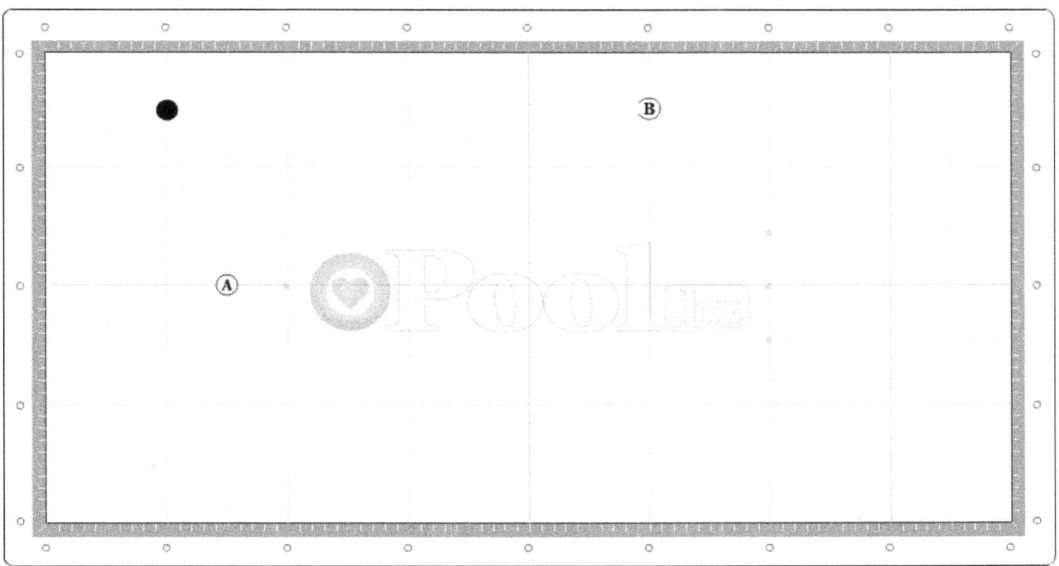

HUOMAUTUS:

Karambolipelejä Biljardi: Lisää arvoituksia ja pulmia

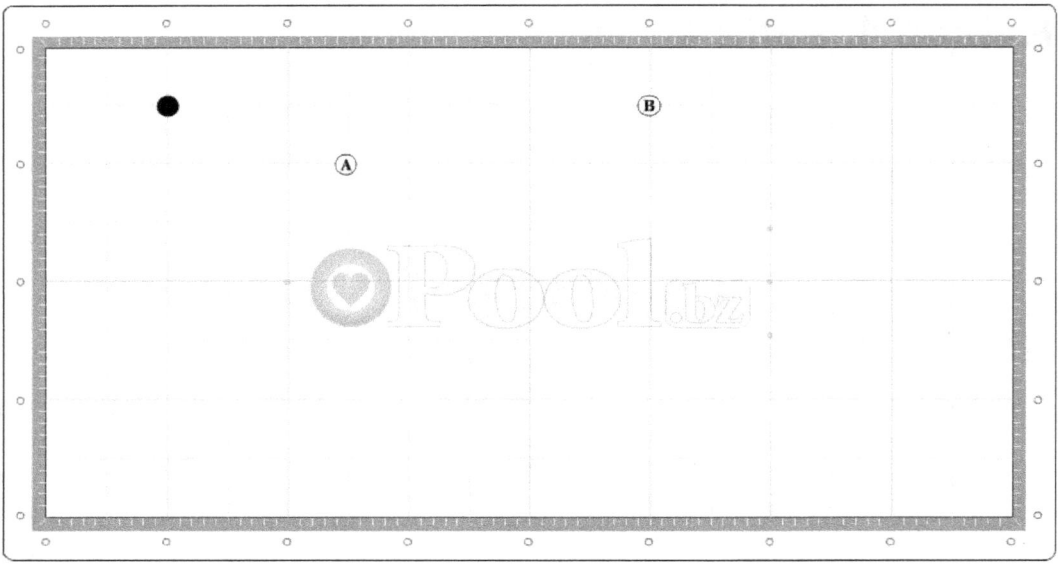

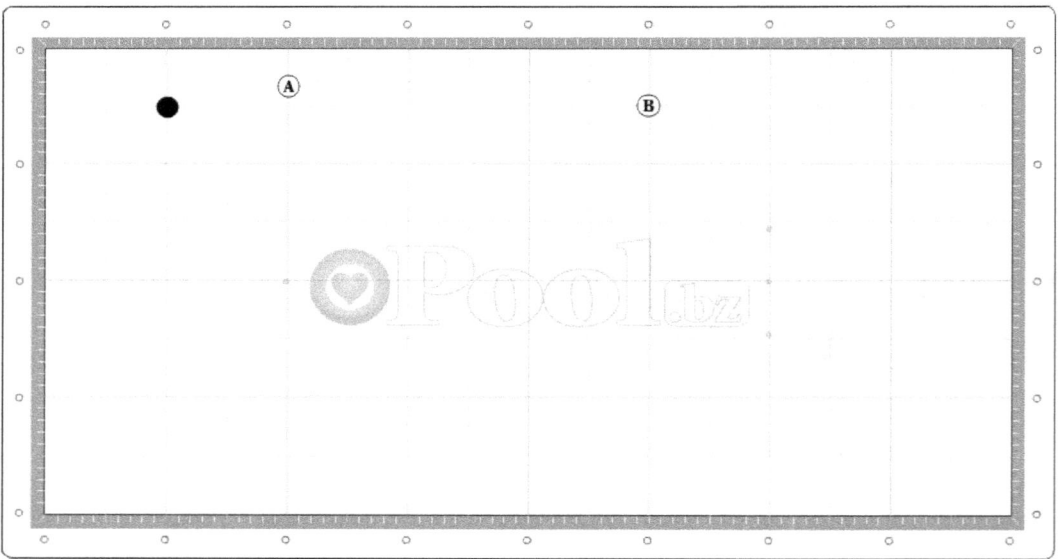

HUOMAUTUS:

Ryhmä 4, sarja 5

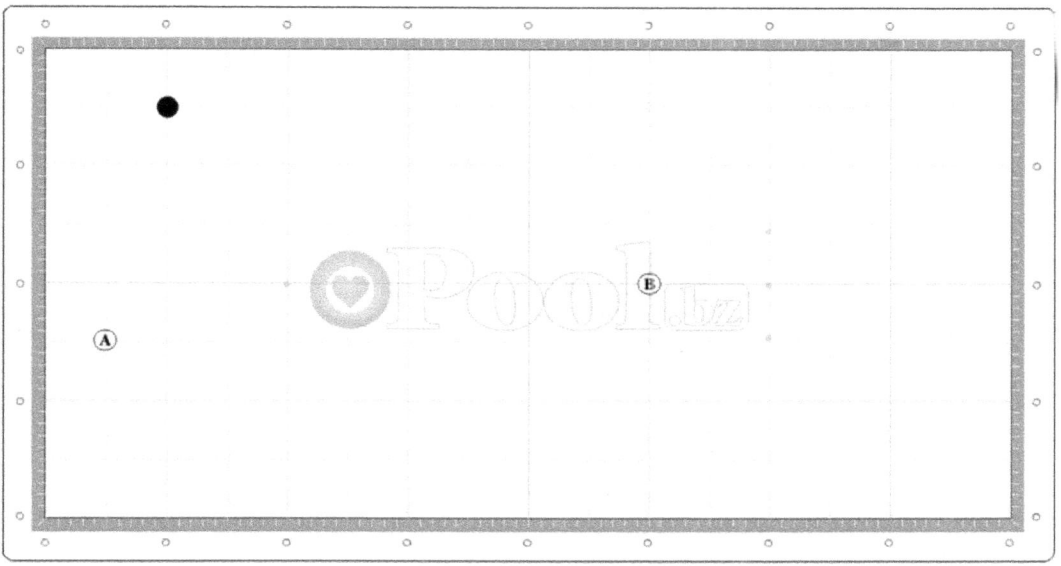

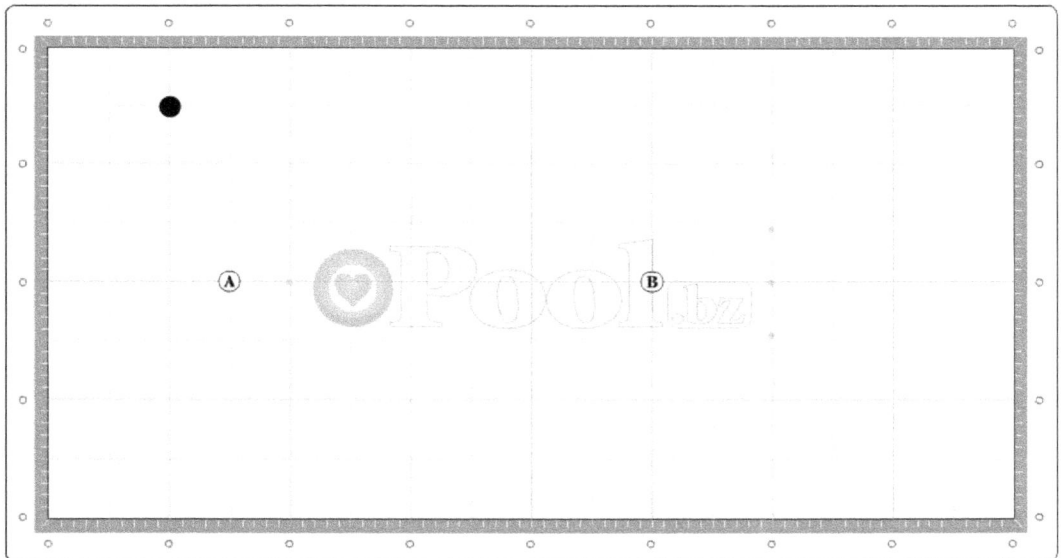

HUOMAUTUS:

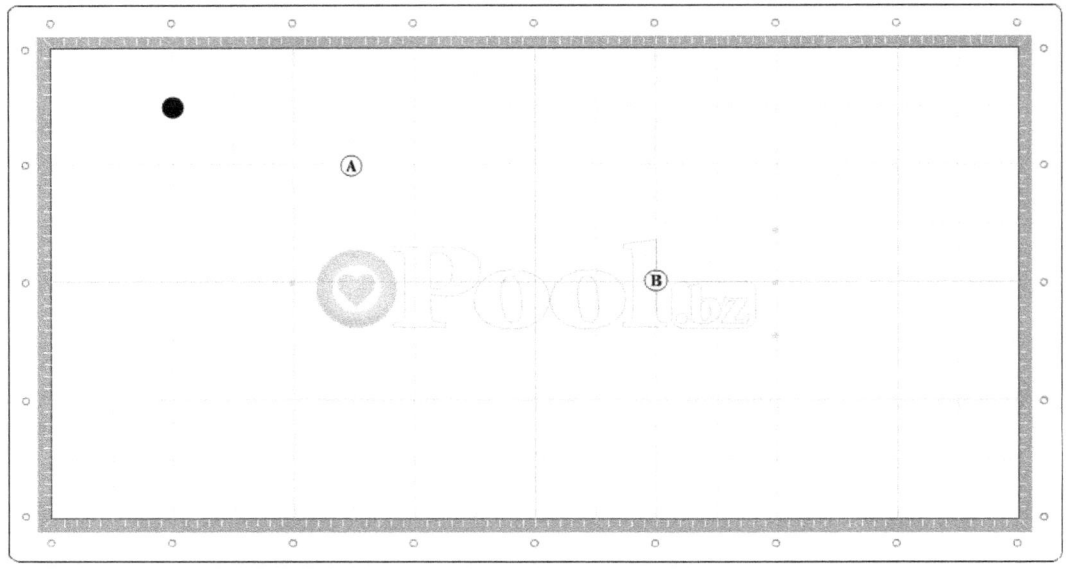

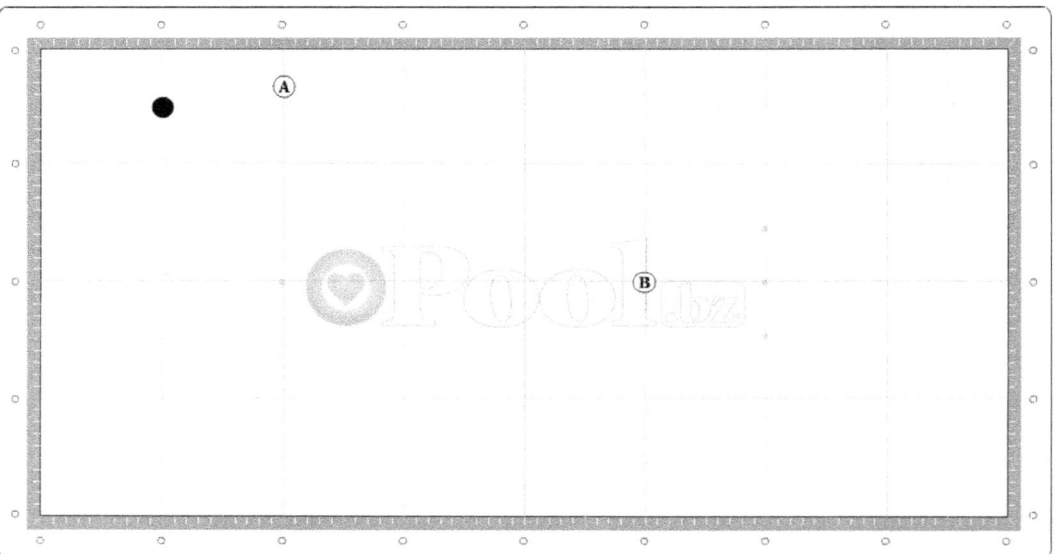

HUOMAUTUS:

Ryhmä 4, sarja 6

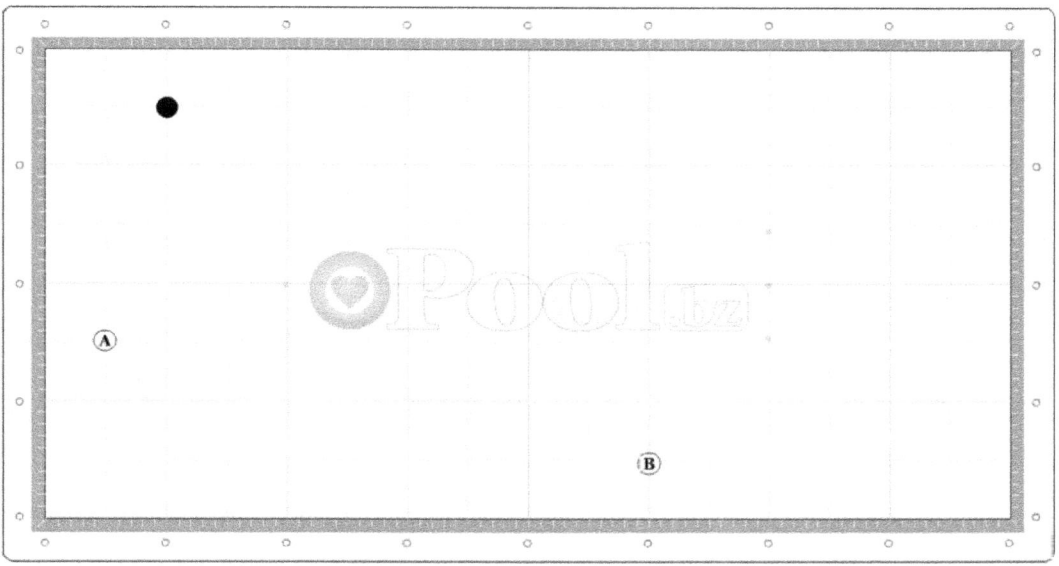

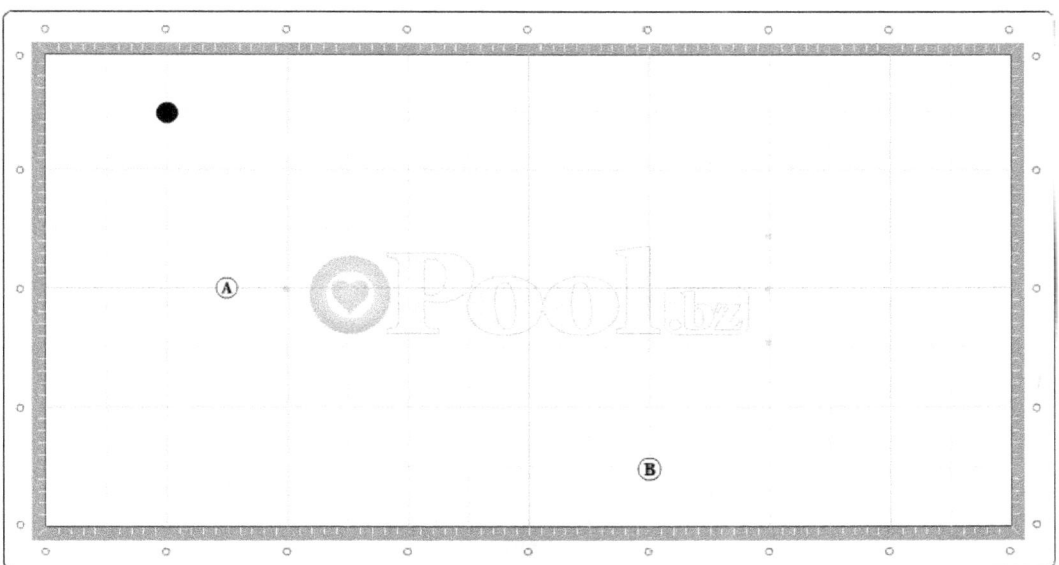

HUOMAUTUS:

Karambolipelejä Biljardi: Lisää arvoituksia ja pulmia

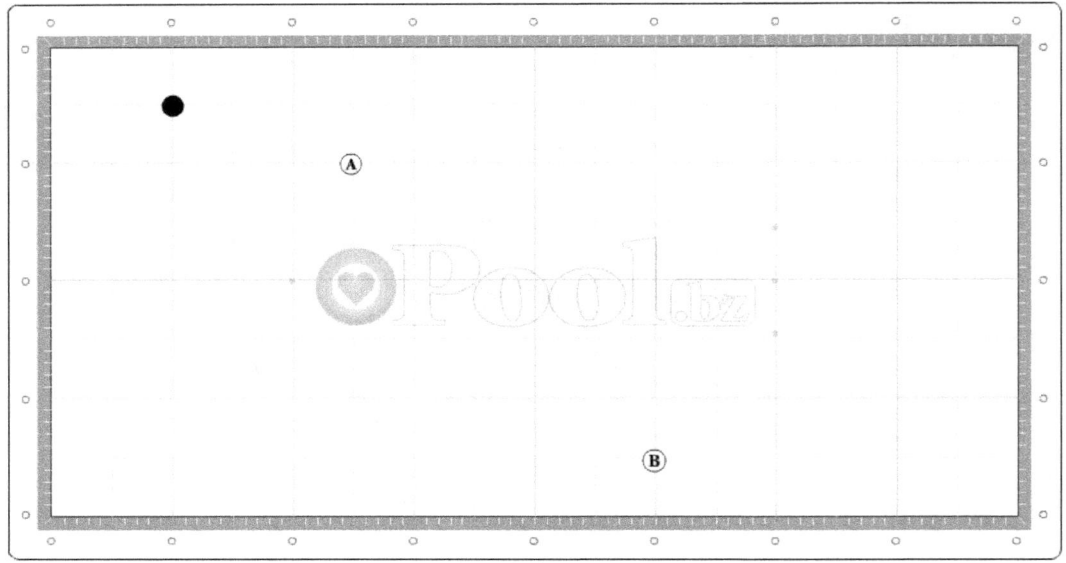

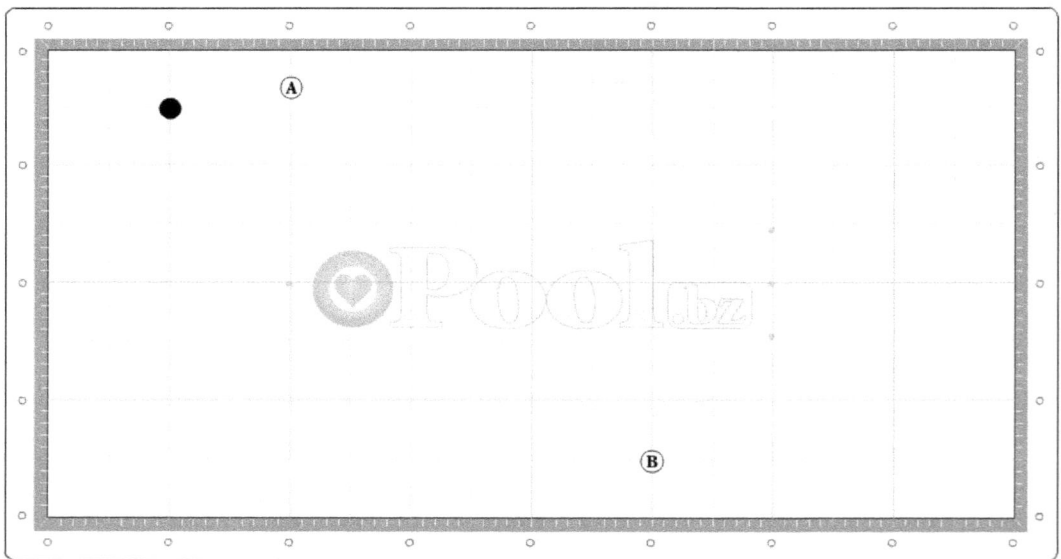

HUOMAUTUS:

Ryhmä 4, sarja 7

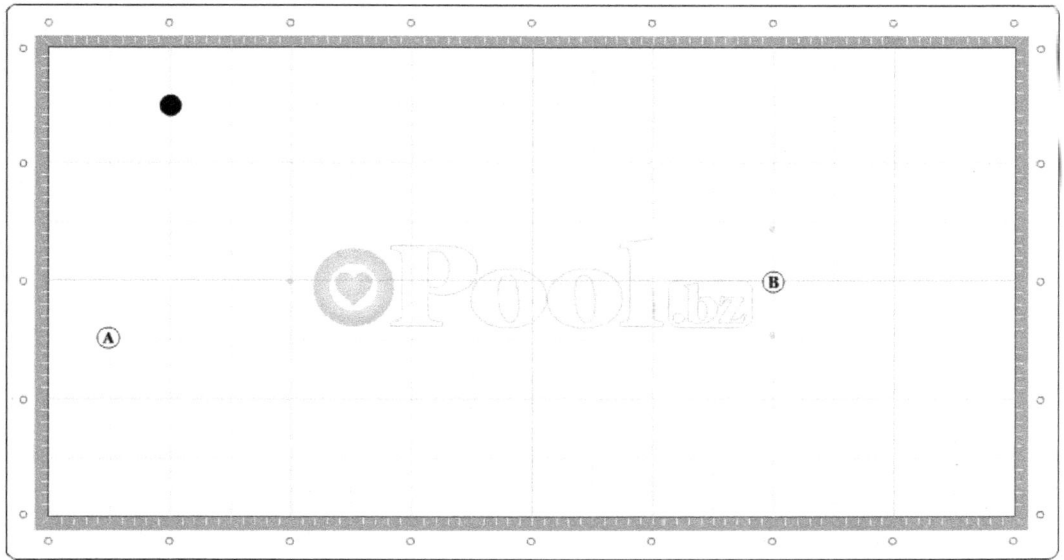

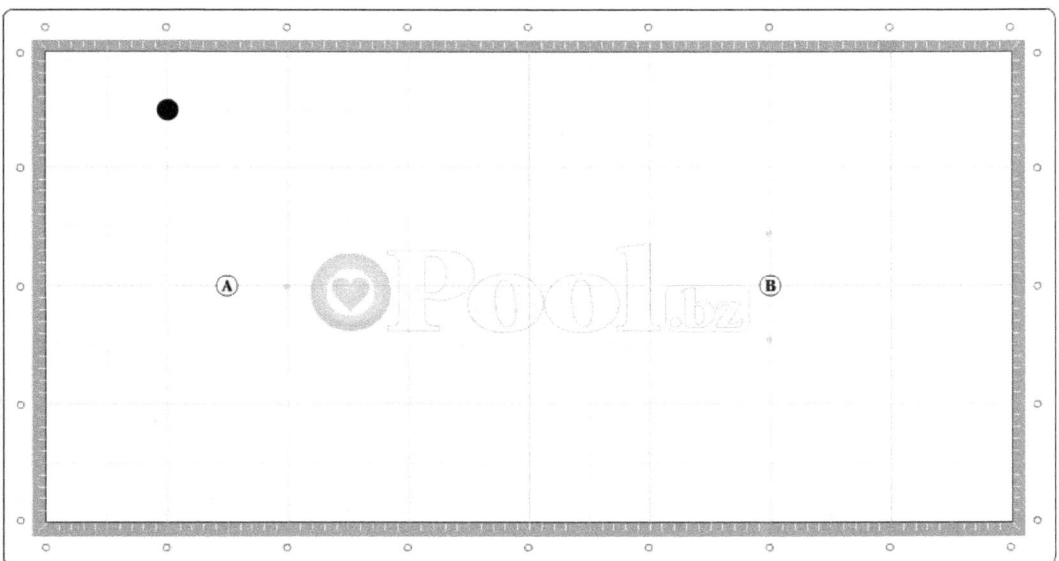

HUOMAUTUS:

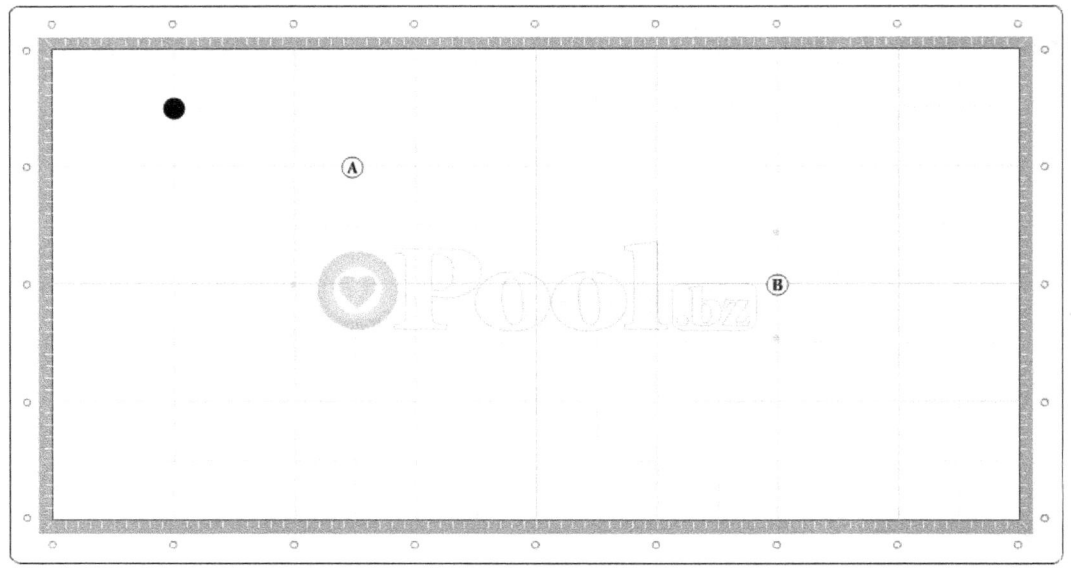

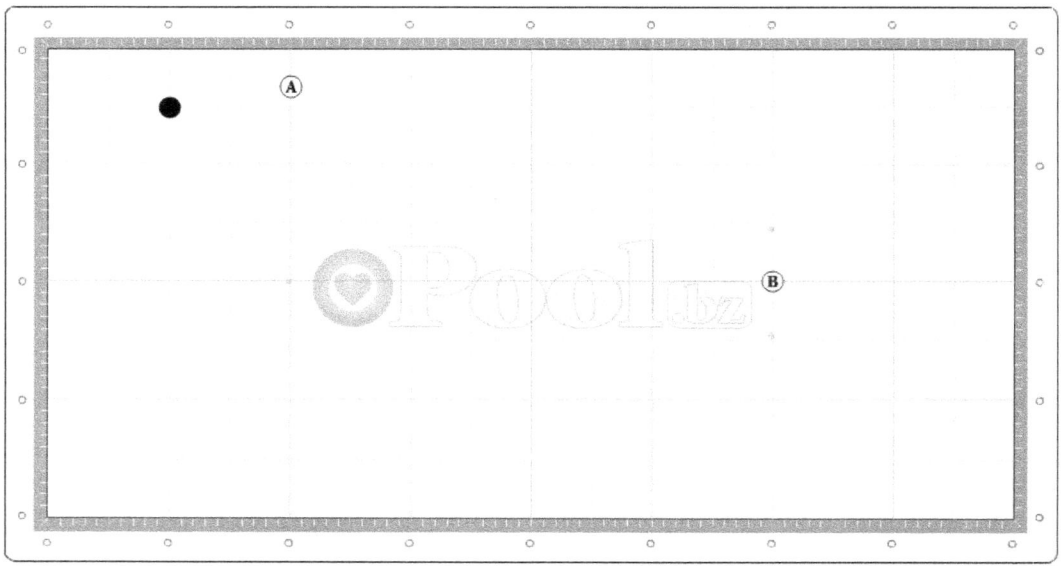

HUOMAUTUS:

Ryhmä 4, sarja 8

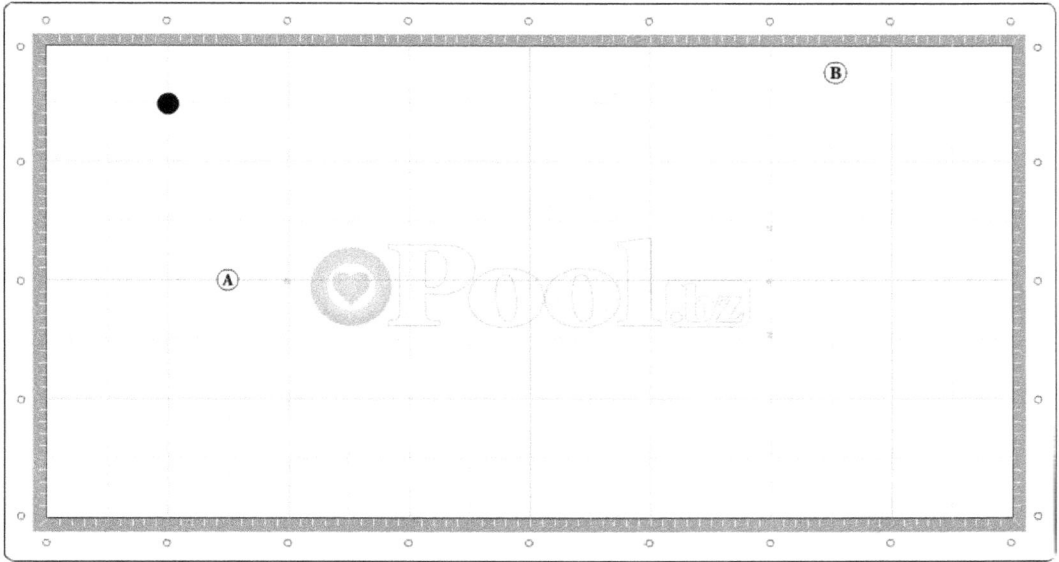

HUOMAUTUS:

Karambolipelejä Biljardi: Lisää arvoituksia ja pulmia

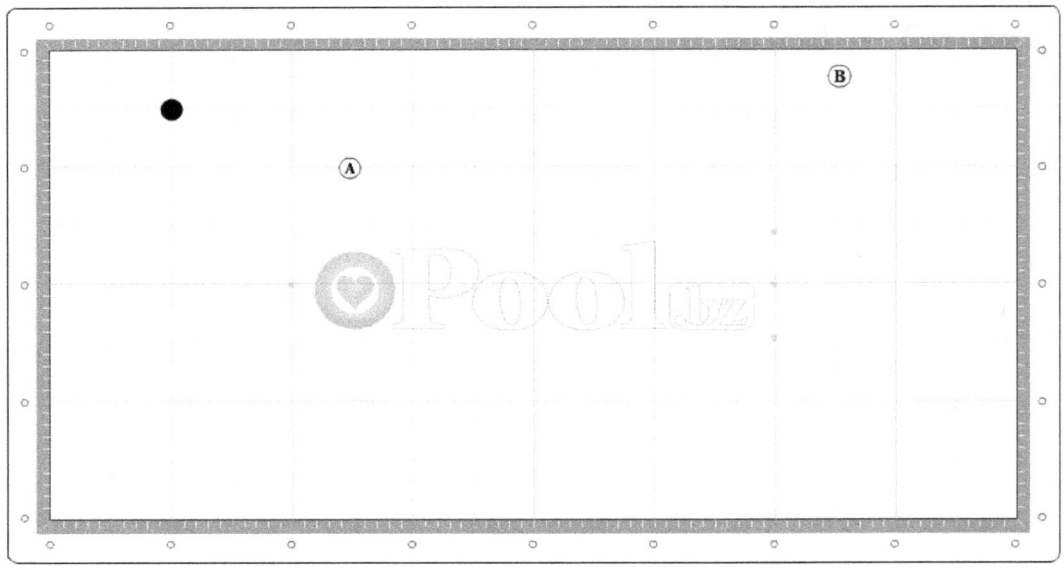

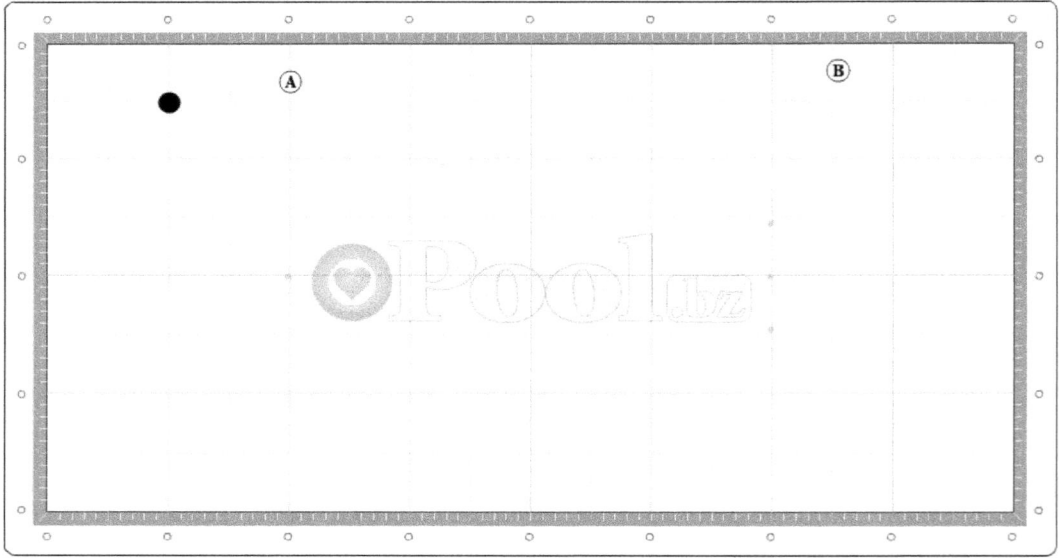

HUOMAUTUS:

Ryhmä 4, sarja 9

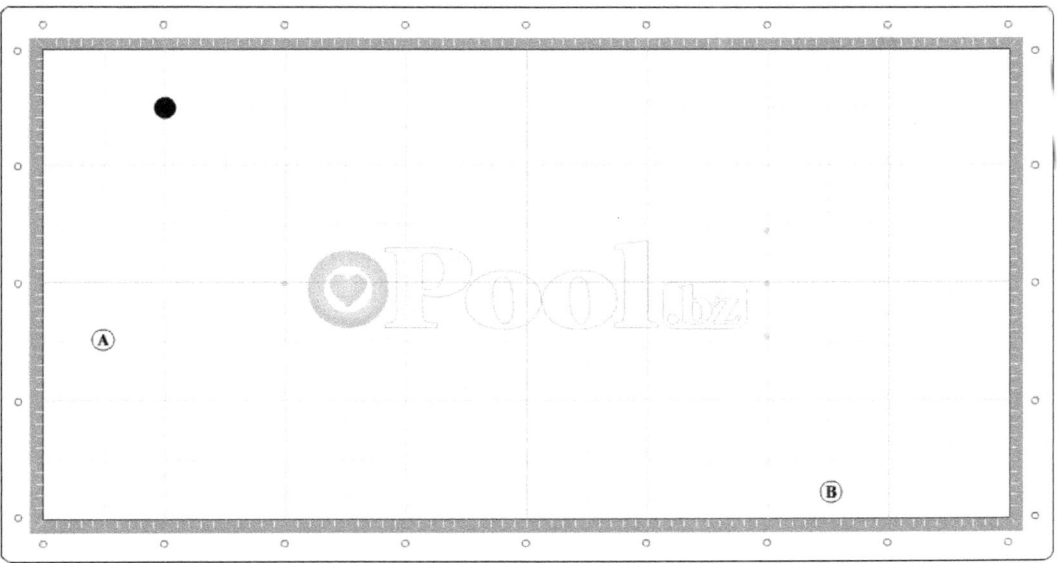

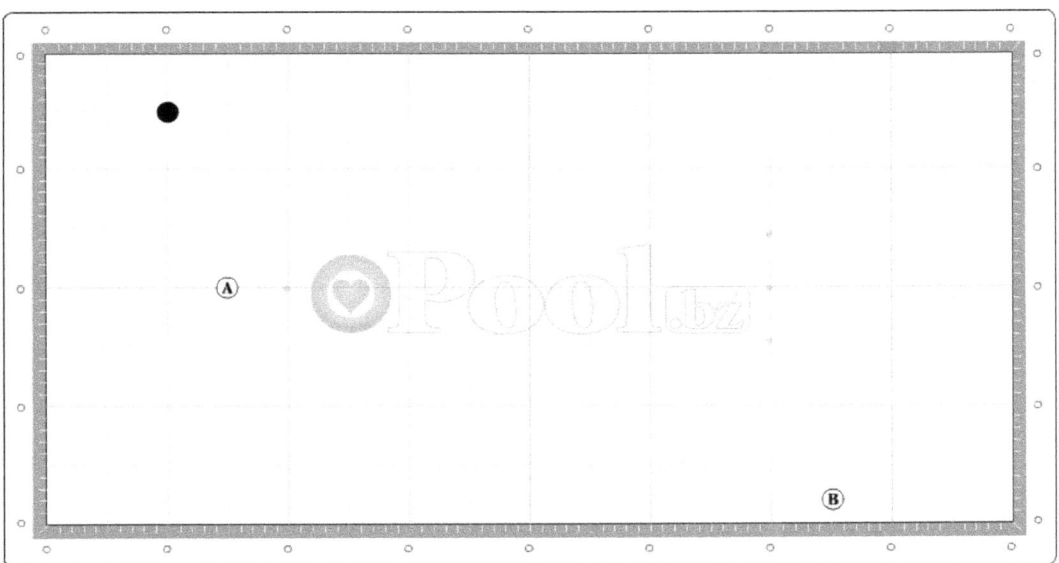

HUOMAUTUS:

Karambolipelejä Biljardi: Lisää arvoituksia ja pulmia

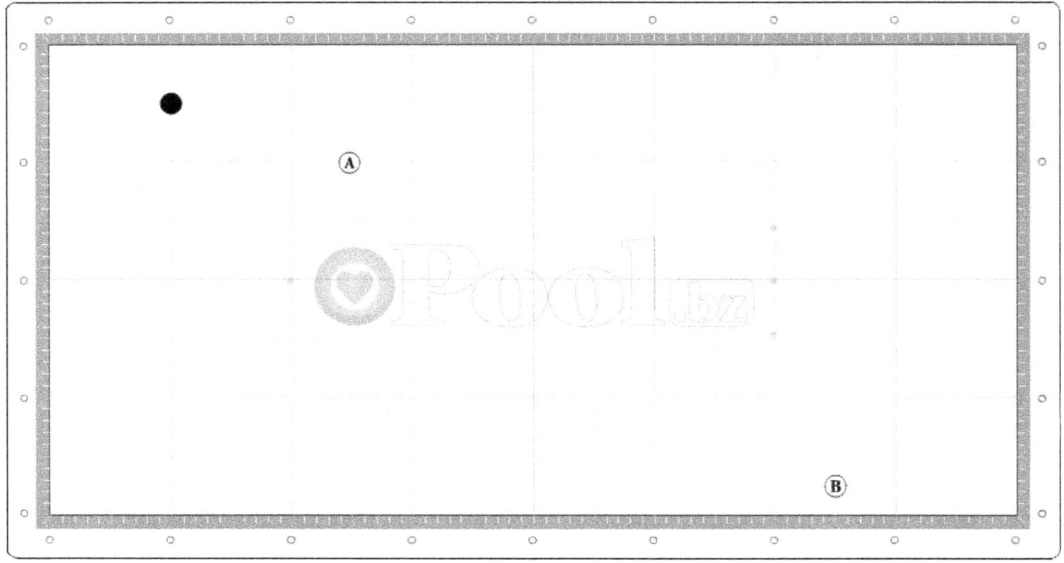

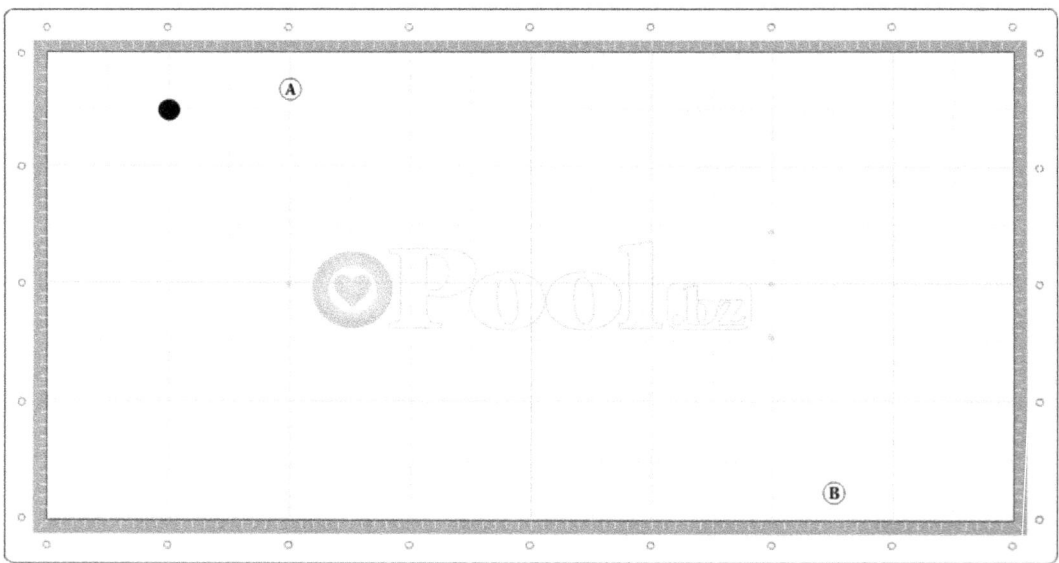

HUOMAUTUS:

Ryhmä 4, sarja 10

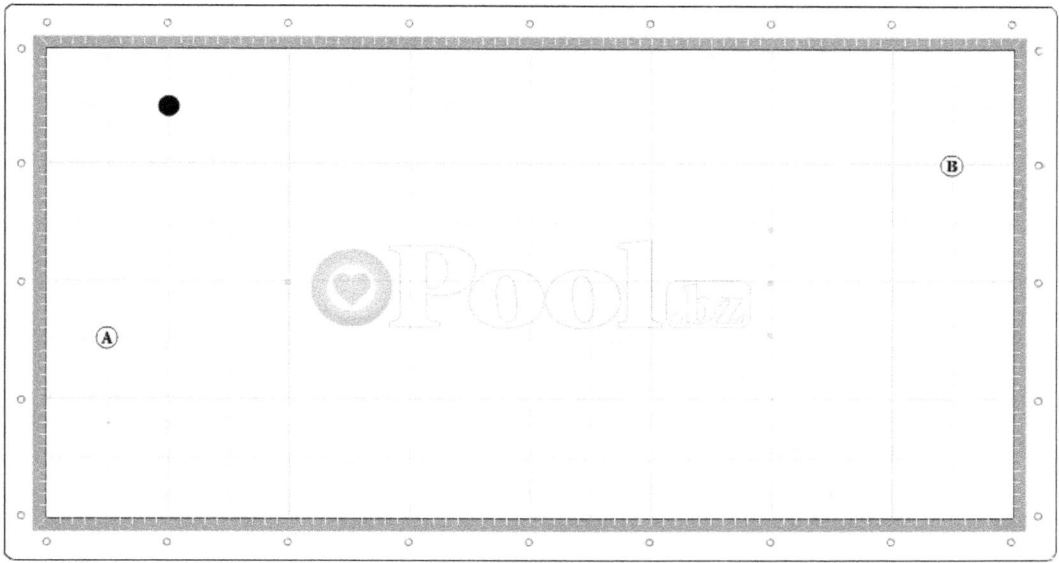

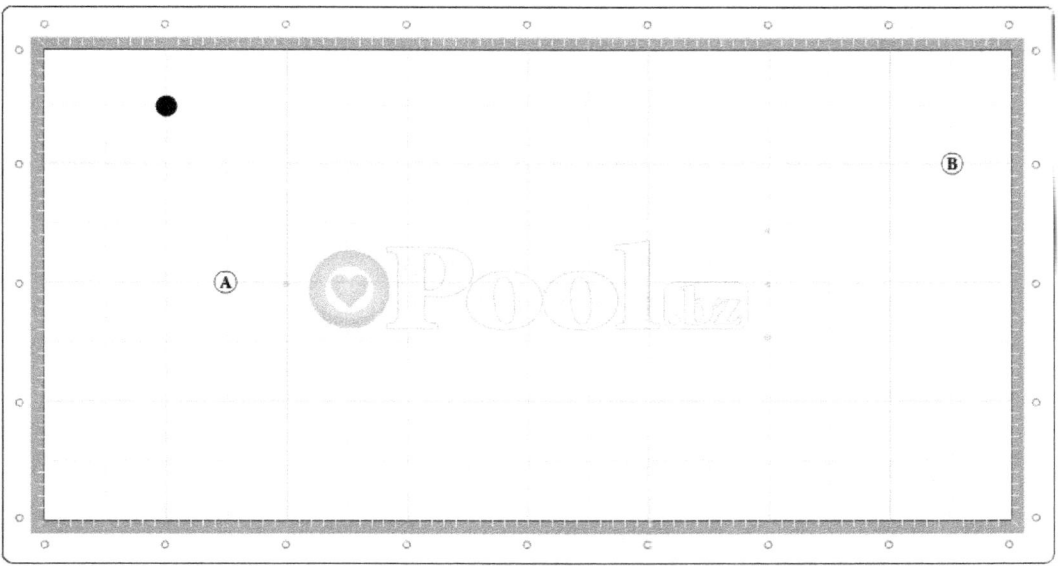

HUOMAUTUS:

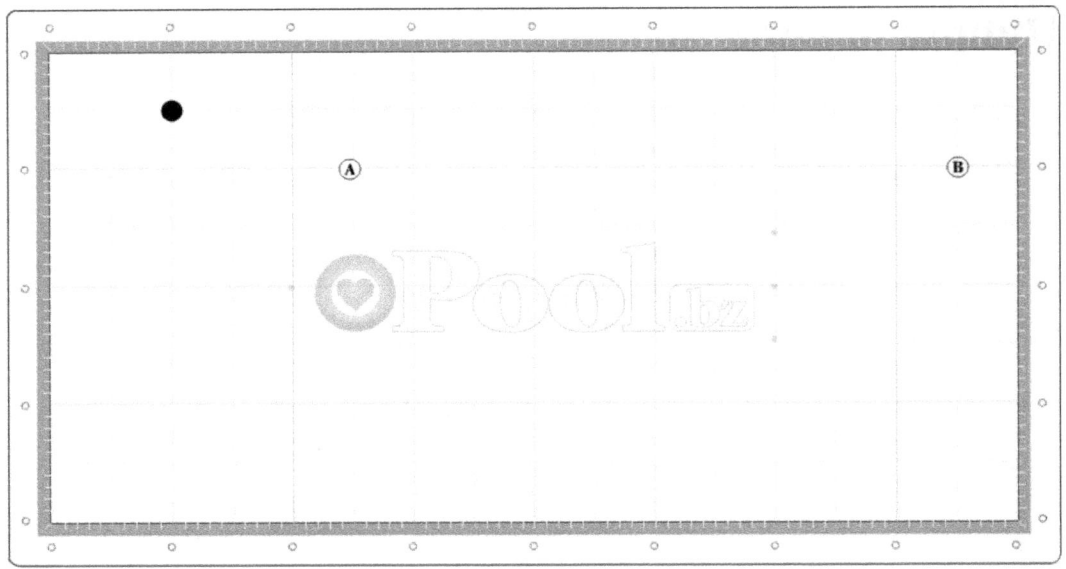

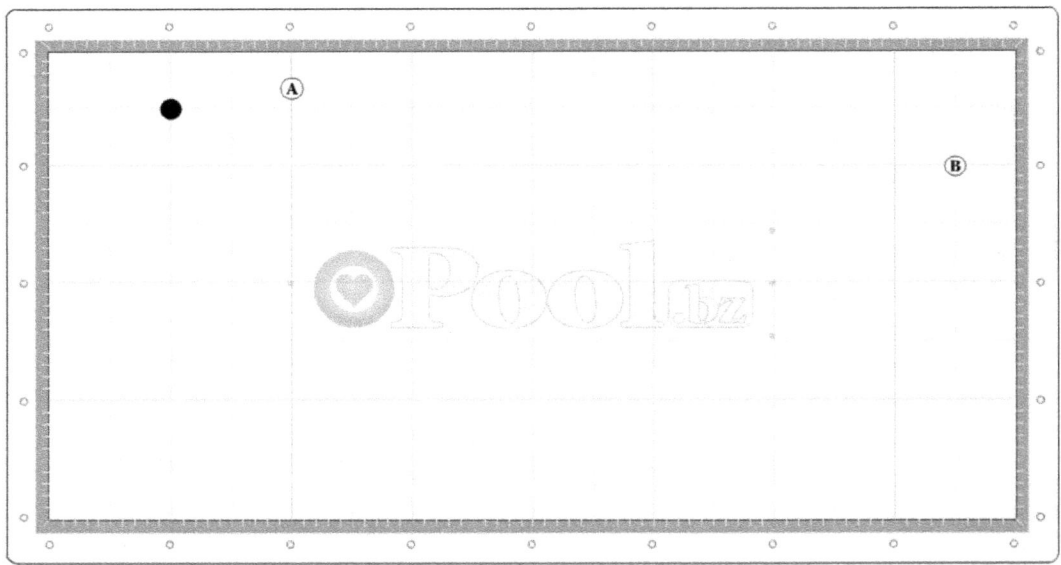

HUOMAUTUS:

Ryhmä 4, sarja 11

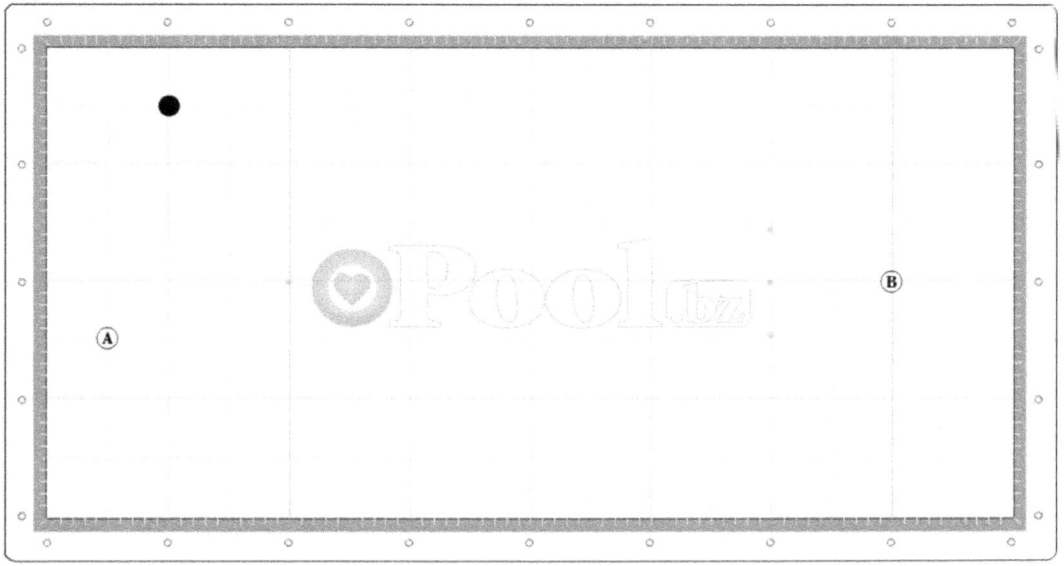

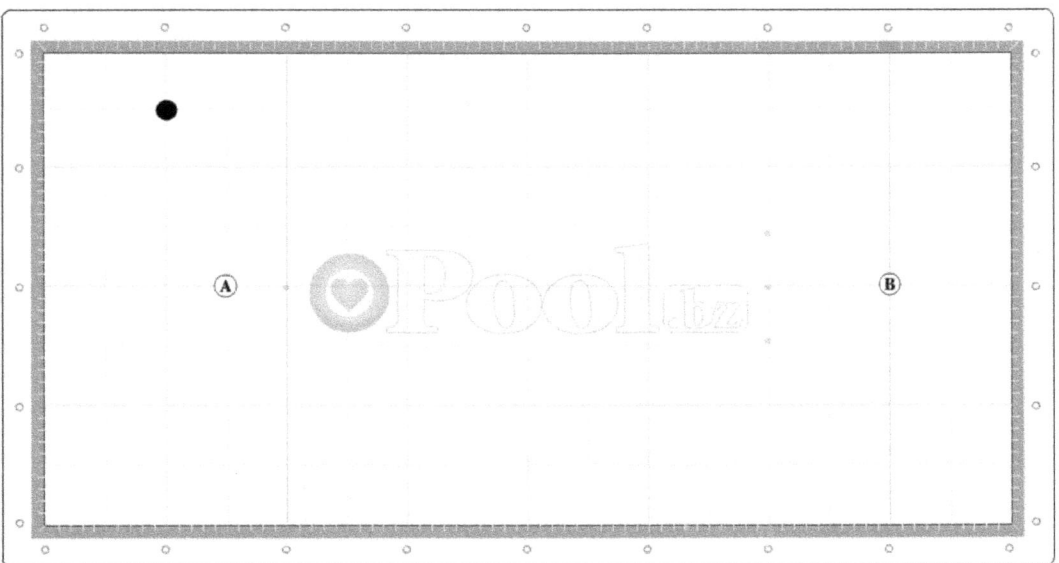

HUOMAUTUS:

Karambolipelejä Biljardi: Lisää arvoituksia ja pulmia

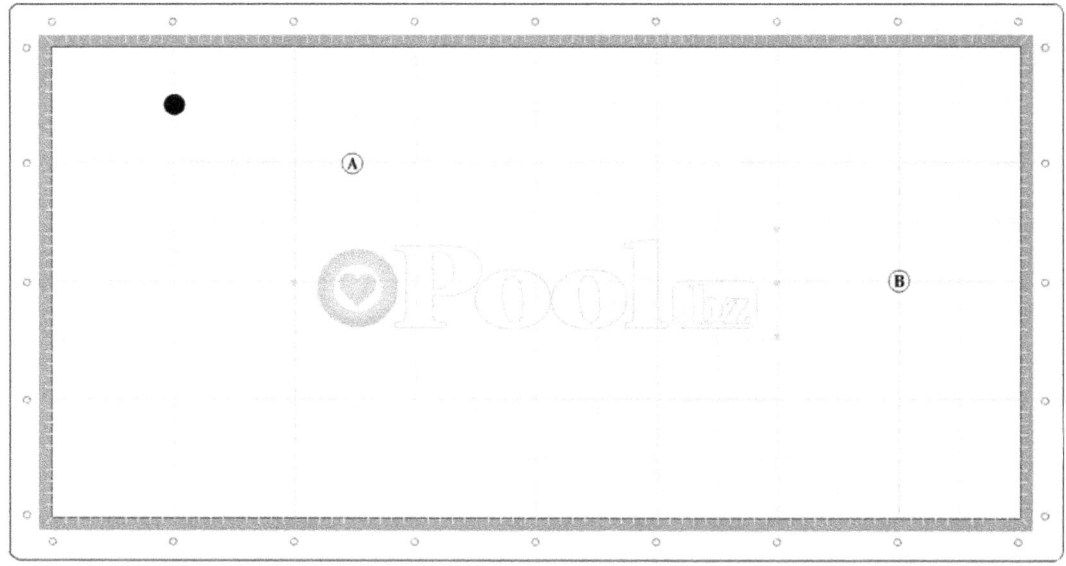

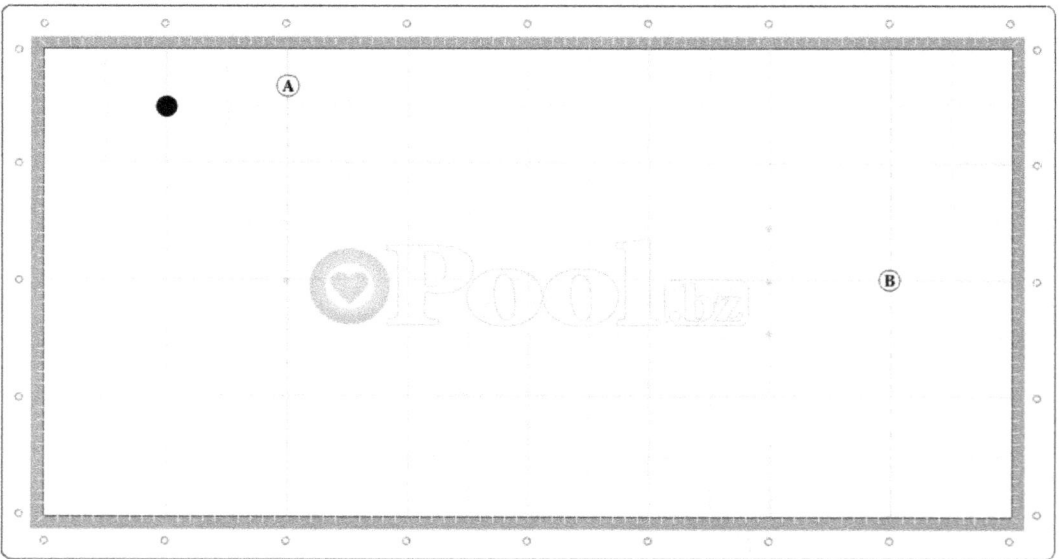

HUOMAUTUS:

Ryhmä 4, sarja 12

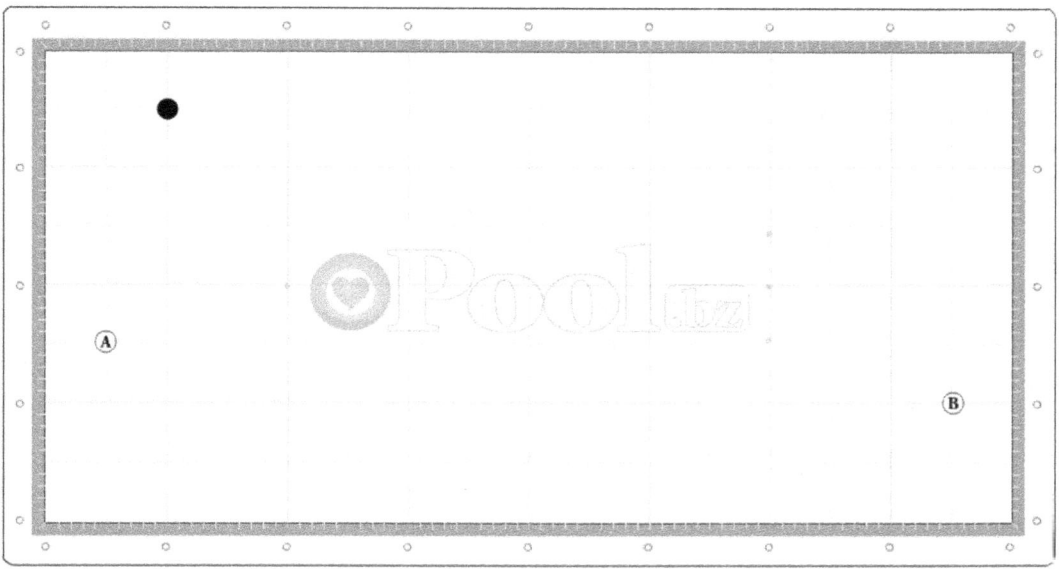

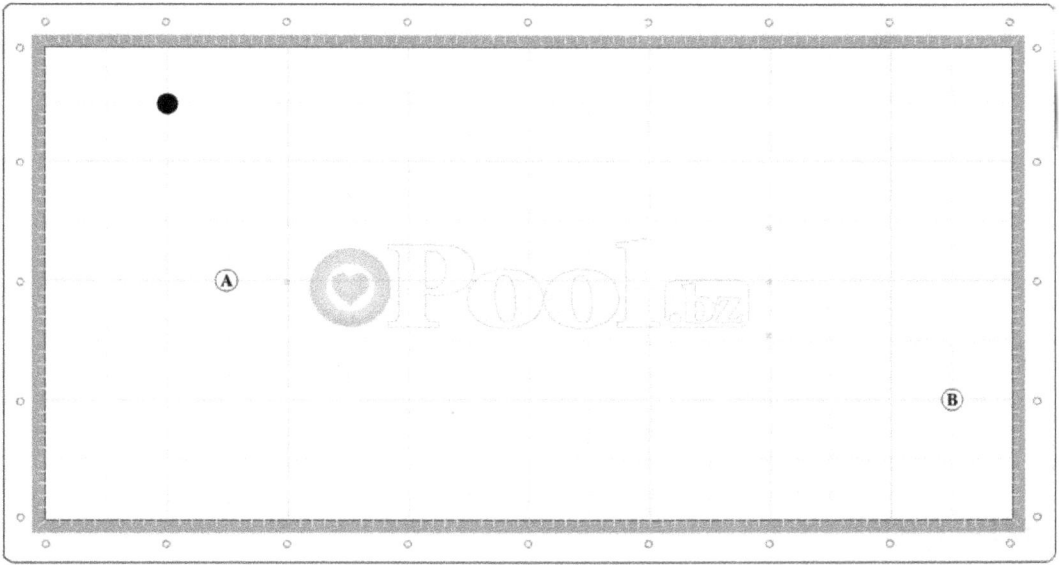

HUOMAUTUS:

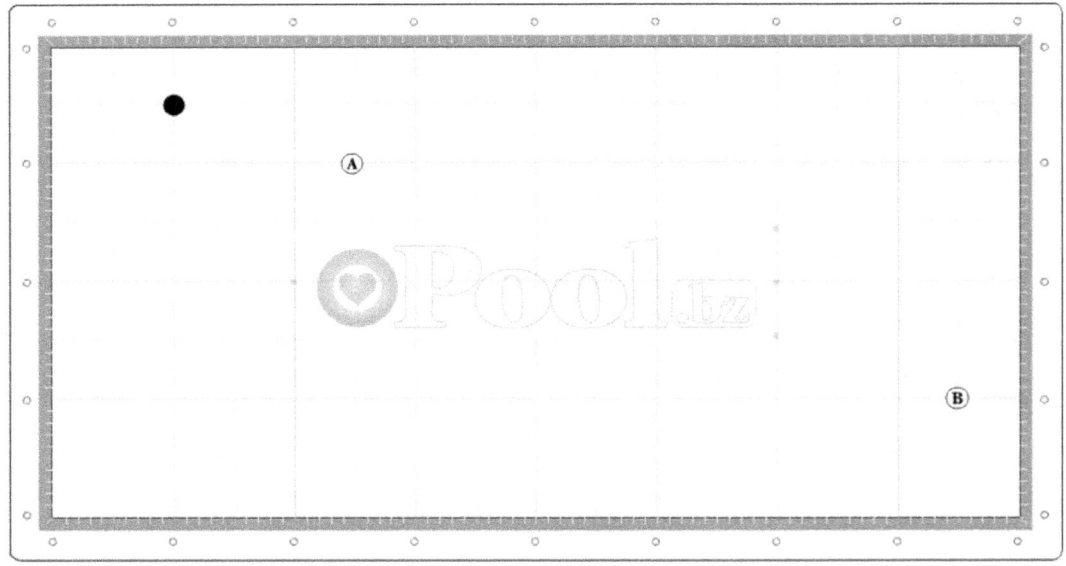

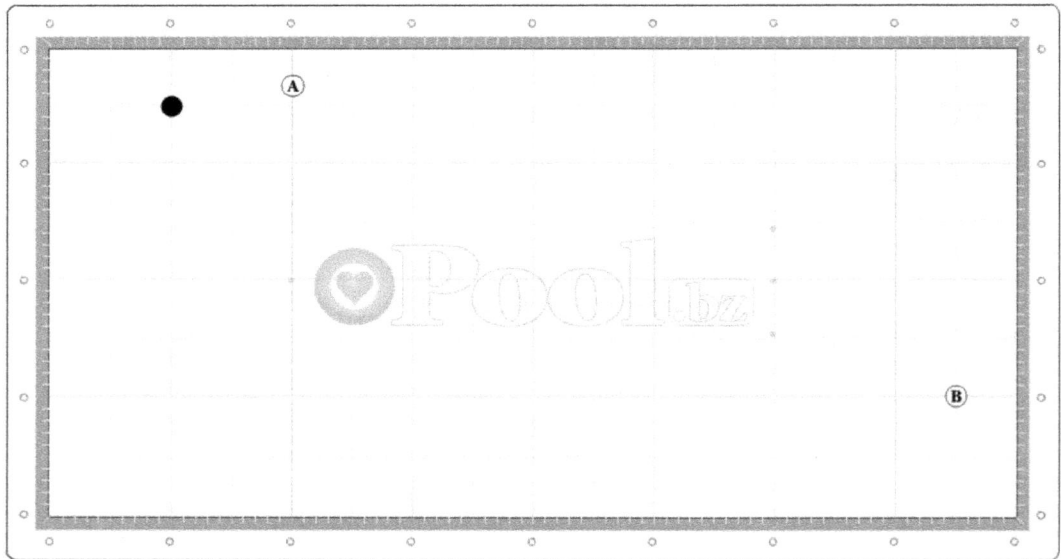

HUOMAUTUS:

RYHMÄ 5
Ryhmä 5, sarja 1

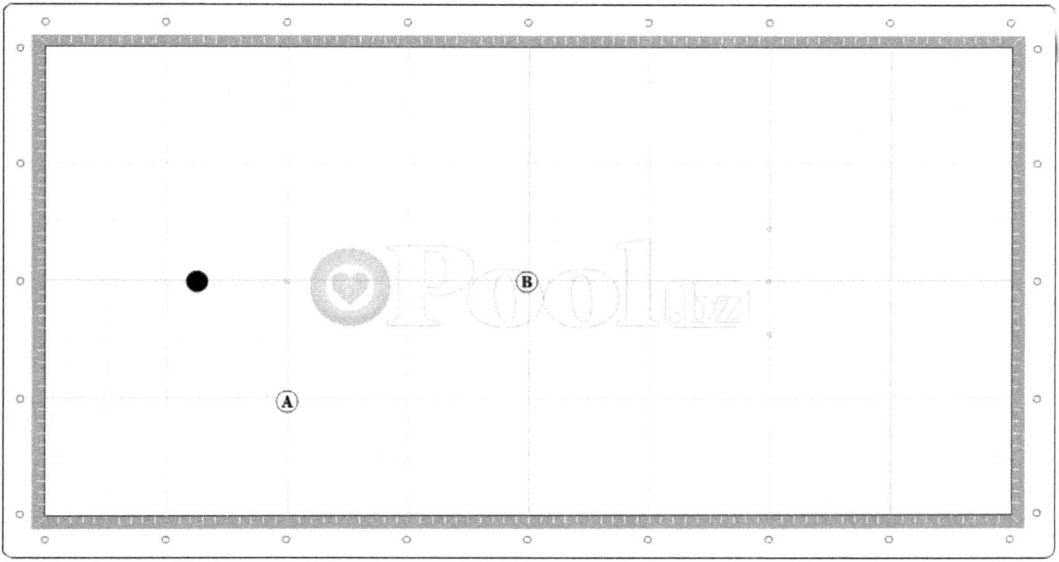

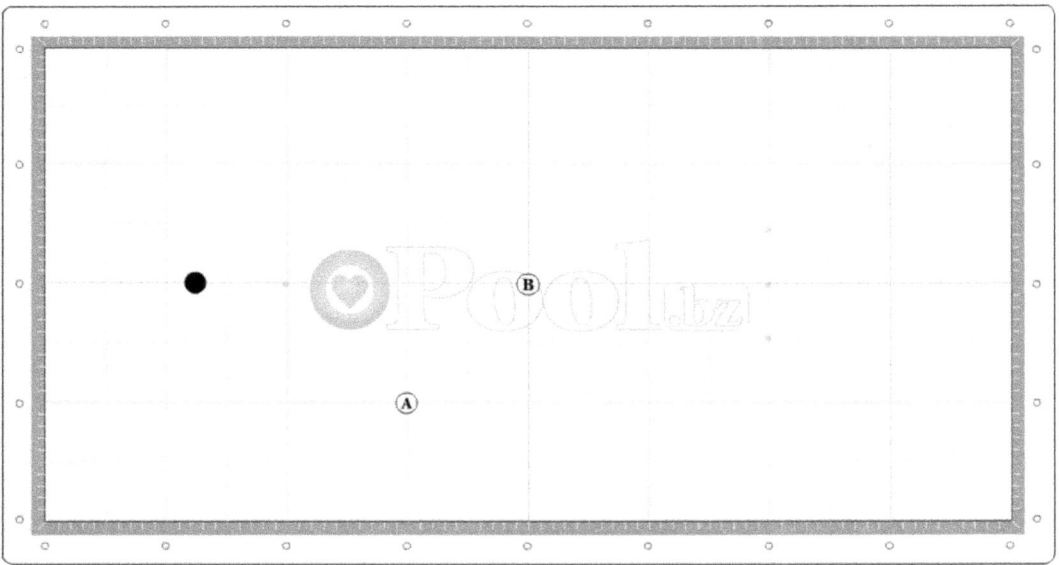

HUOMAUTUS:

Karambolipelejä Biljardi: Lisää arvoituksia ja pulmia

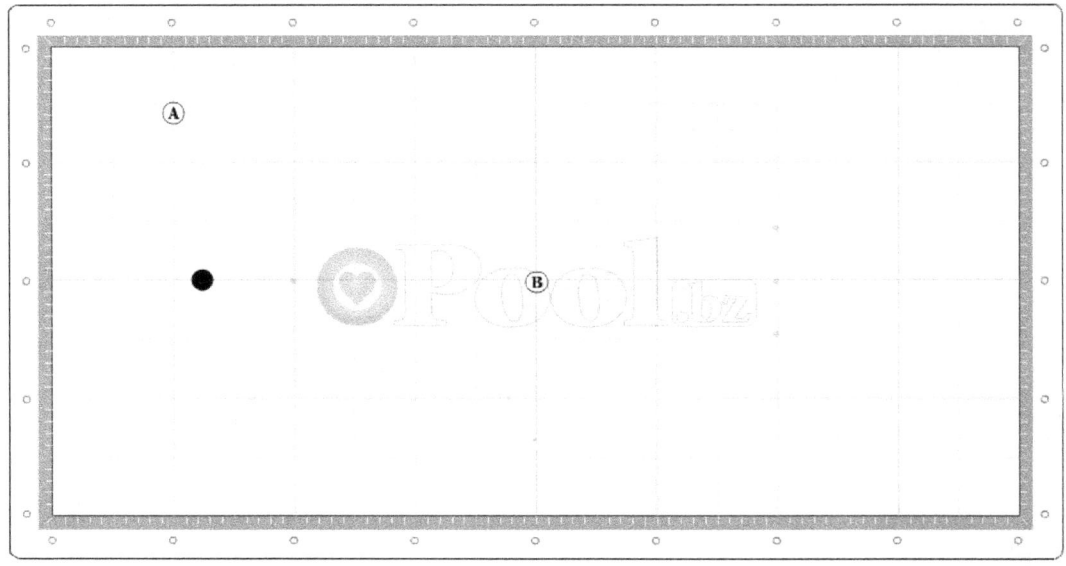

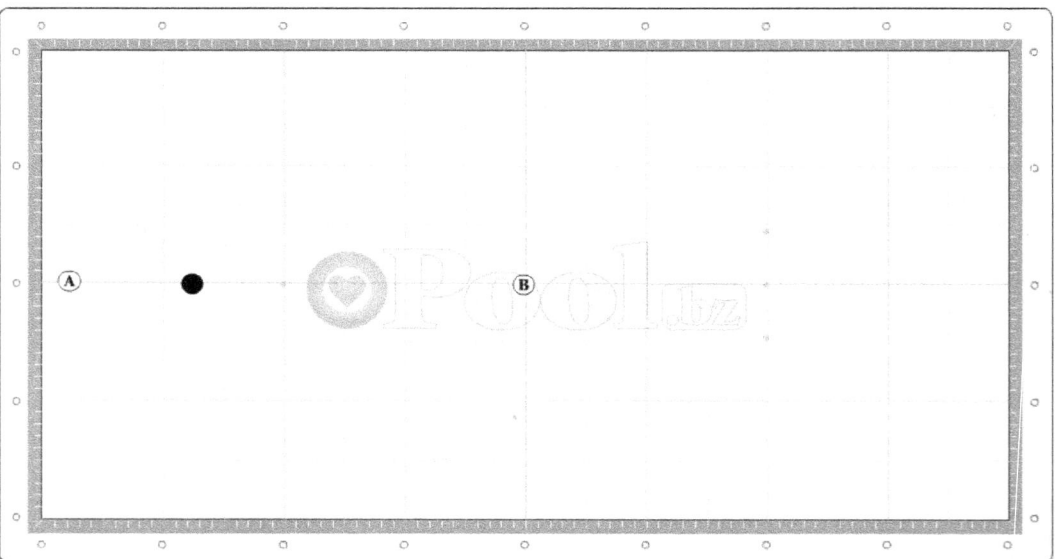

HUOMAUTUS:

Ryhmä 5, sarja 2

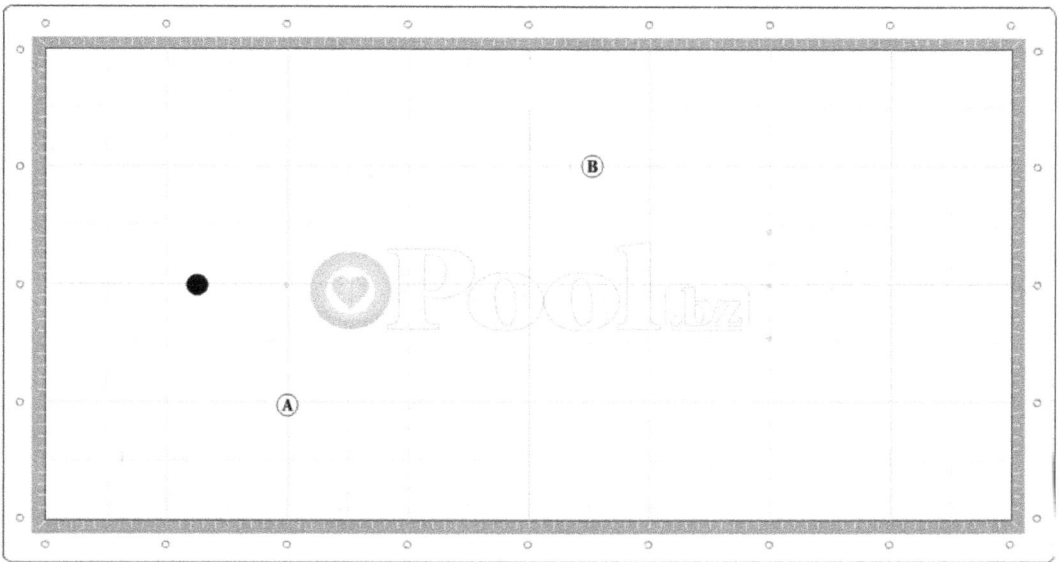

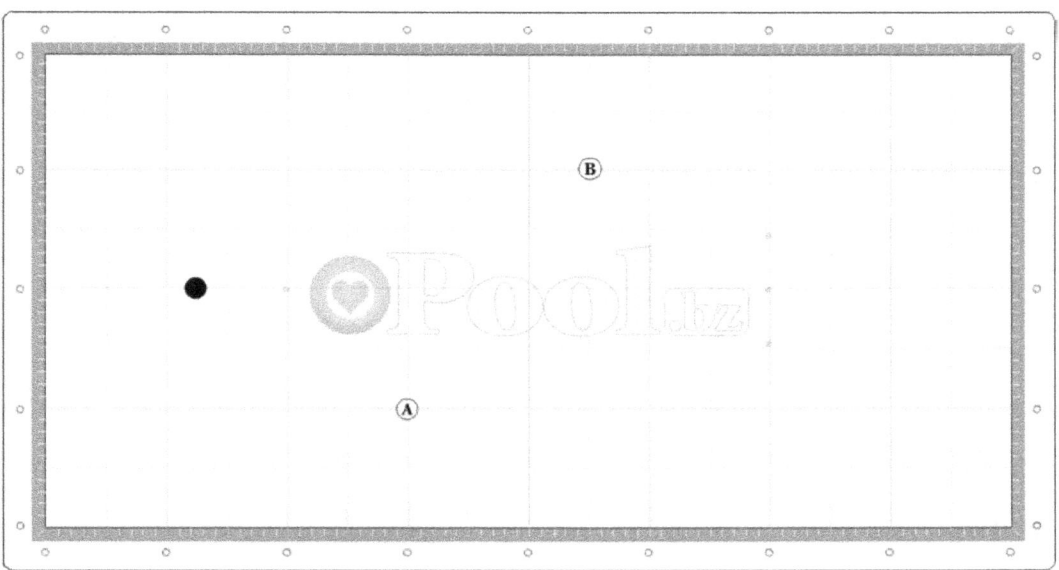

HUOMAUTUS:

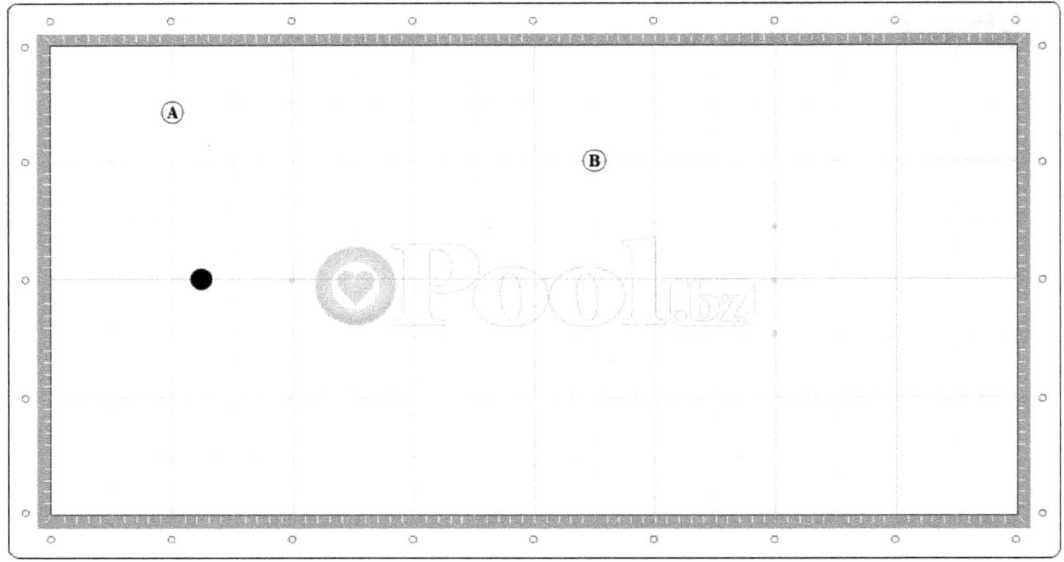

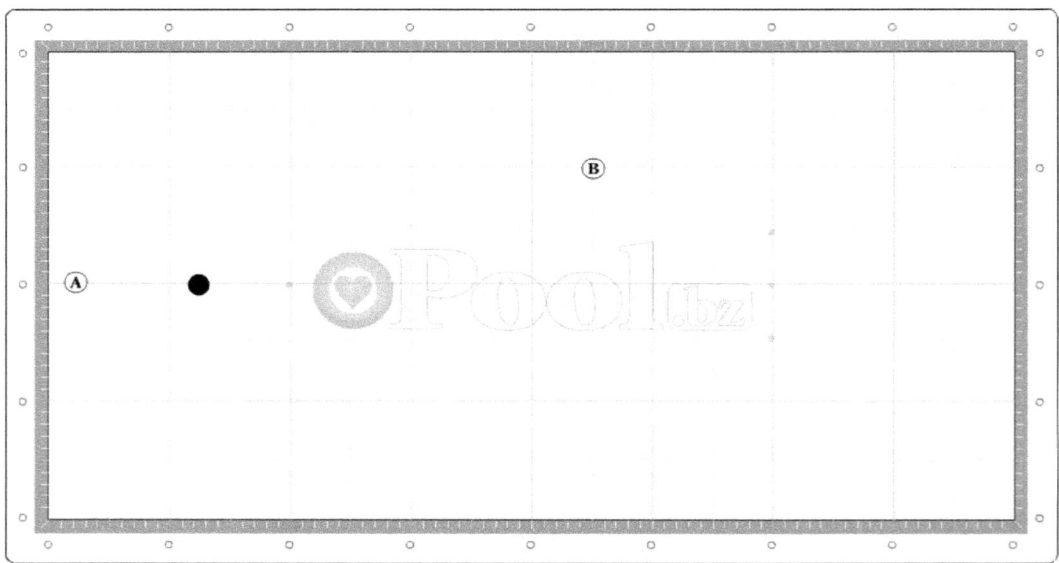

HUOMAUTUS:

Ryhmä 5, sarja 3

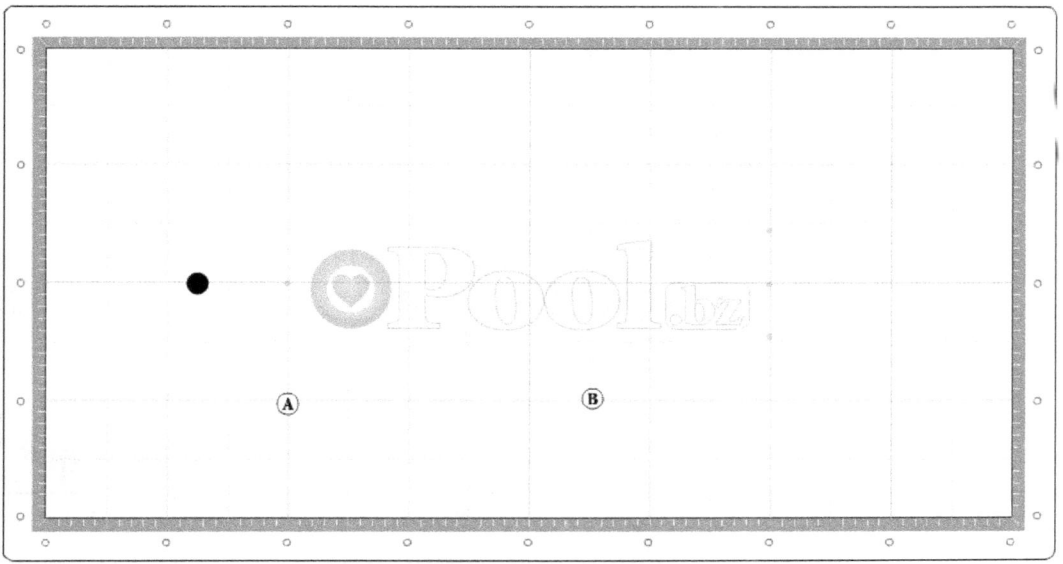

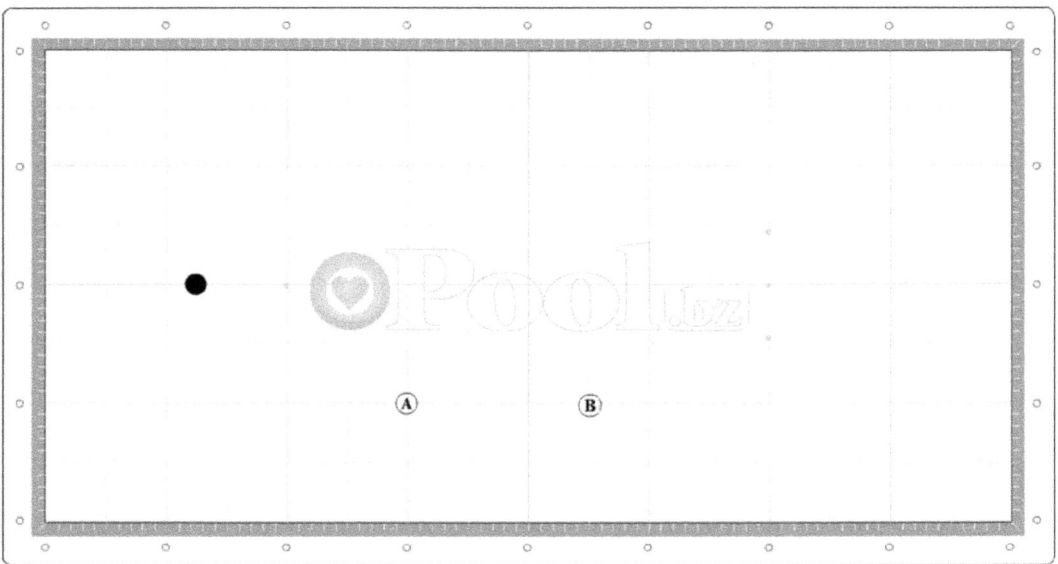

HUOMAUTUS:

Karambolipelejä Biljardi: Lisää arvoituksia ja pulmia

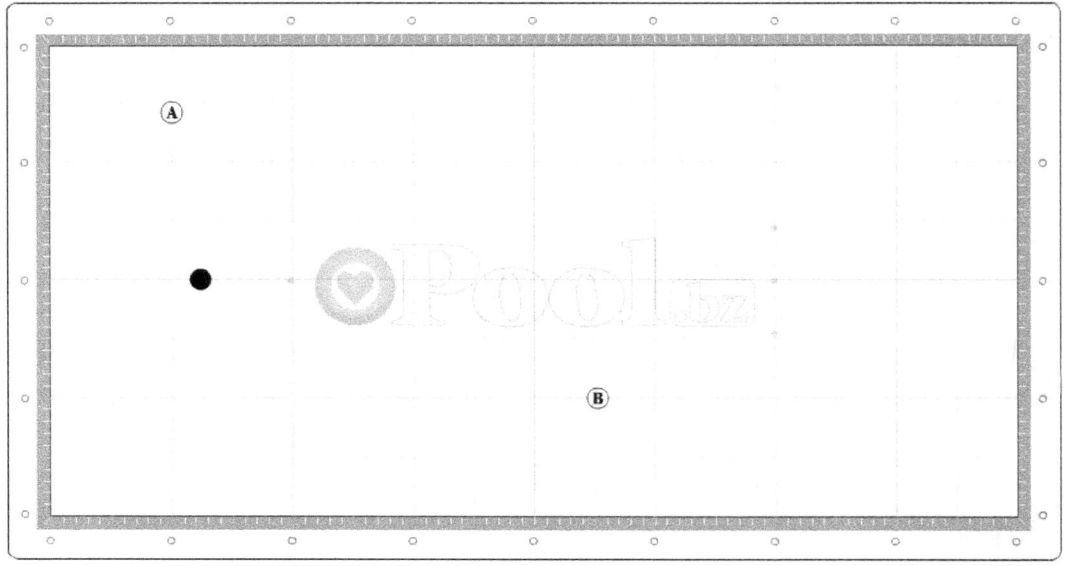

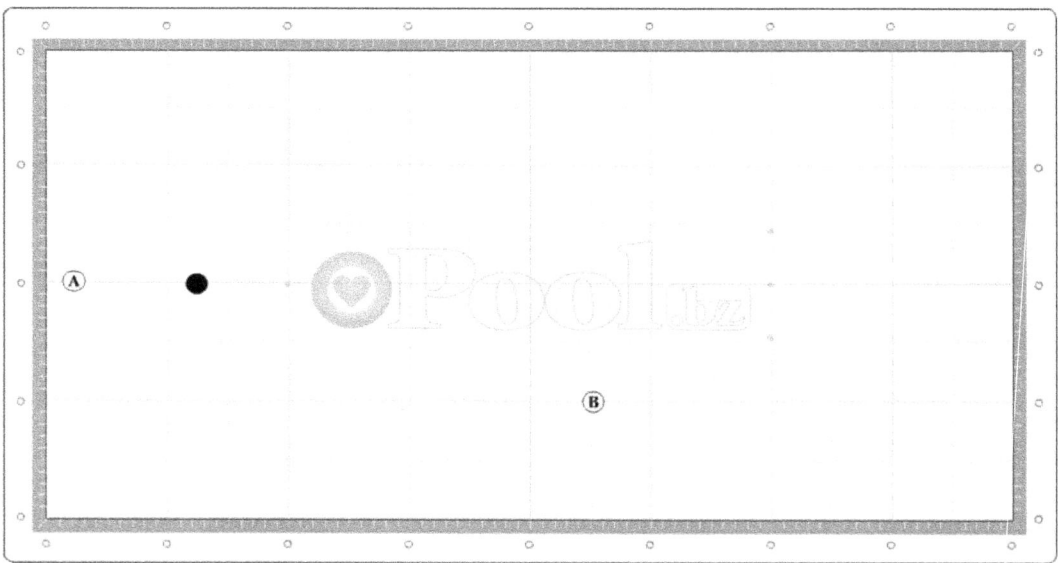

HUOMAUTUS:

Ryhmä 5, sarja 4

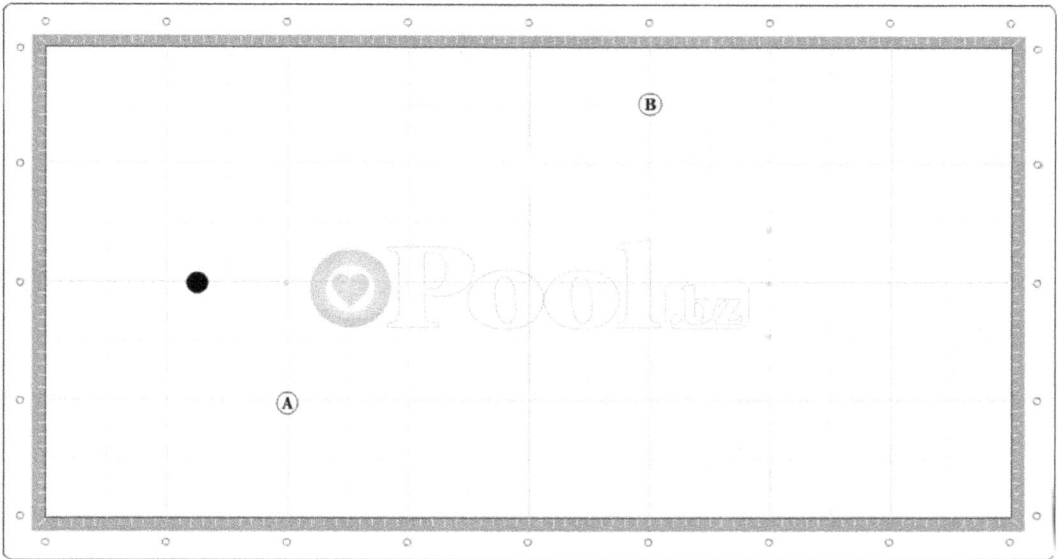

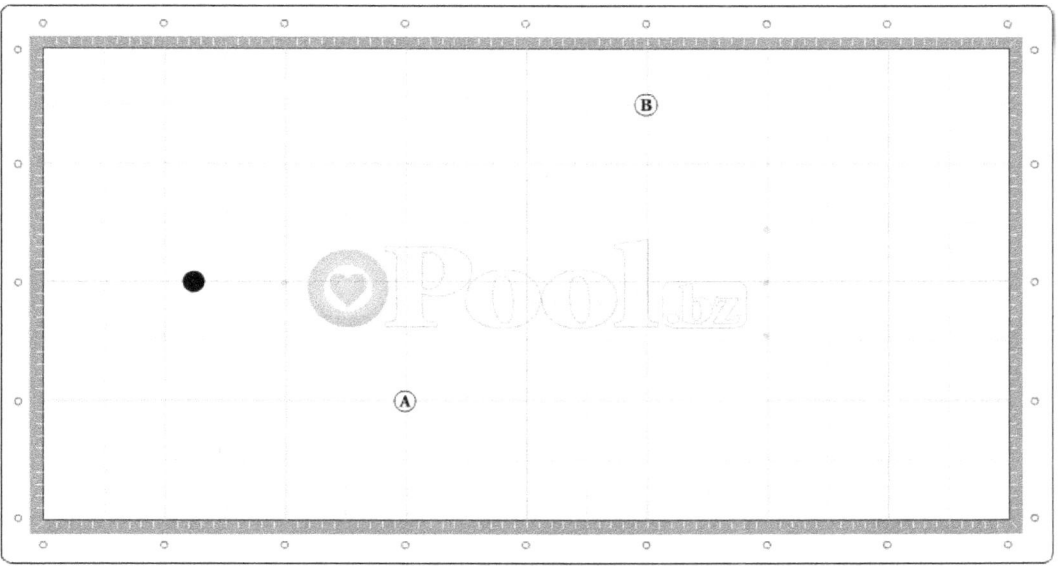

HUOMAUTUS:

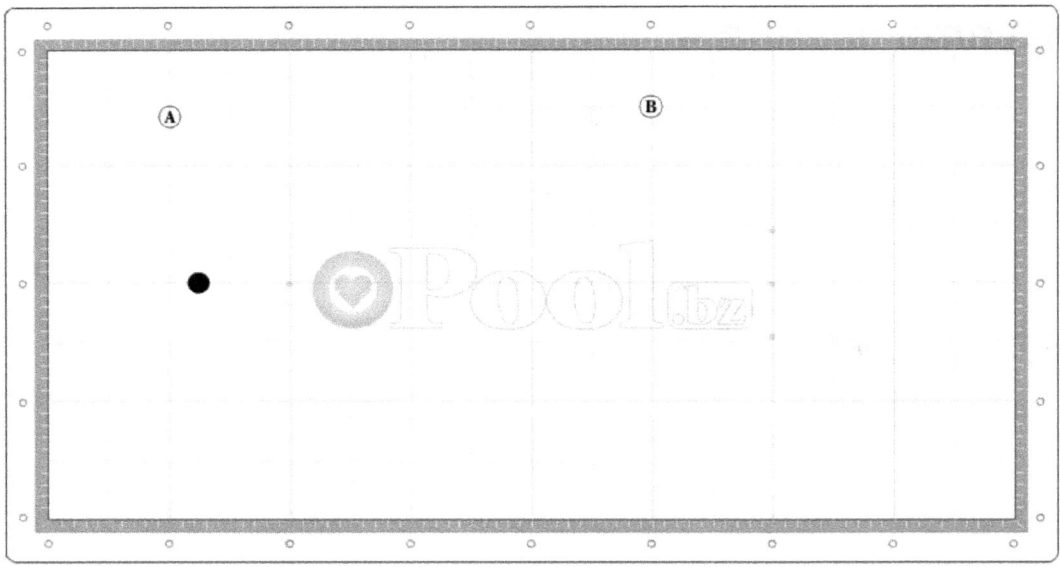

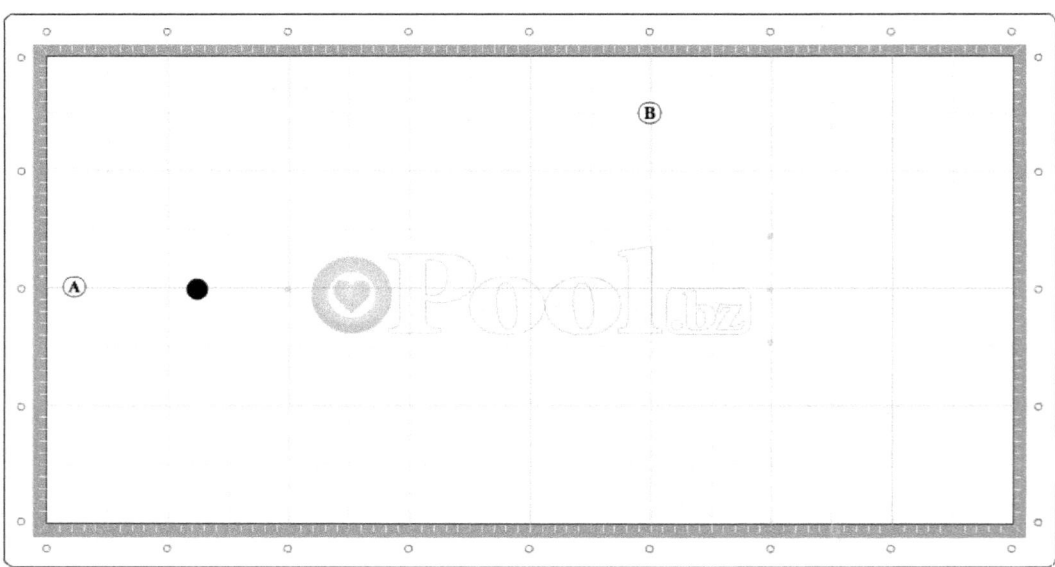

HUOMAUTUS:

Ryhmä 5, sarja 5

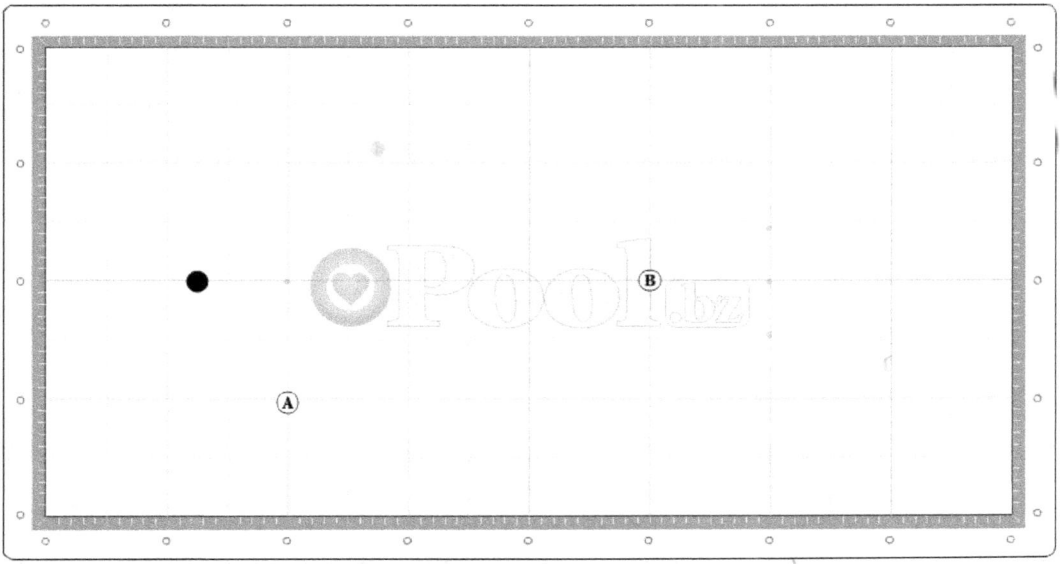

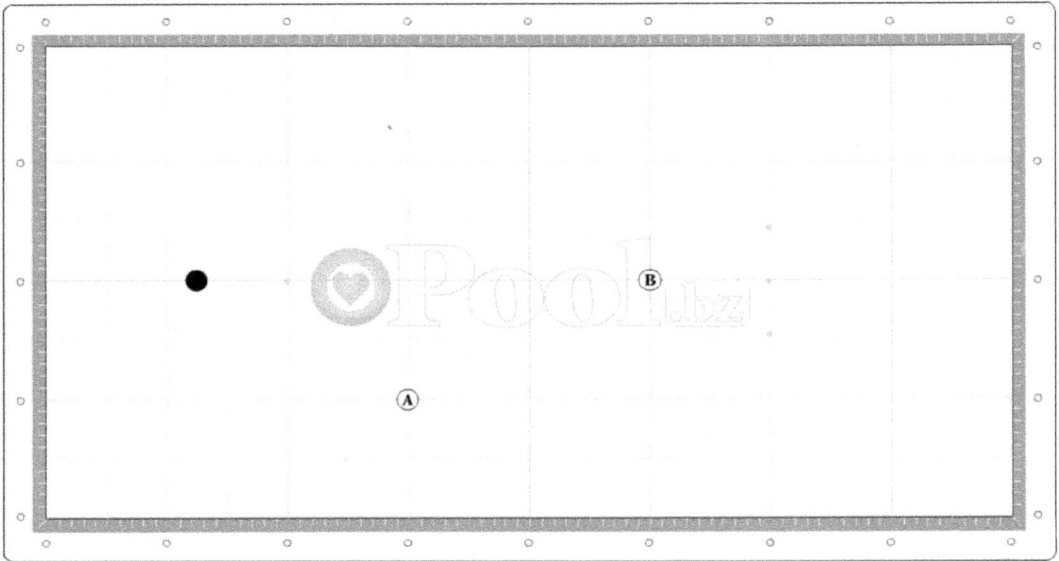

HUOMAUTUS:

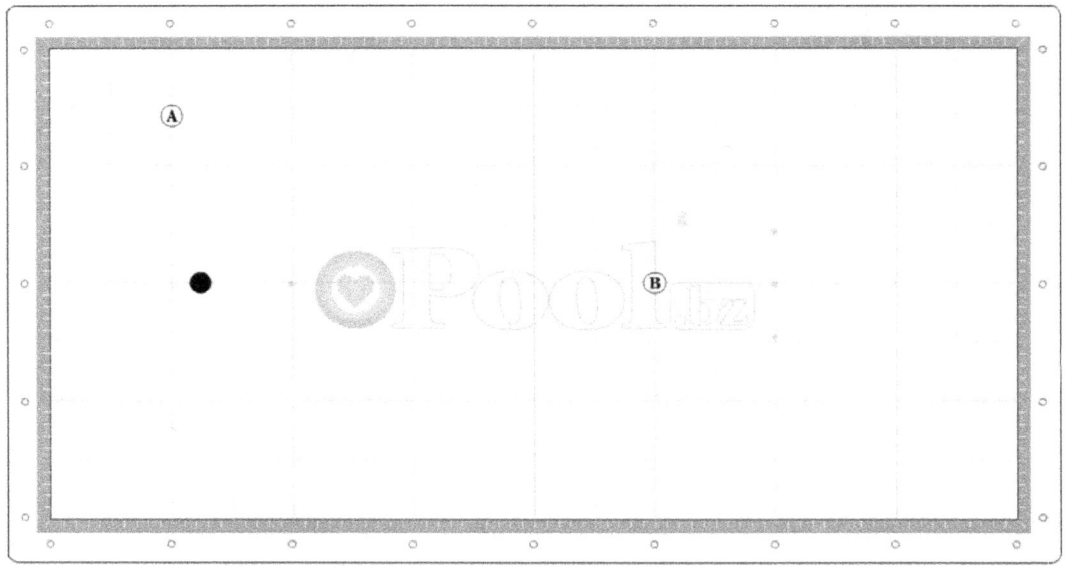

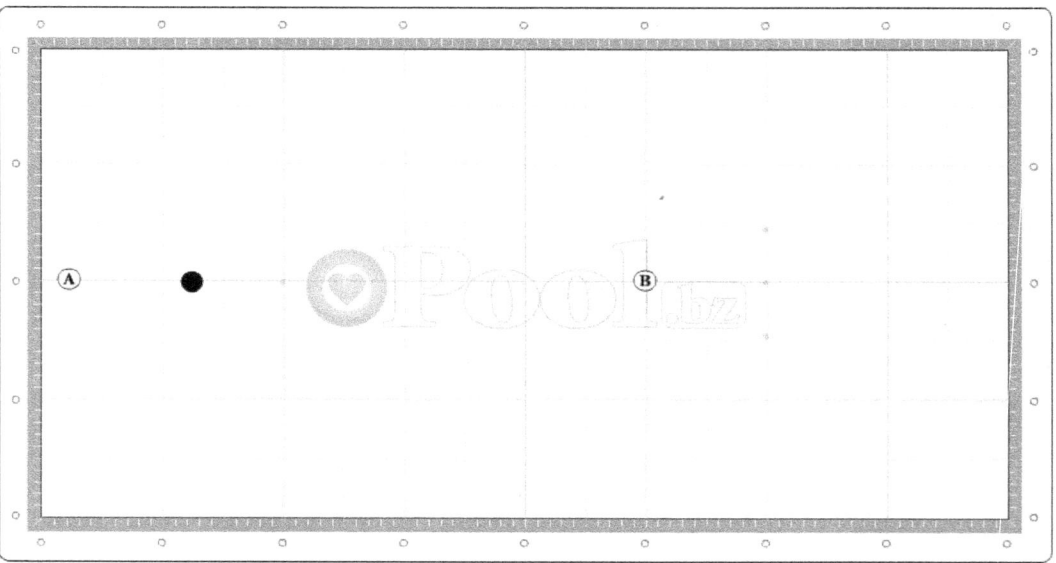

HUOMAUTUS:

Ryhmä 5, sarja 6

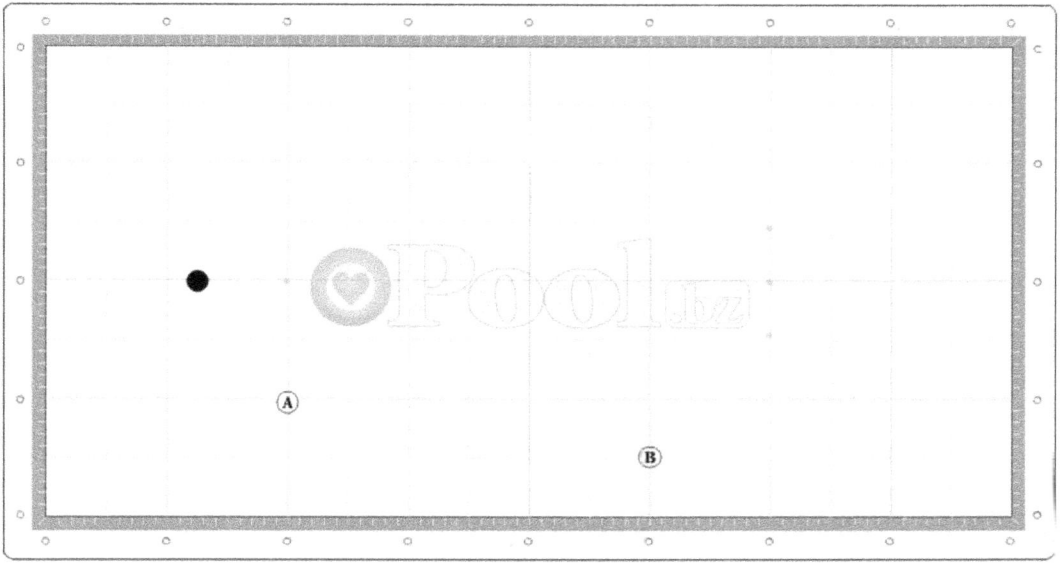

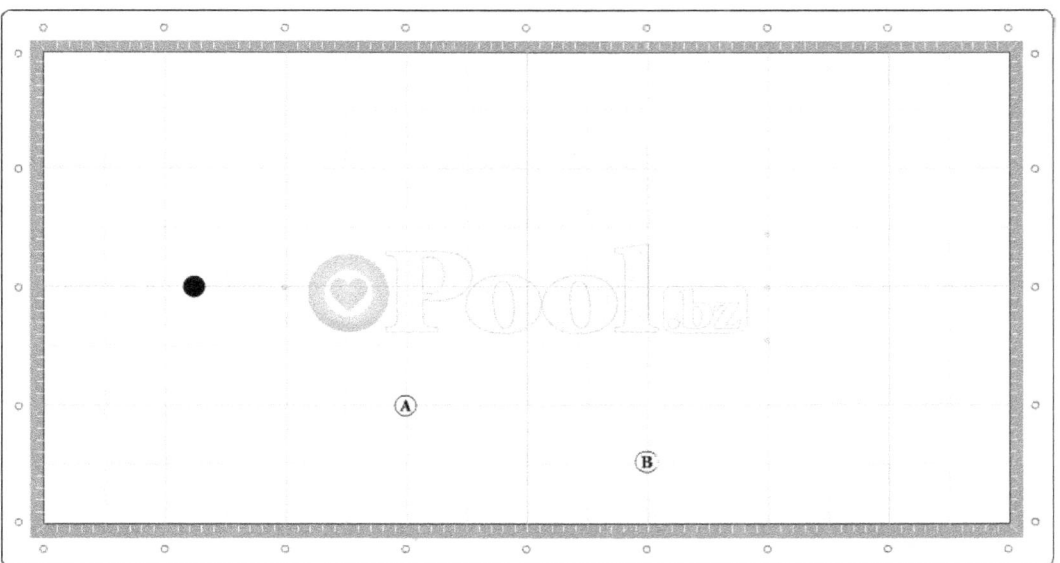

HUOMAUTUS:

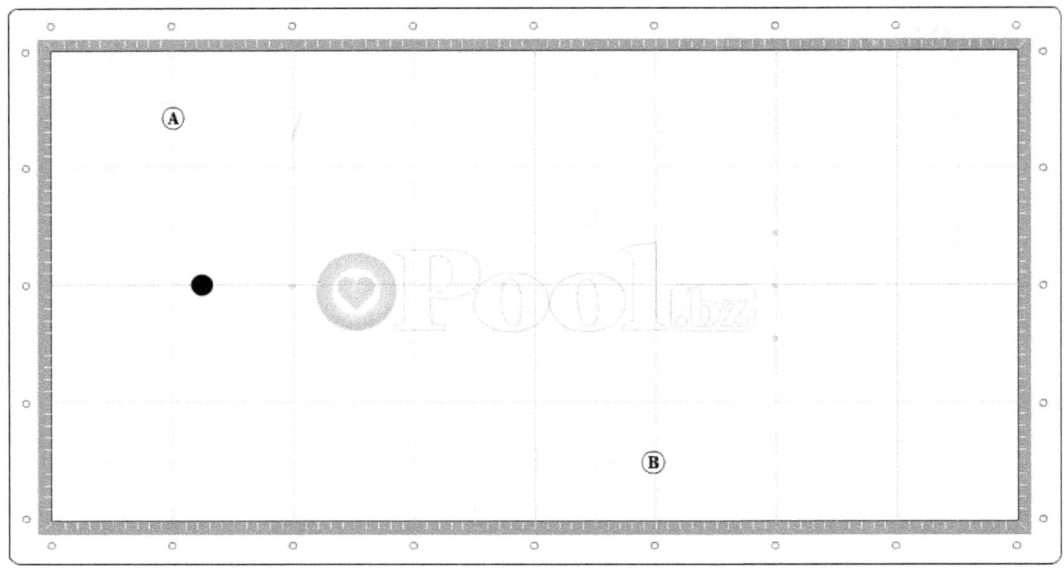

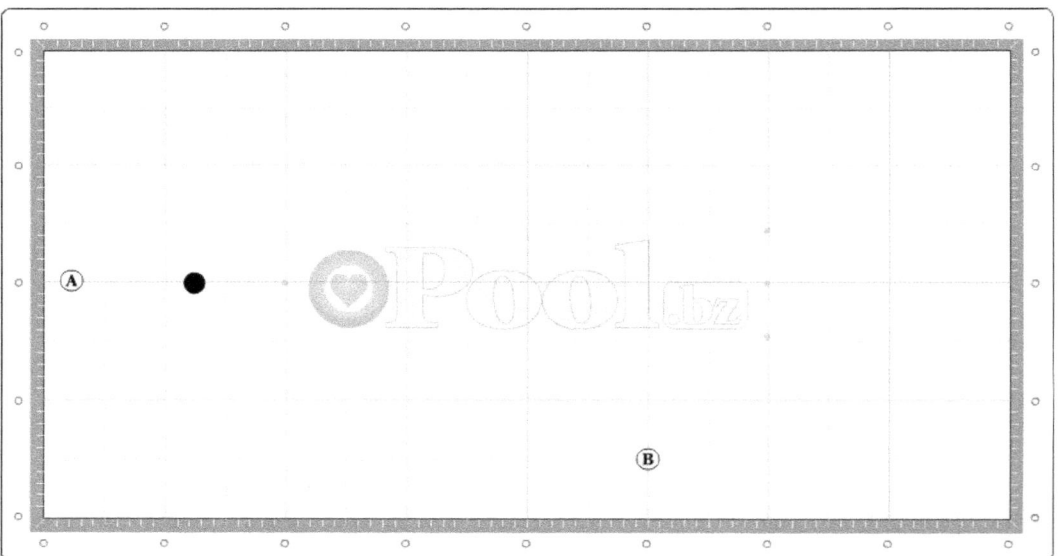

HUOMAUTUS:

Ryhmä 5, sarja 7

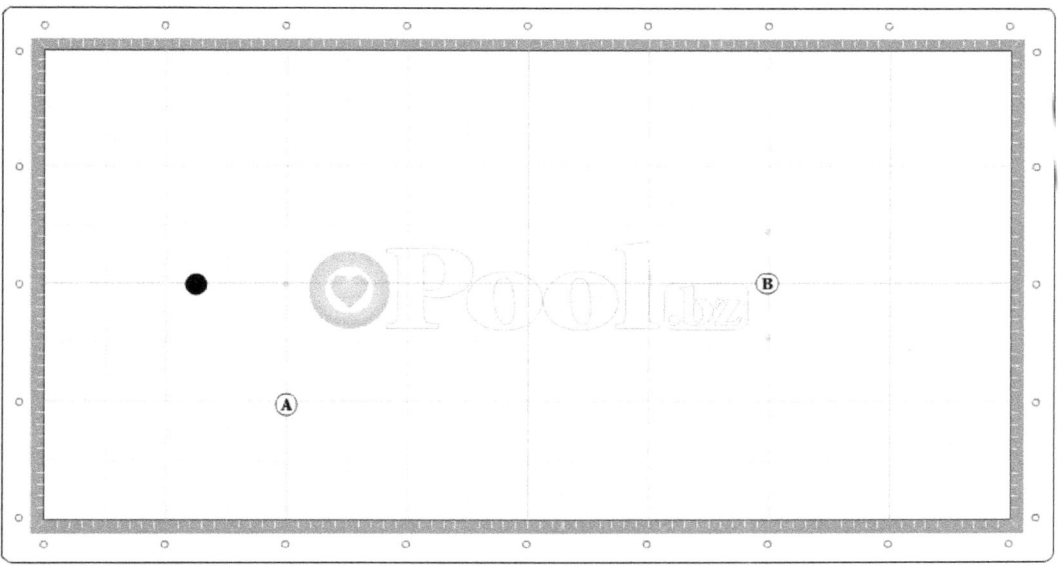

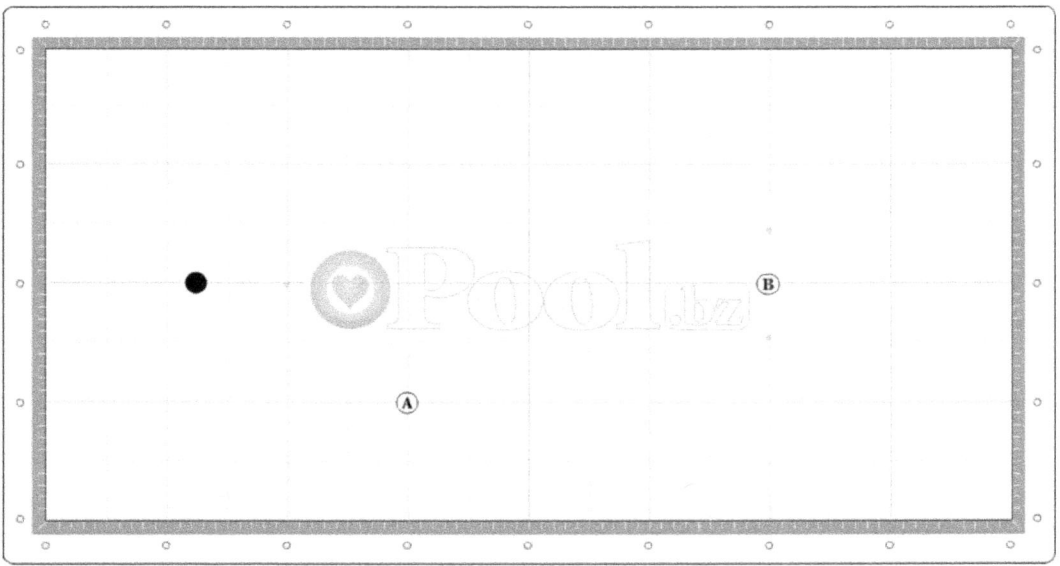

HUOMAUTUS:

Karambolipelejä Biljardi: Lisää arvoituksia ja pulmia

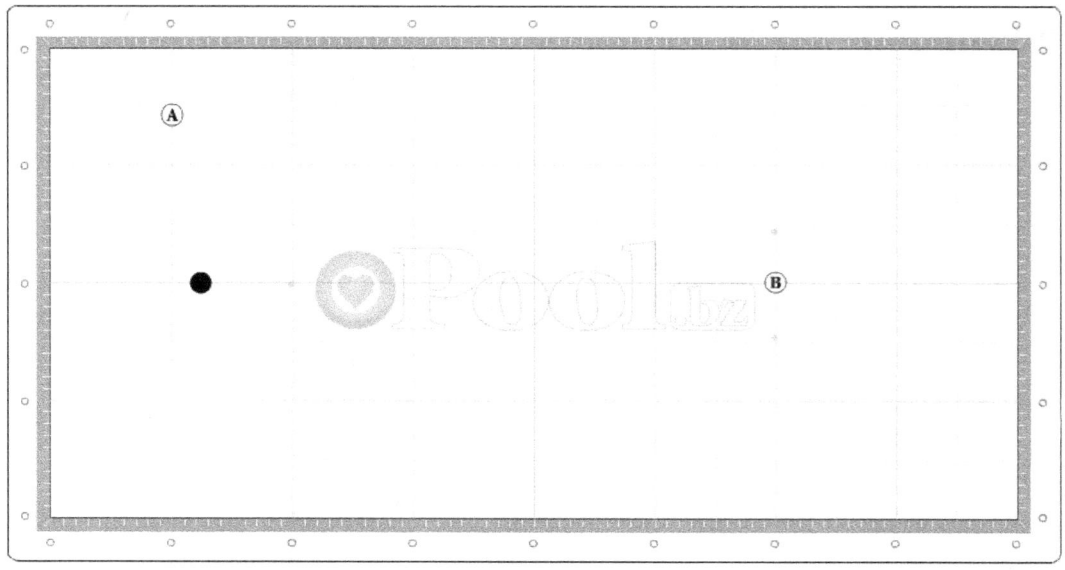

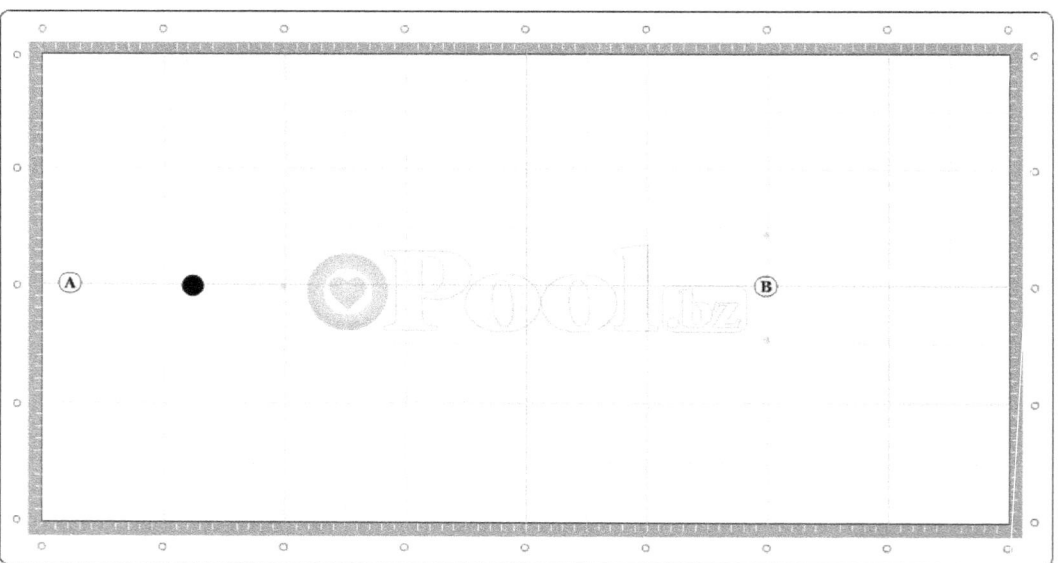

HUOMAUTUS:

Ryhmä 5, sarja 8

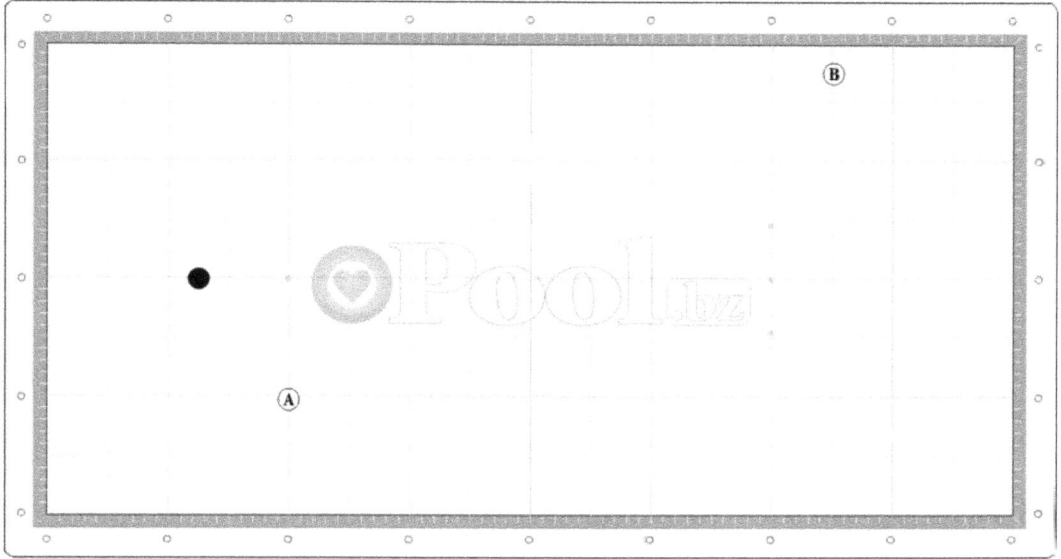

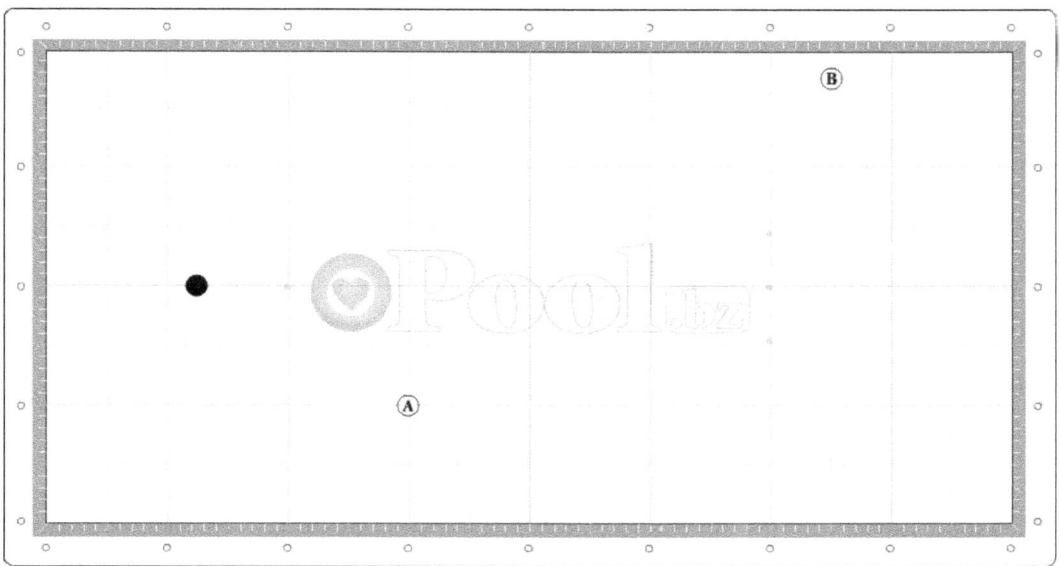

HUOMAUTUS:

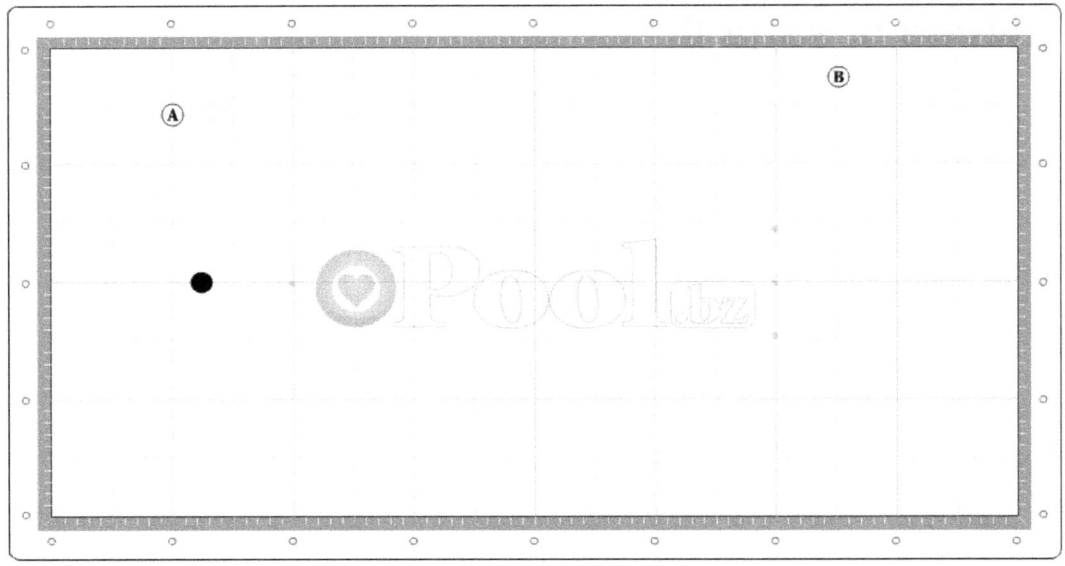

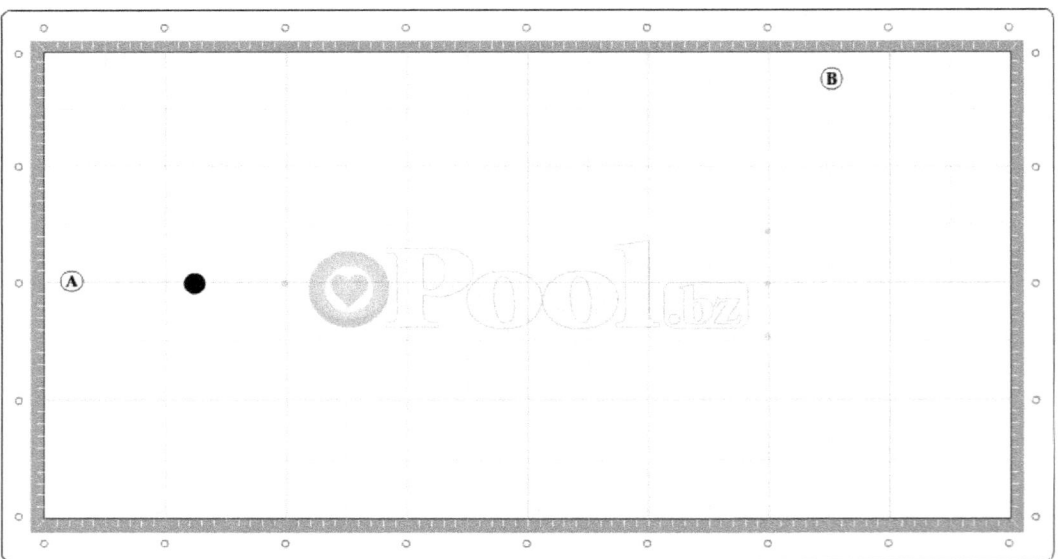

HUOMAUTUS:

Ryhmä 5, sarja 9

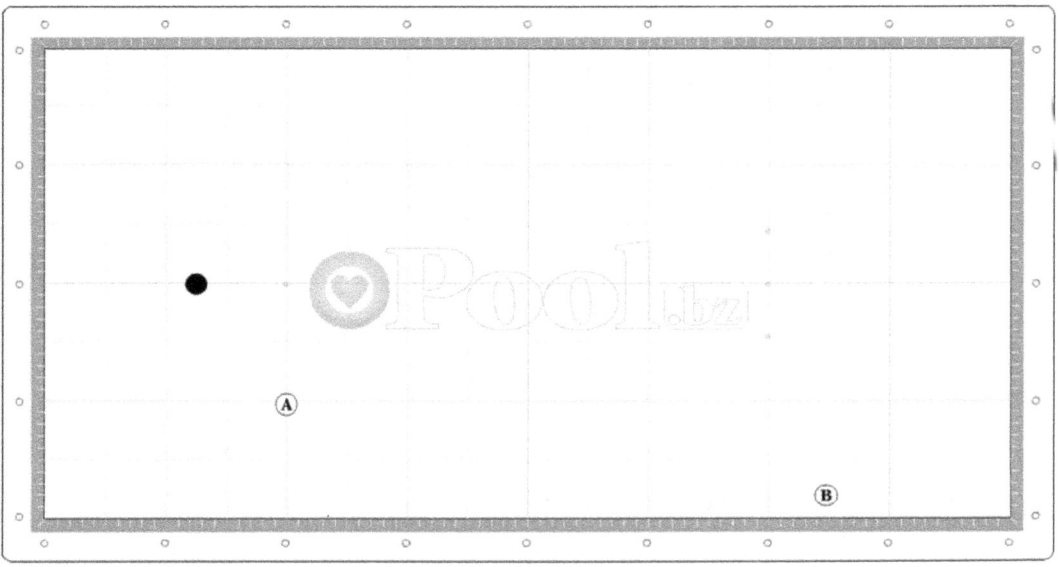

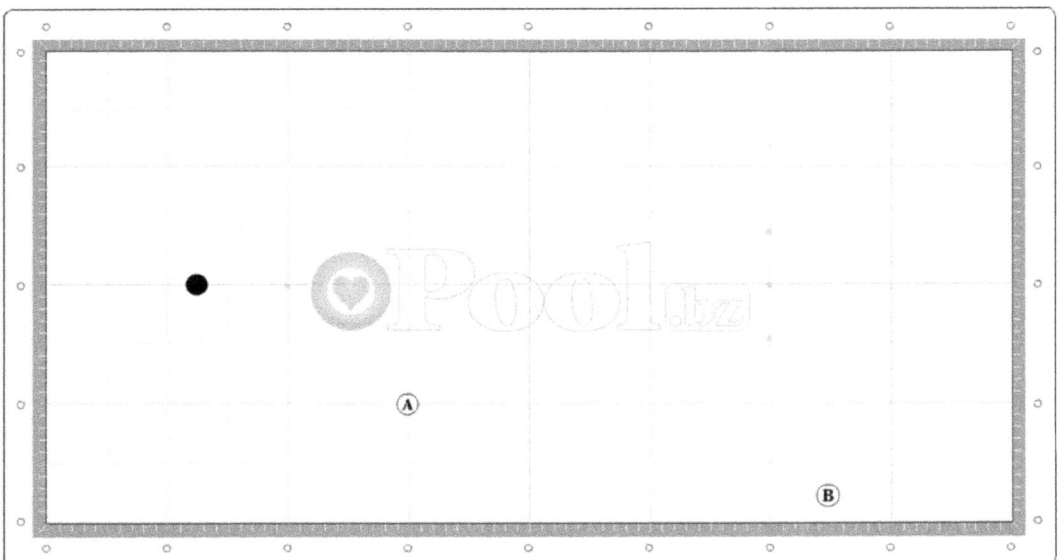

HUOMAUTUS:

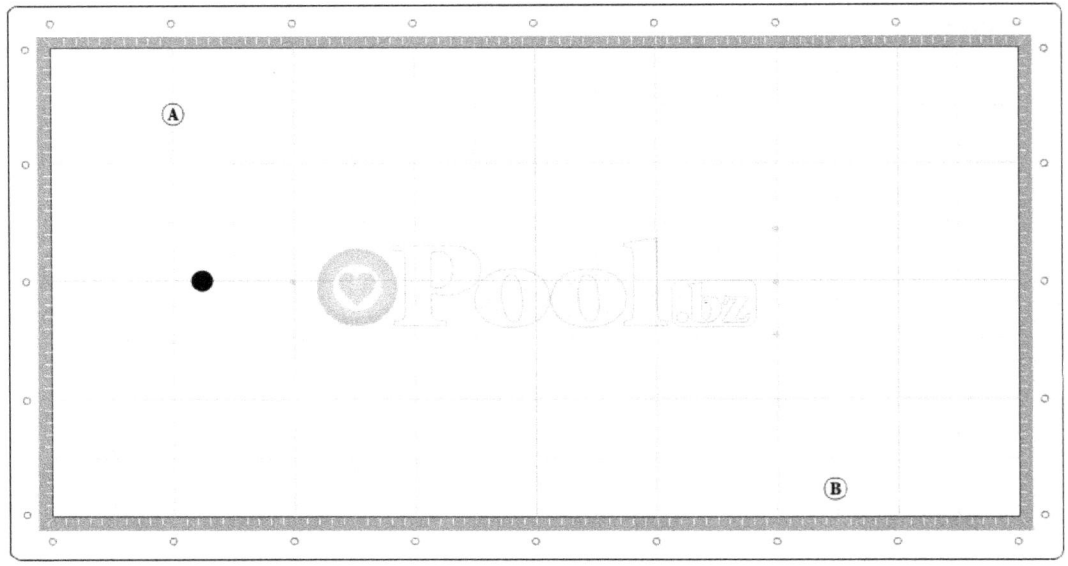

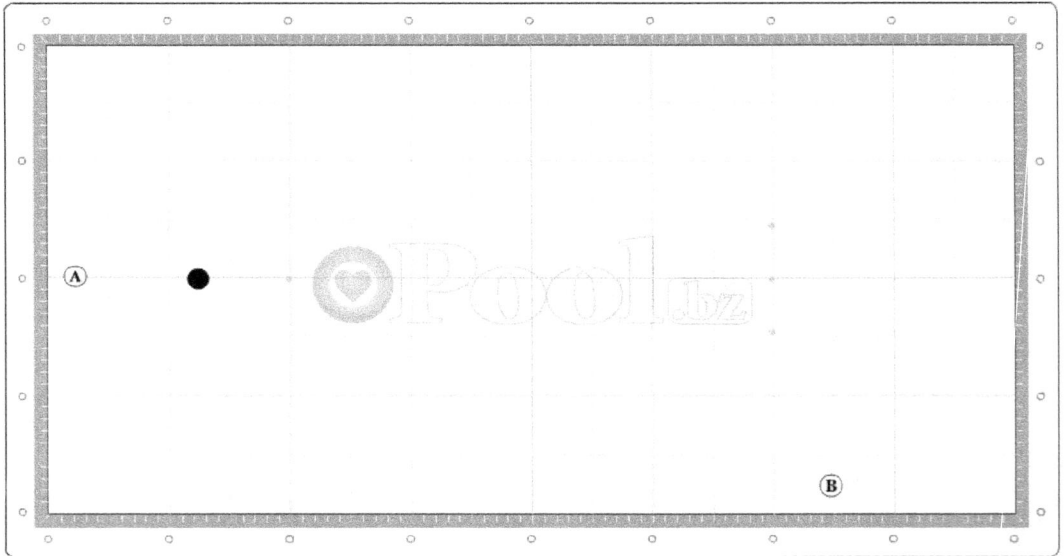

HUOMAUTUS:

Ryhmä 5, sarja 10

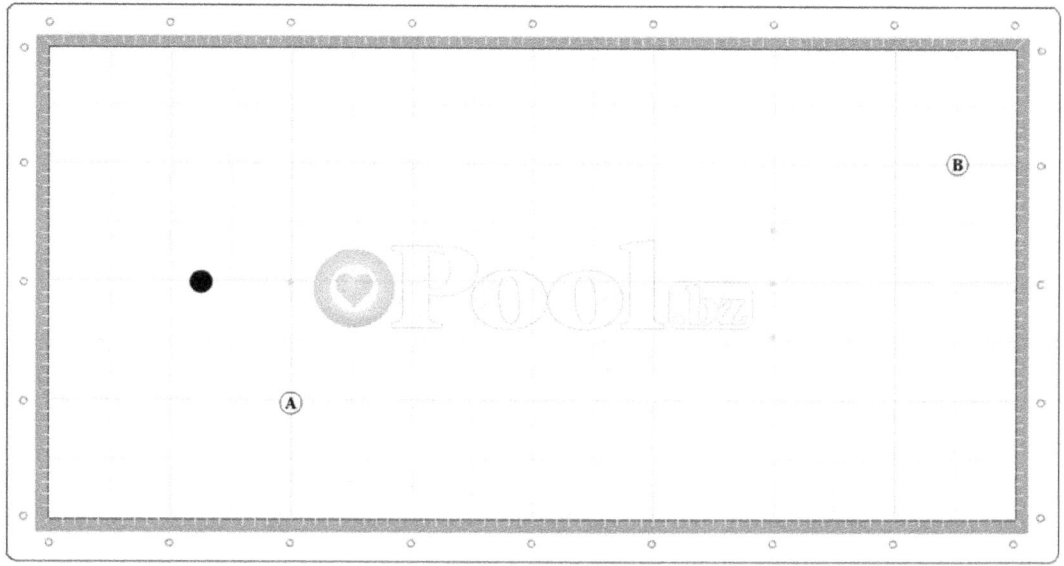

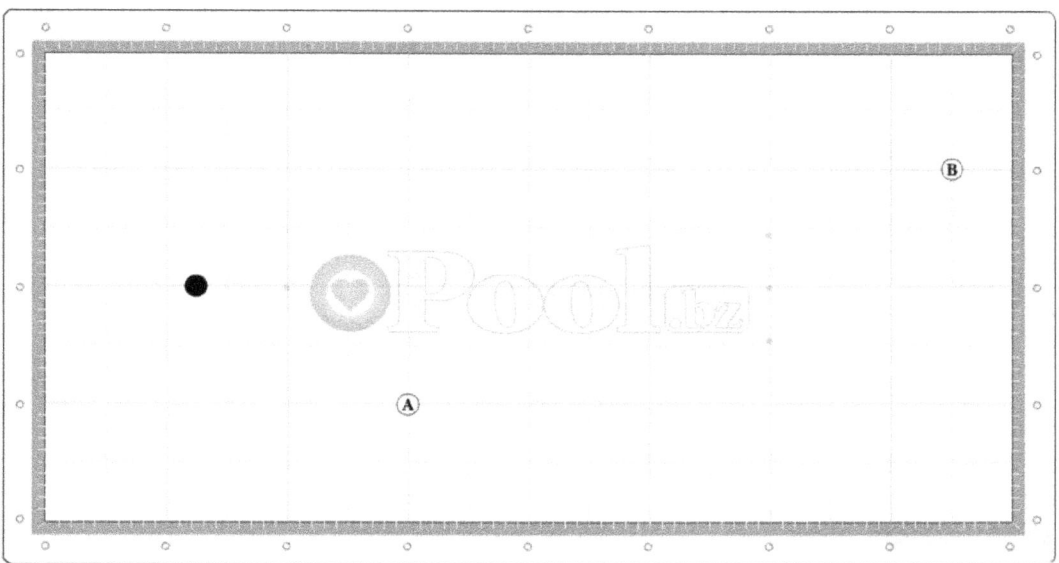

HUOMAUTUS:

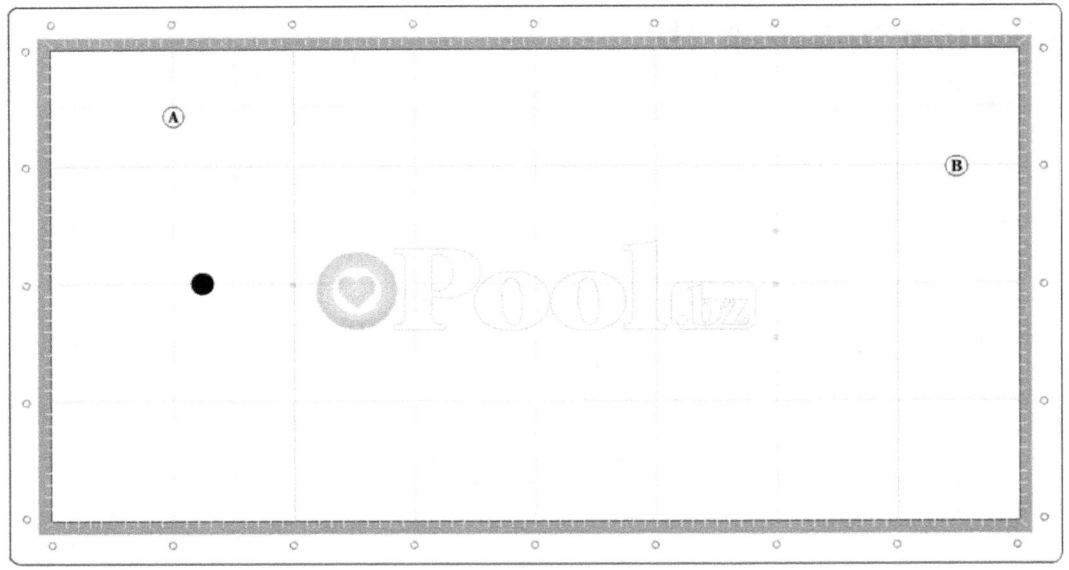

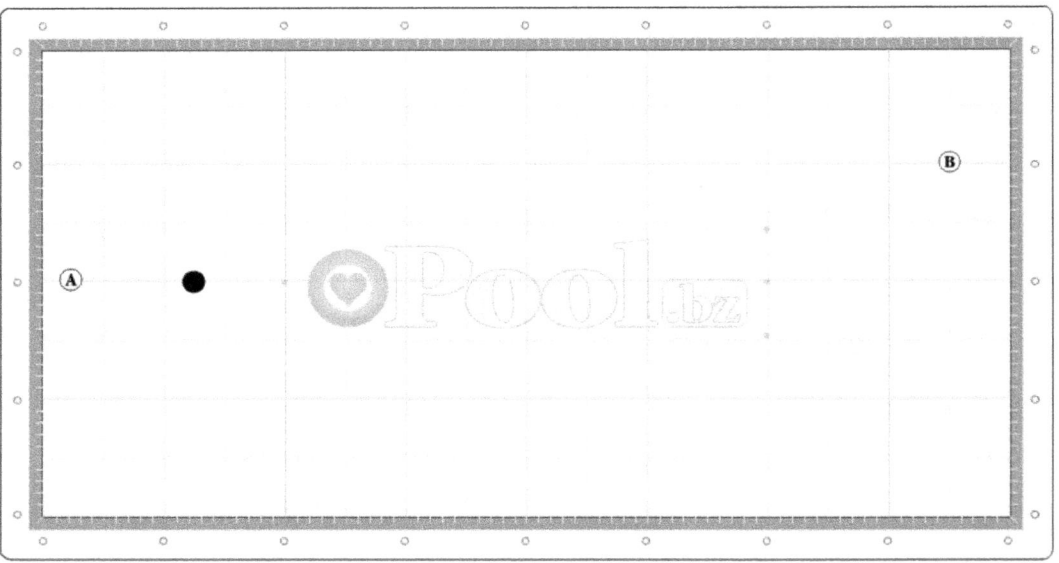

HUOMAUTUS:

Ryhmä 5, sarja 11

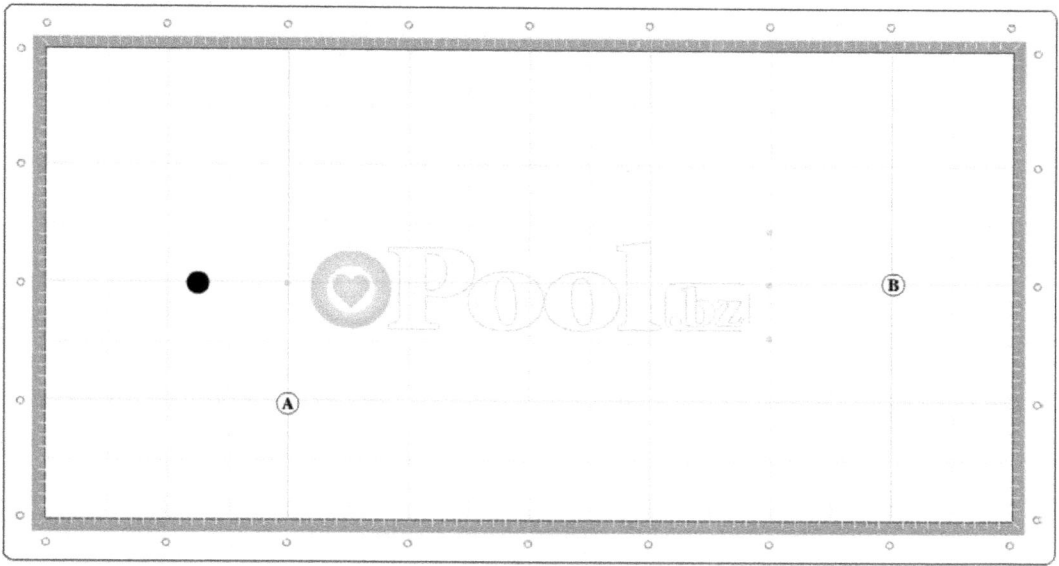

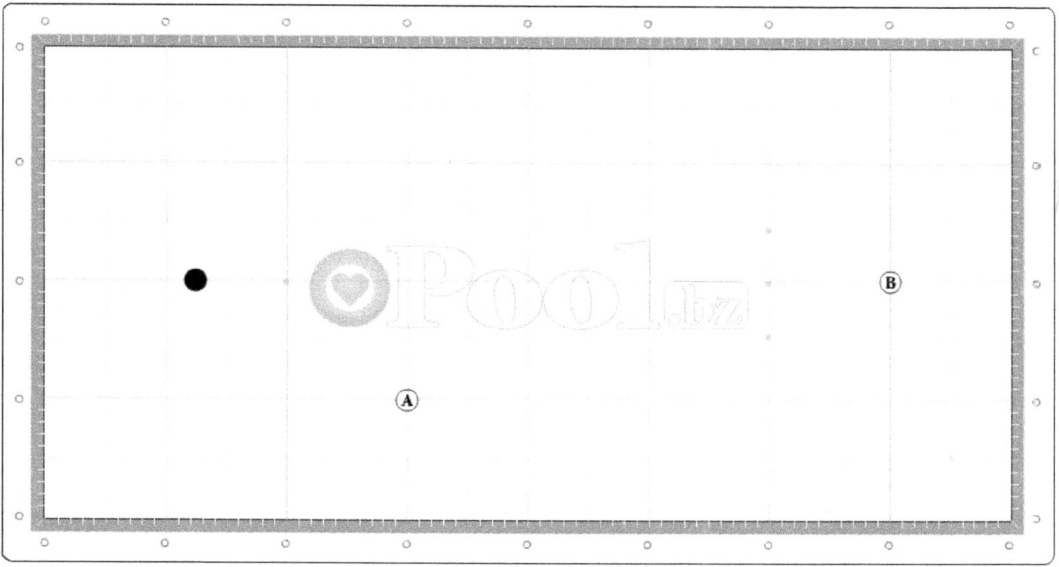

HUOMAUTUS:

(At the front of this book, there are 4 sample 3-cushion patterns of this layout.)

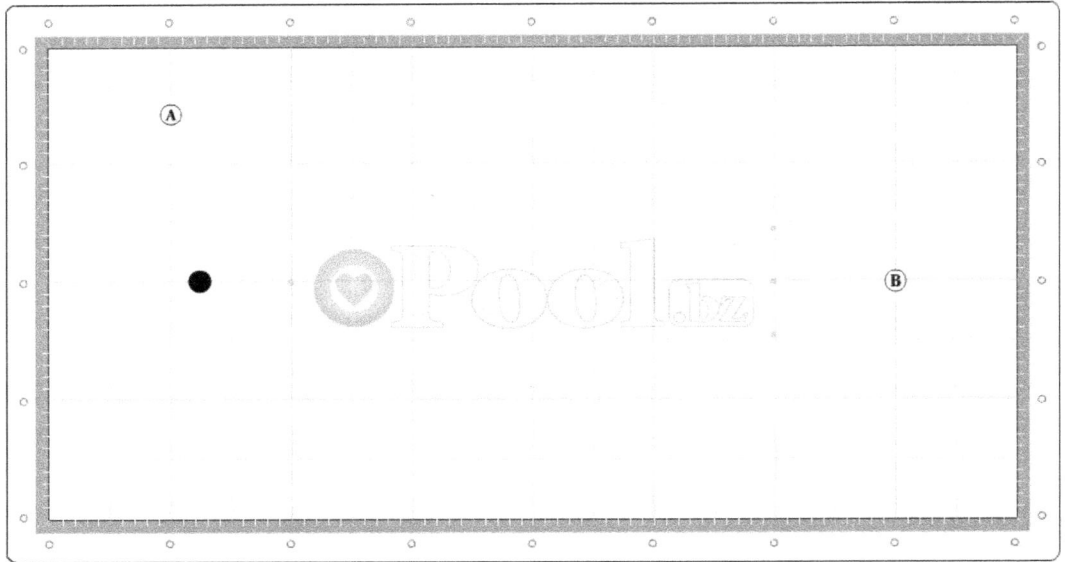

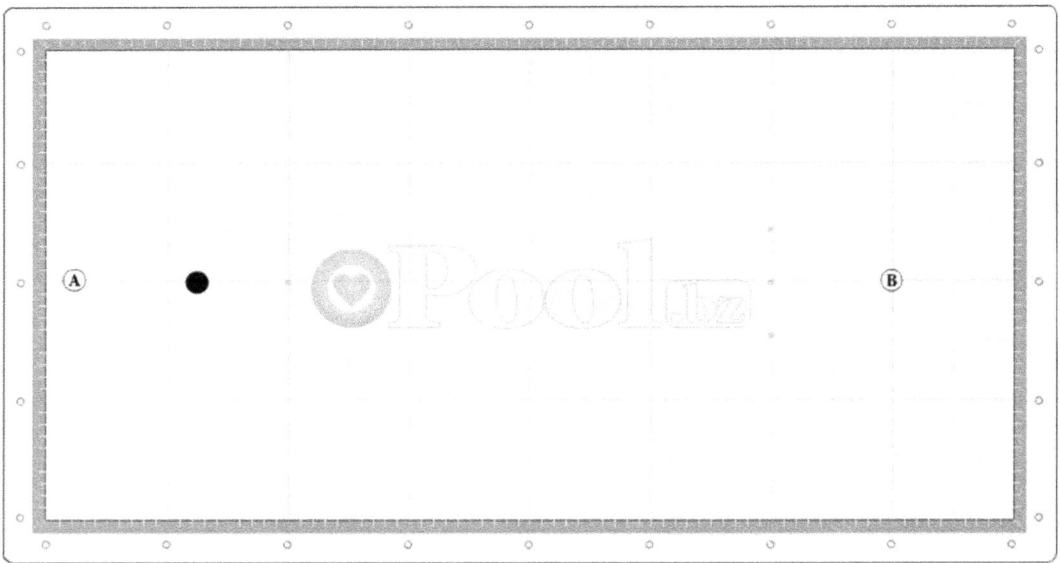

HUOMAUTUS:

Ryhmä 5, sarja 12

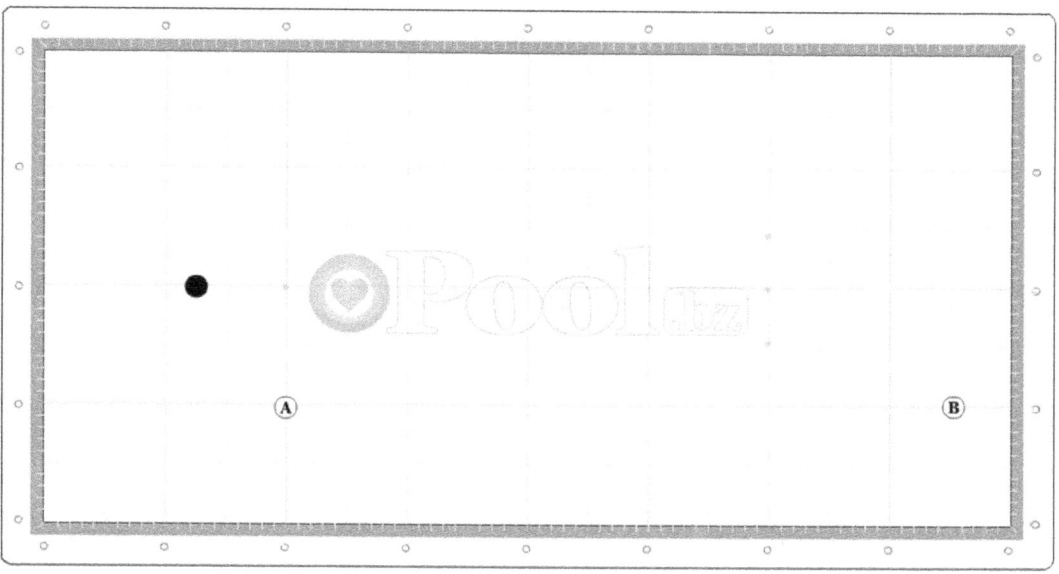

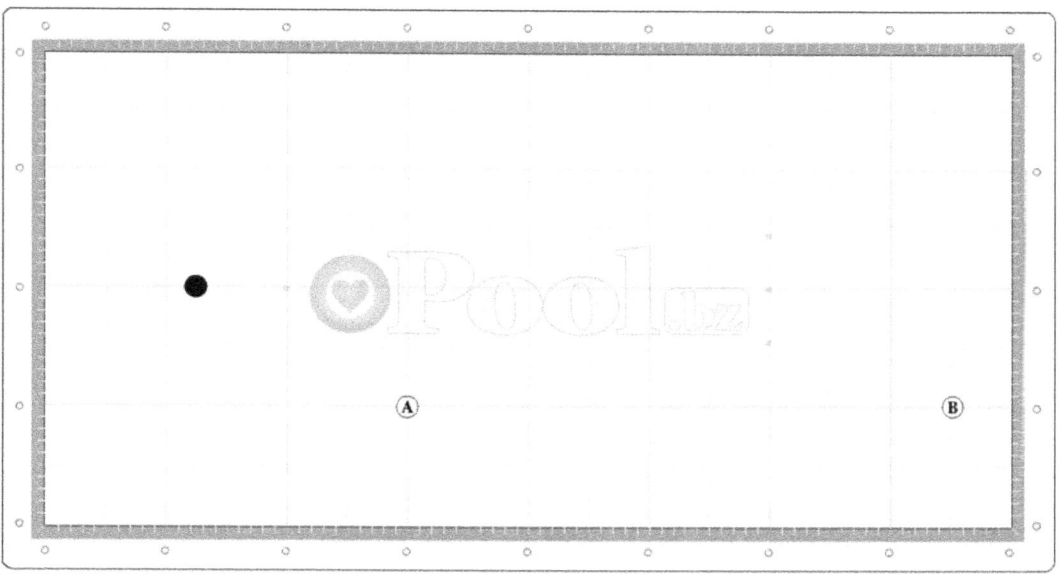

HUOMAUTUS:

Karambolipelejä Biljardi: Lisää arvoituksia ja pulmia

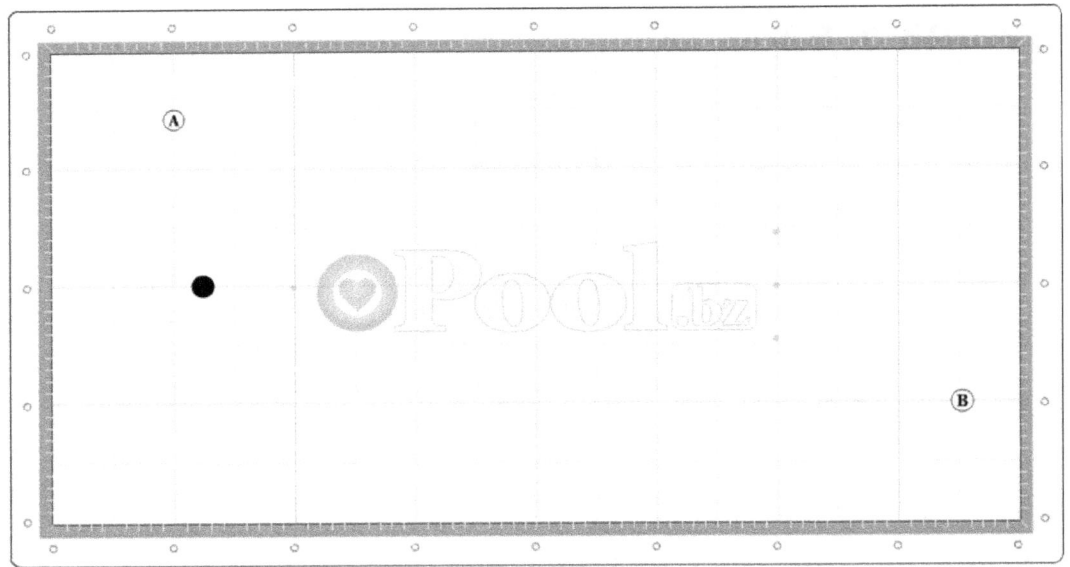

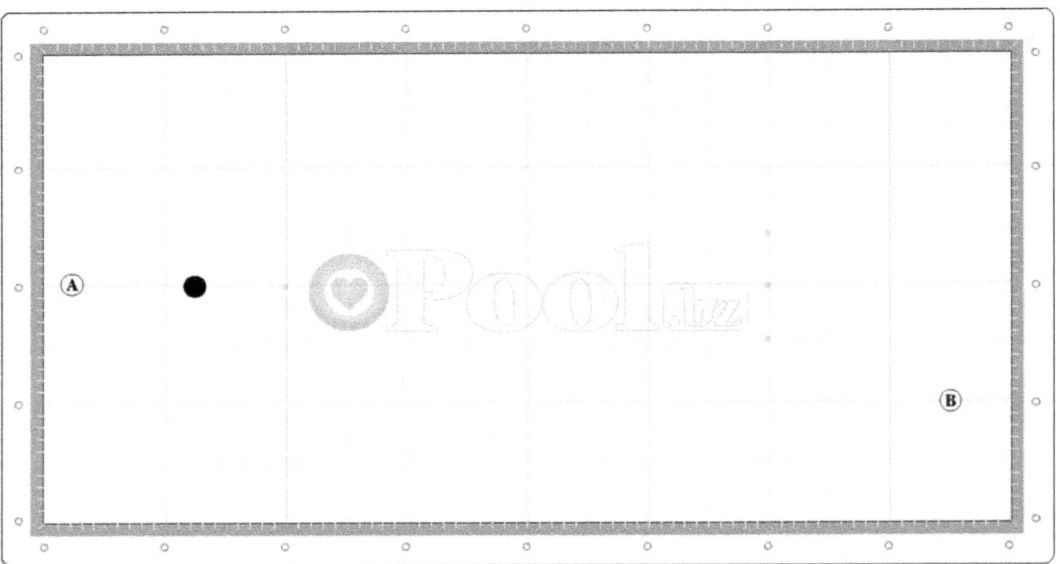

HUOMAUTUS:

RYHMÄ 6
Ryhmä 6, sarja 1

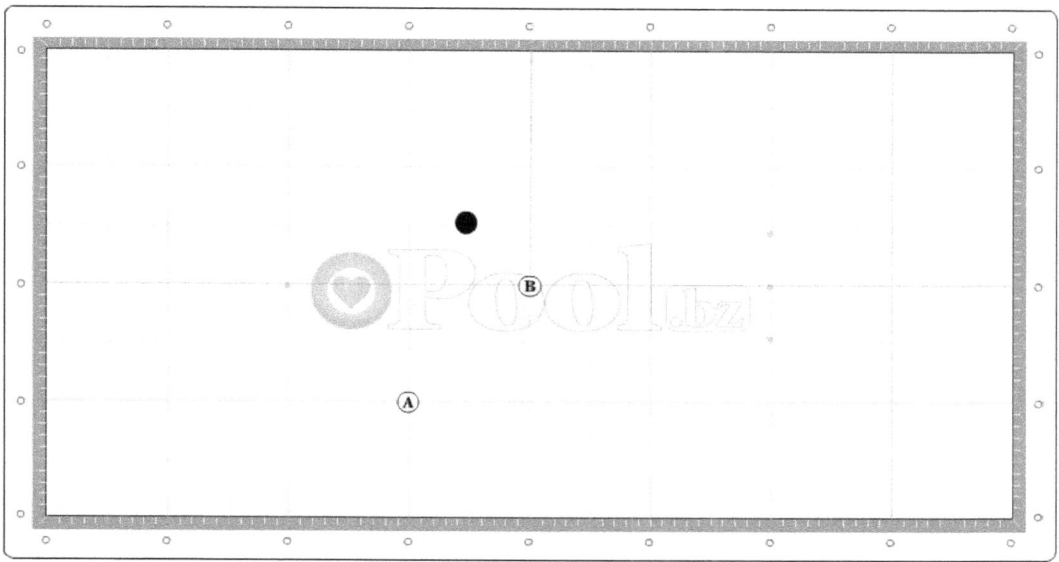

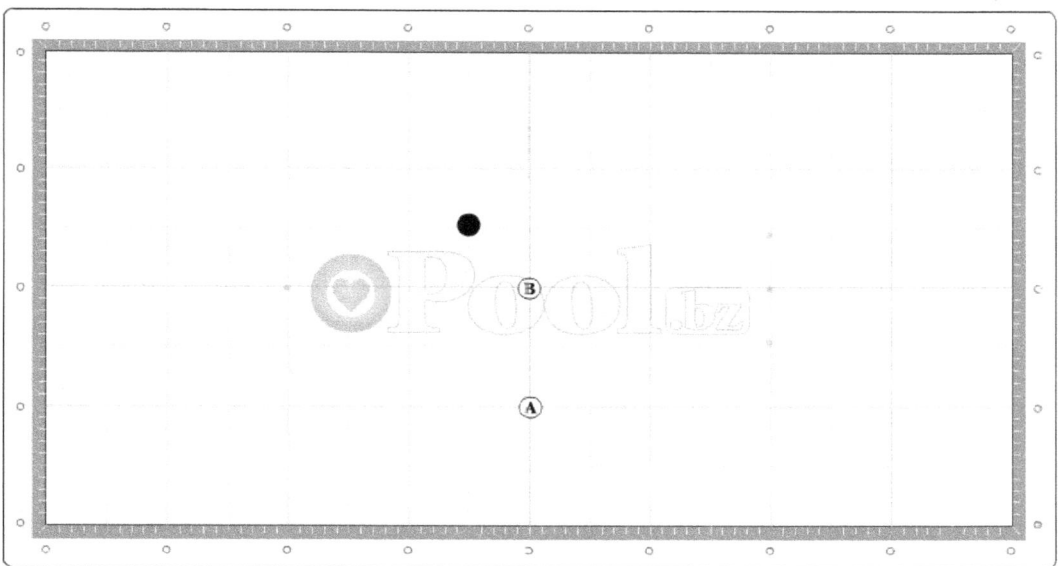

HUOMAUTUS:

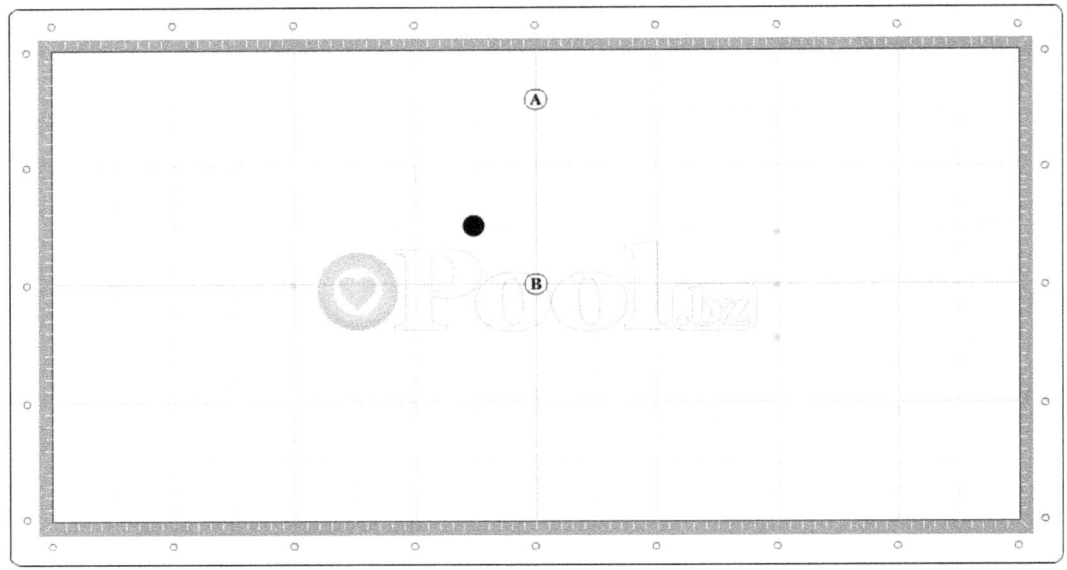

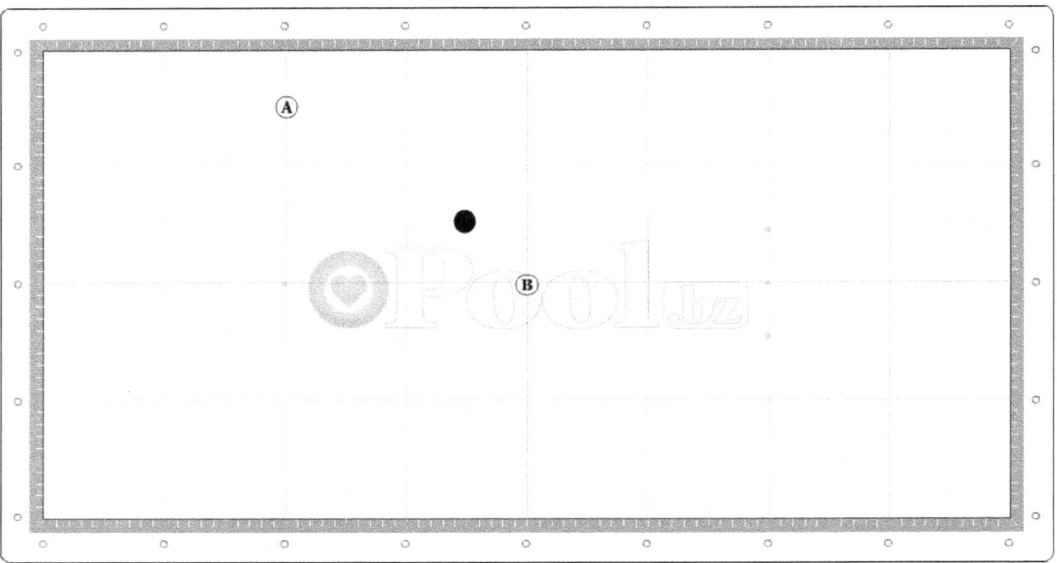

HUOMAUTUS:

Ryhmä 6, sarja 2

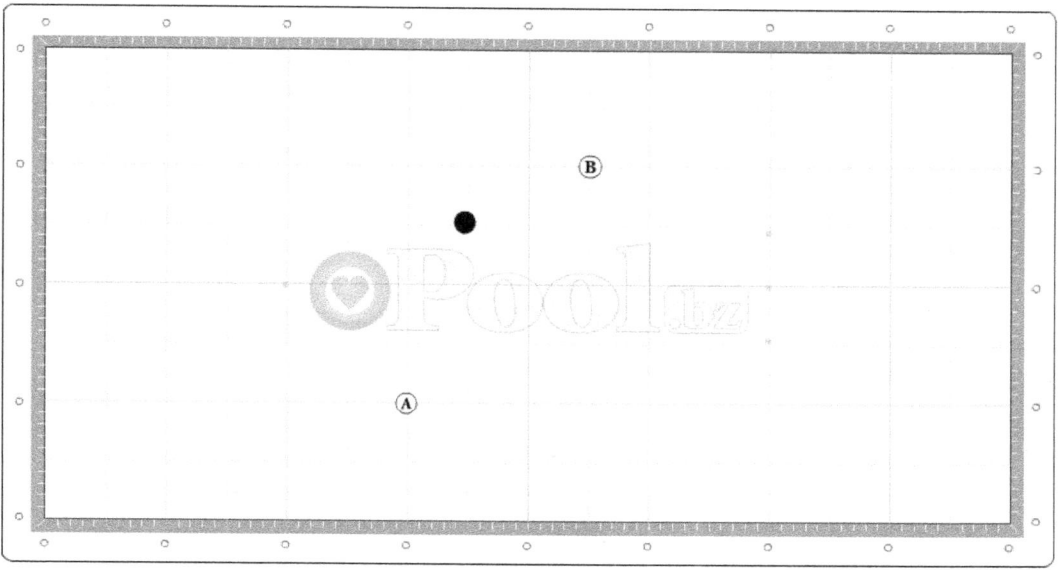

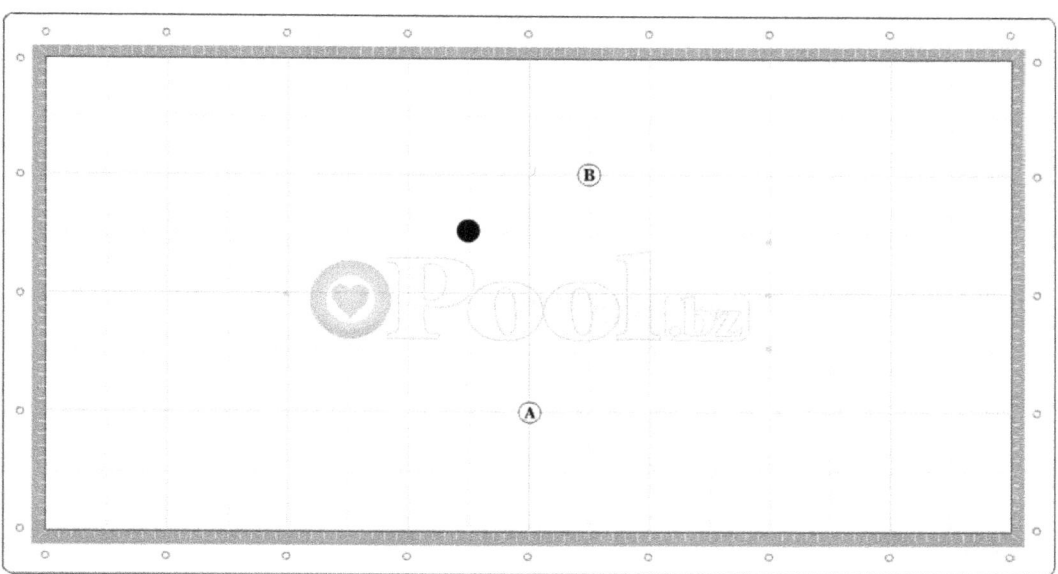

HUOMAUTUS:

Karambolipelejä Biljardi: Lisää arvoituksia ja pulmia

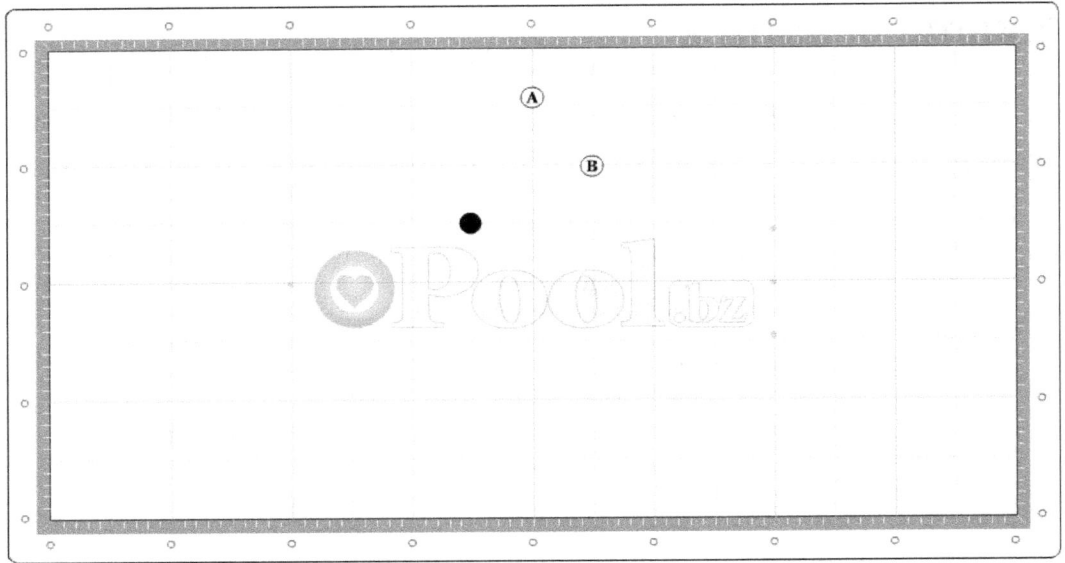

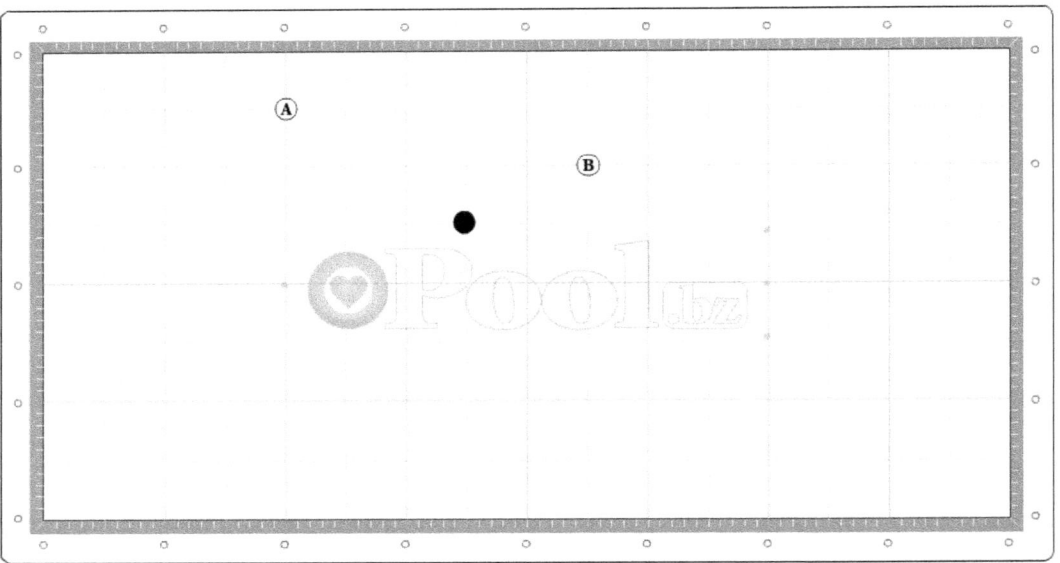

HUOMAUTUS:

Ryhmä 6, sarja 3

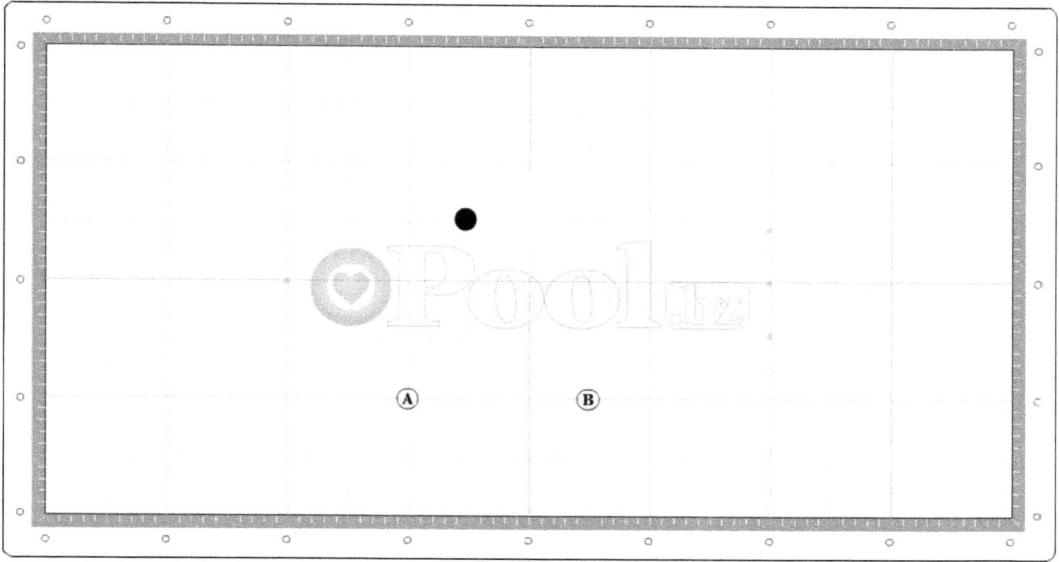

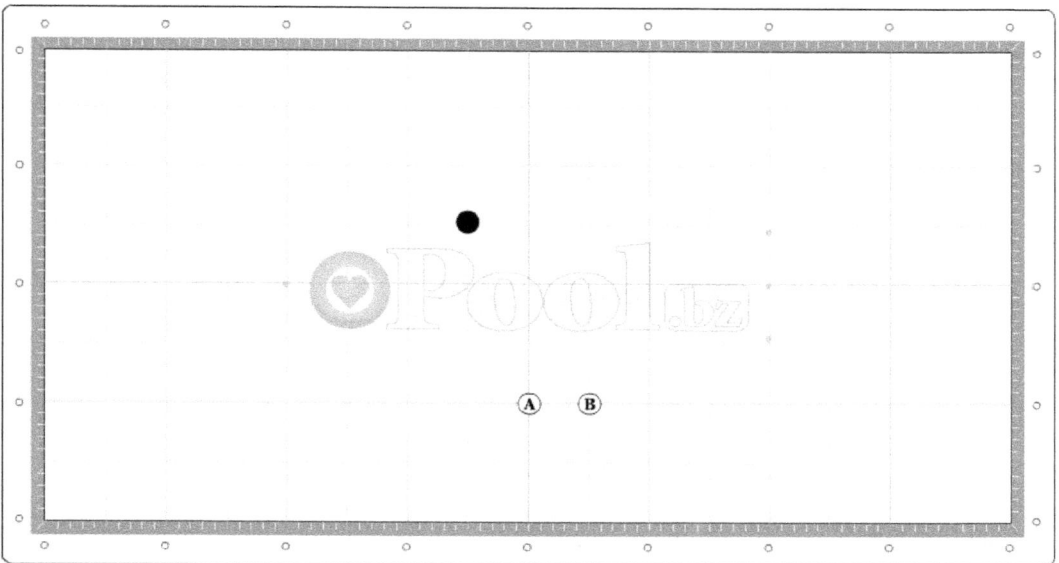

HUOMAUTUS:

Karambolipelejä Biljardi: Lisää arvoituksia ja pulmia

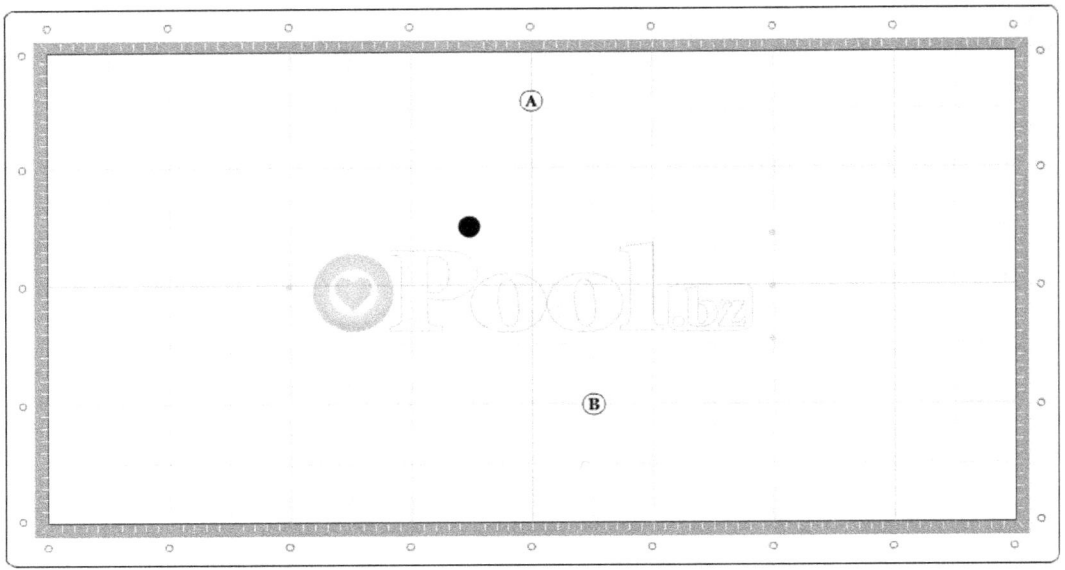

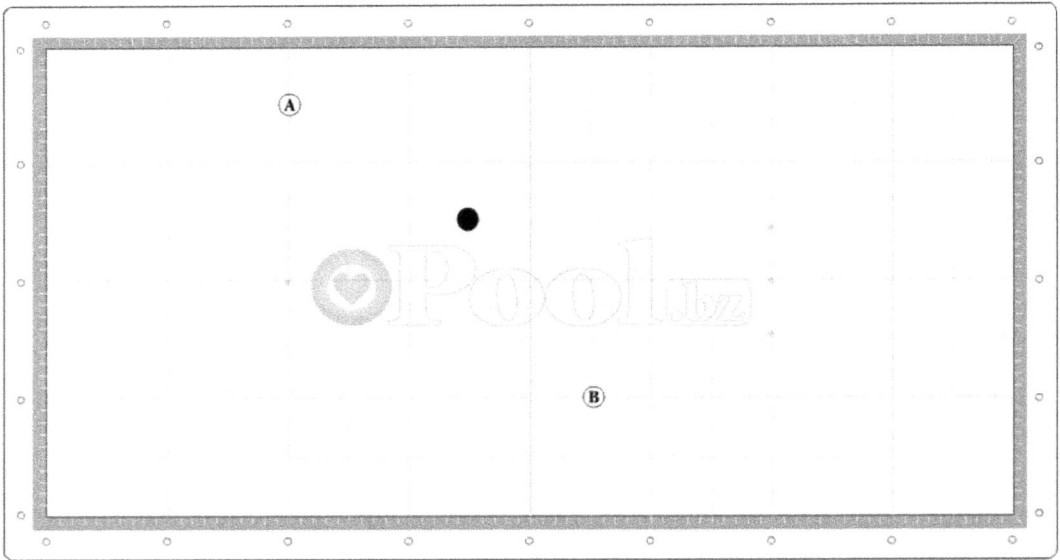

HUOMAUTUS:

Ryhmä 6, sarja 4

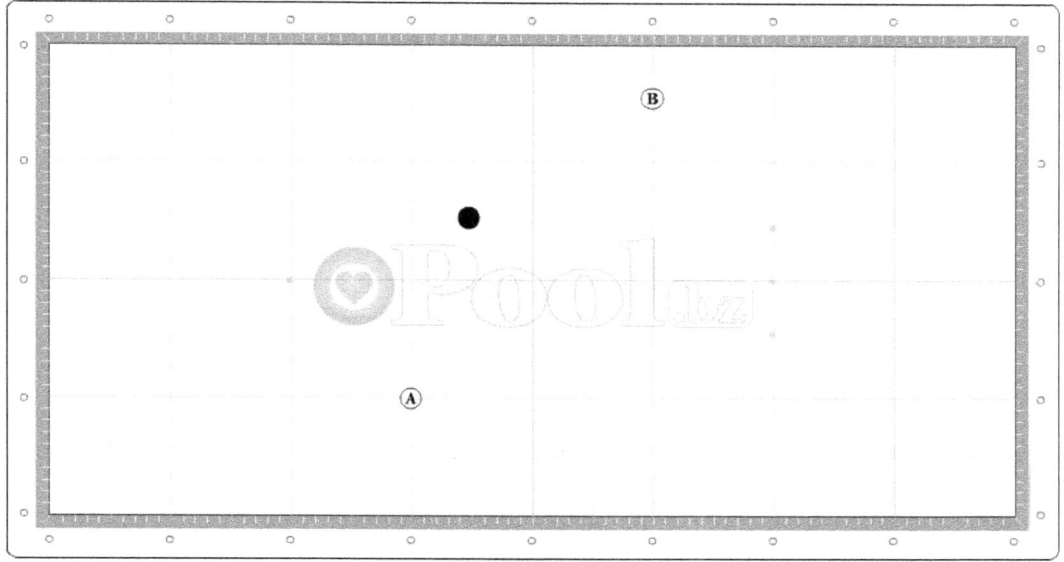

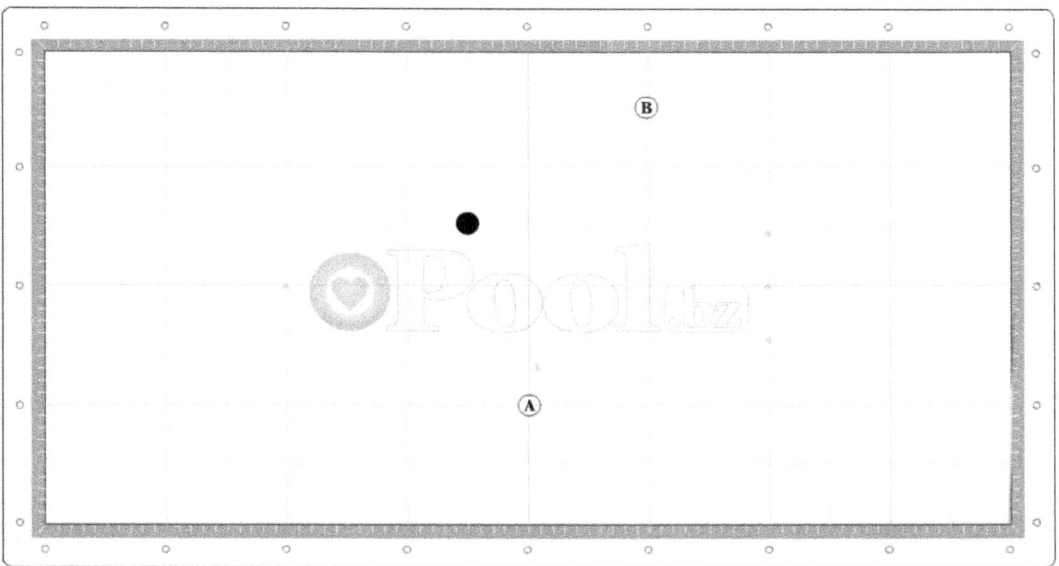

HUOMAUTUS:

Karambolipelejä Biljardi: Lisää arvoituksia ja pulmia

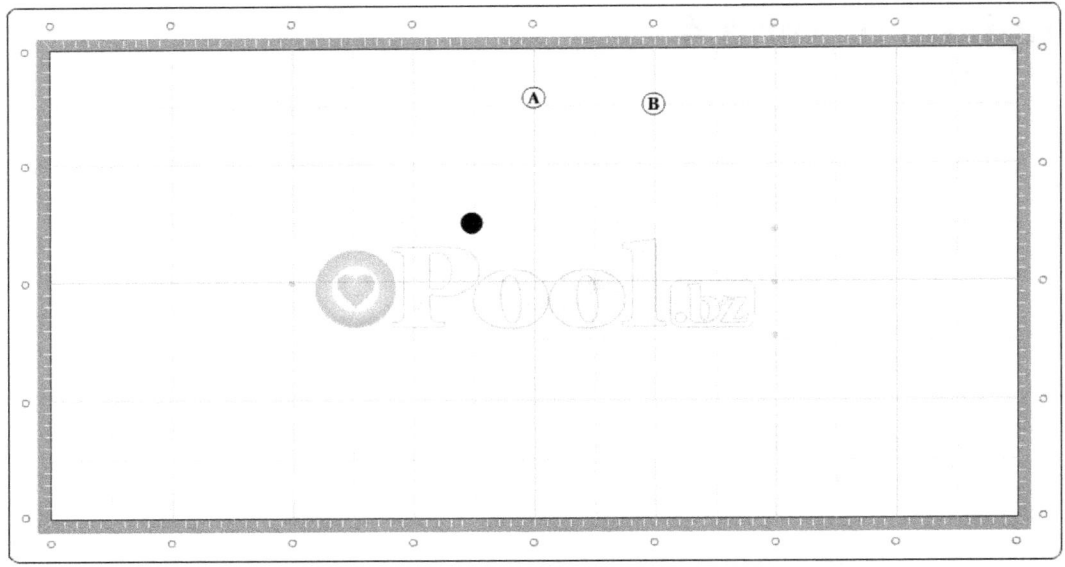

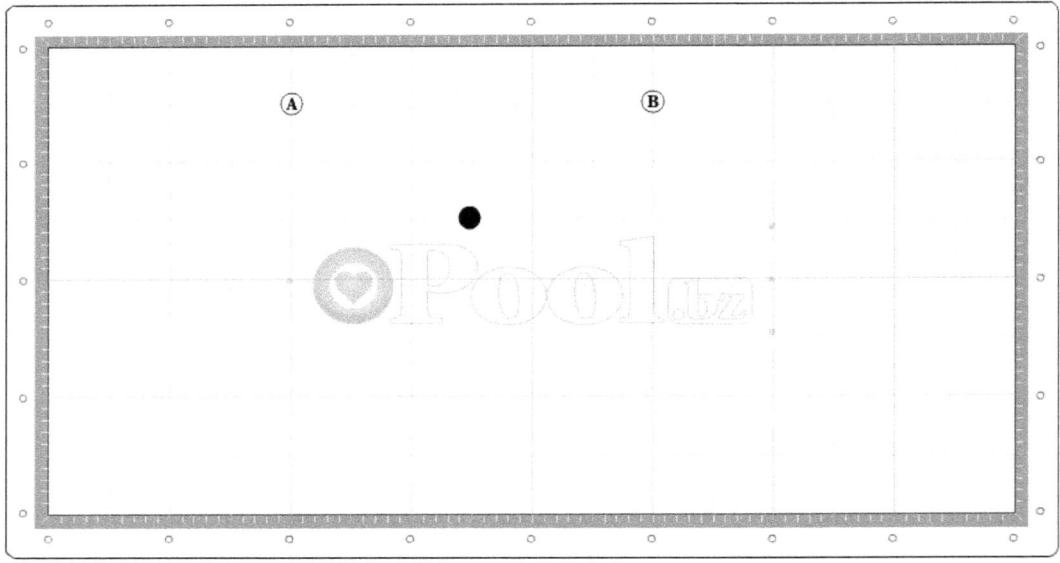

HUOMAUTUS:

Ryhmä 6, sarja 5

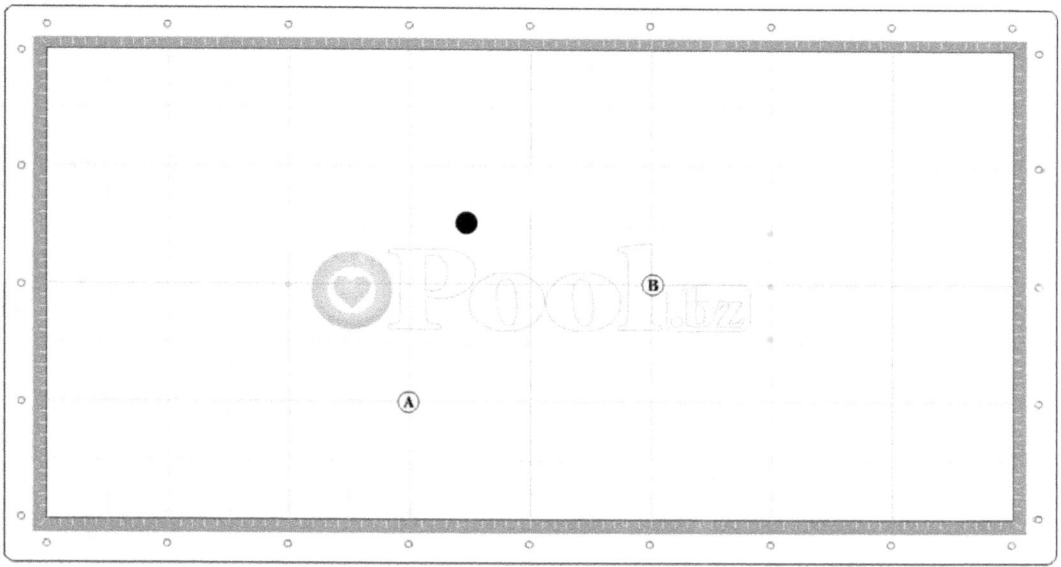

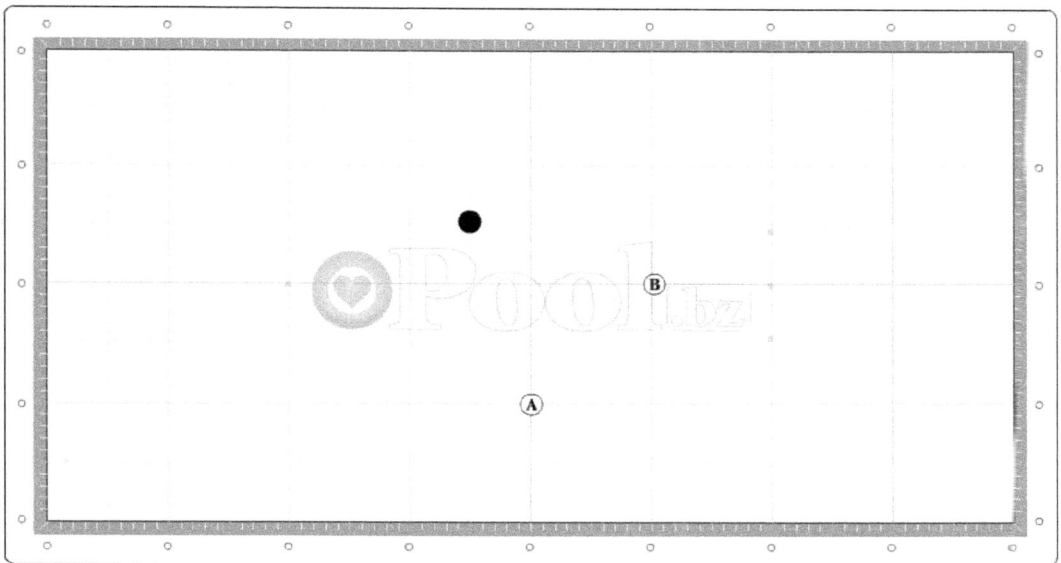

HUOMAUTUS:

Karambolipelejä Biljardi: Lisää arvoituksia ja pulmia

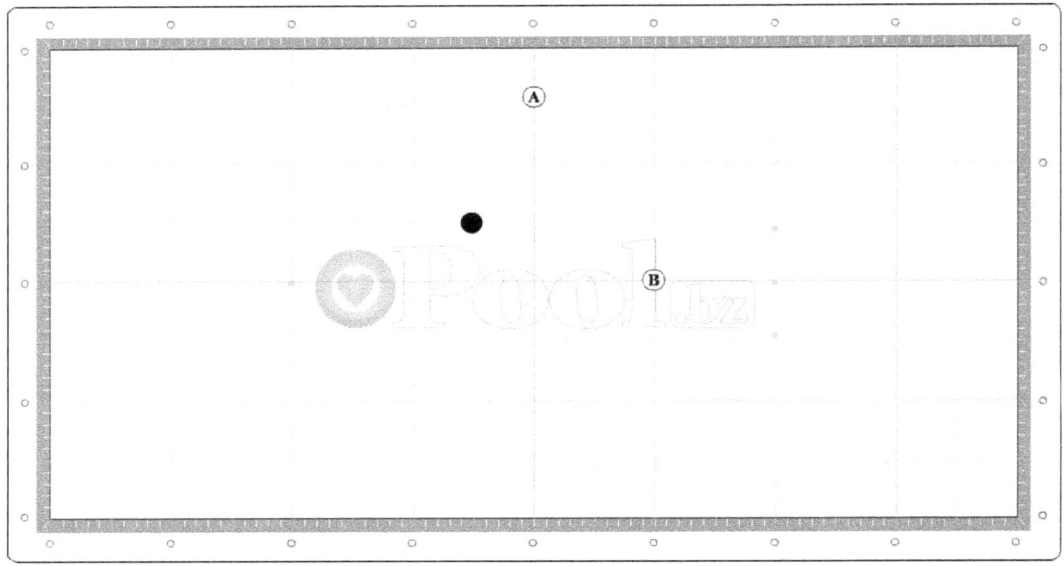

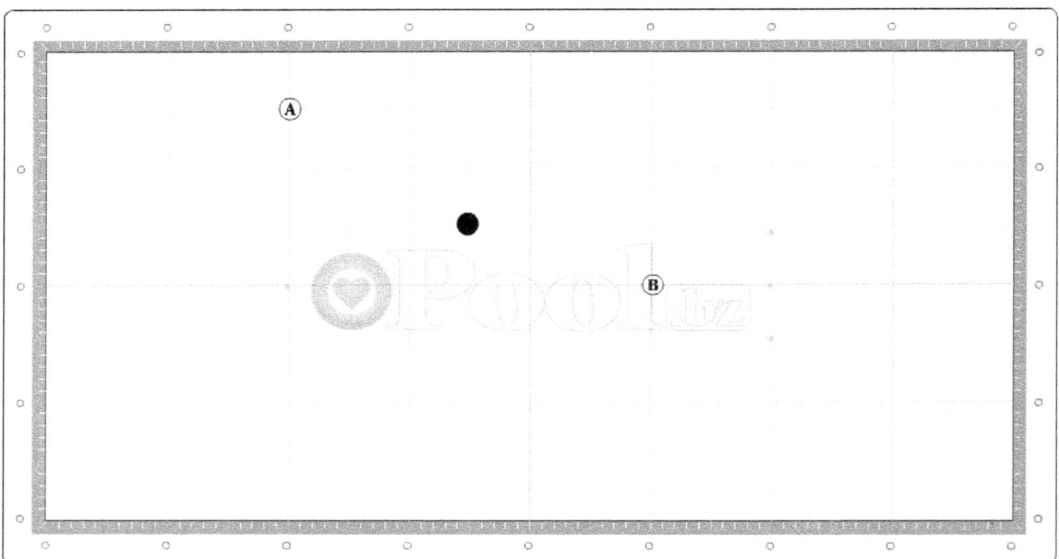

HUOMAUTUS:

Ryhmä 6, sarja 6

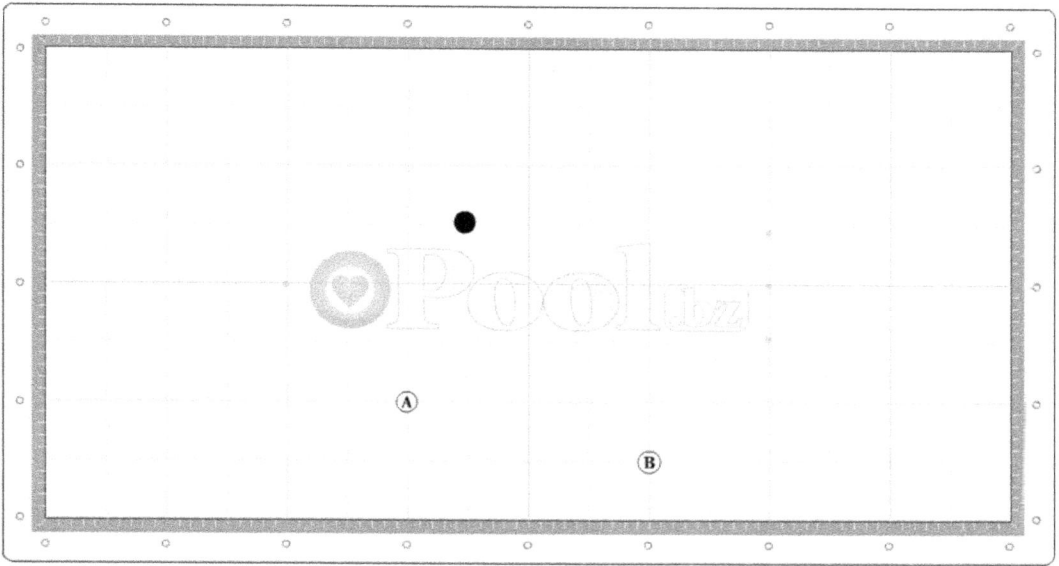

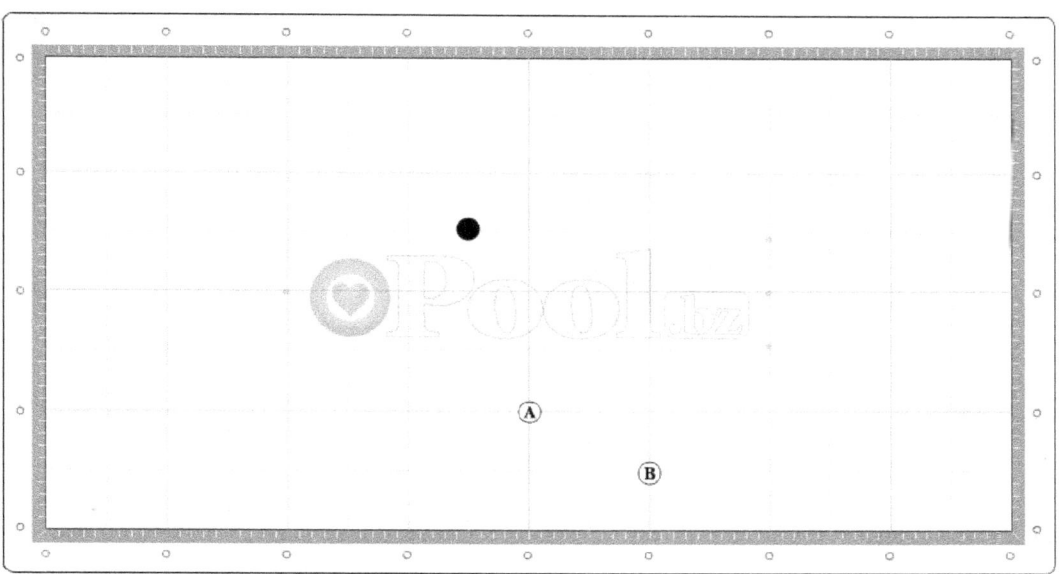

HUOMAUTUS:

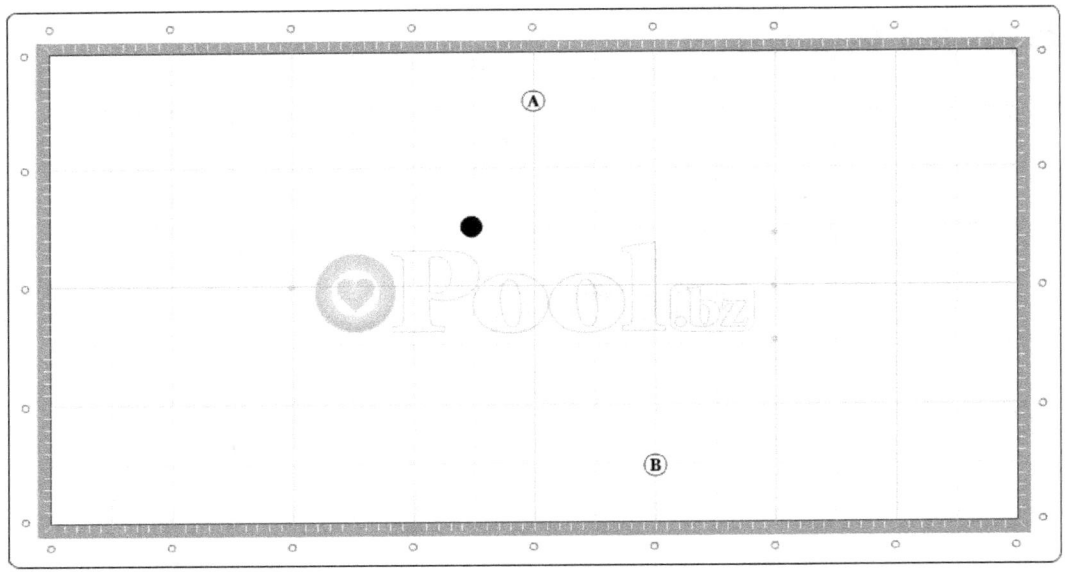

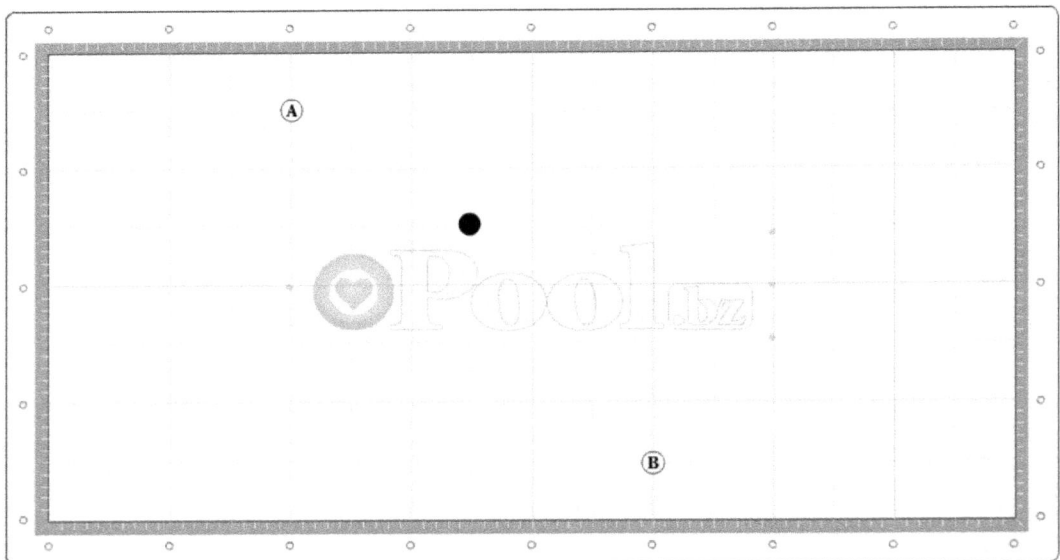

HUOMAUTUS:

Ryhmä 6, sarja 7

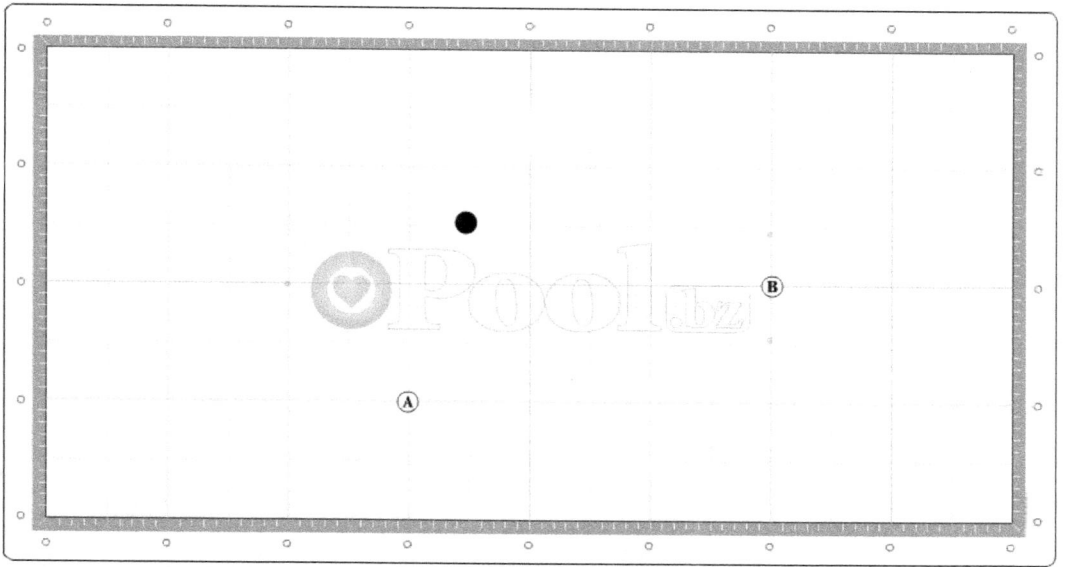

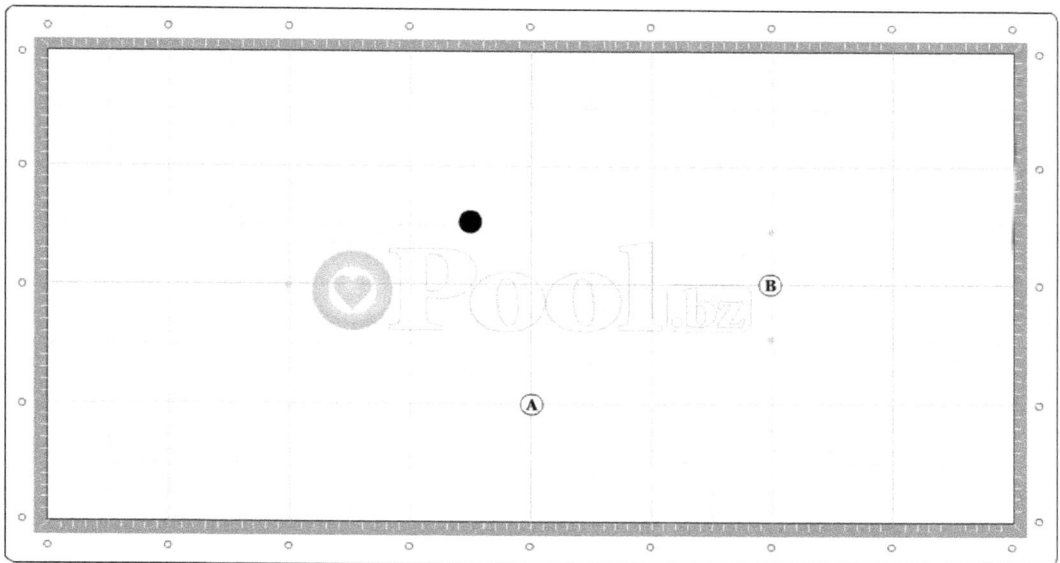

HUOMAUTUS:

Karambolipelejä Biljardi: Lisää arvoituksia ja pulmia

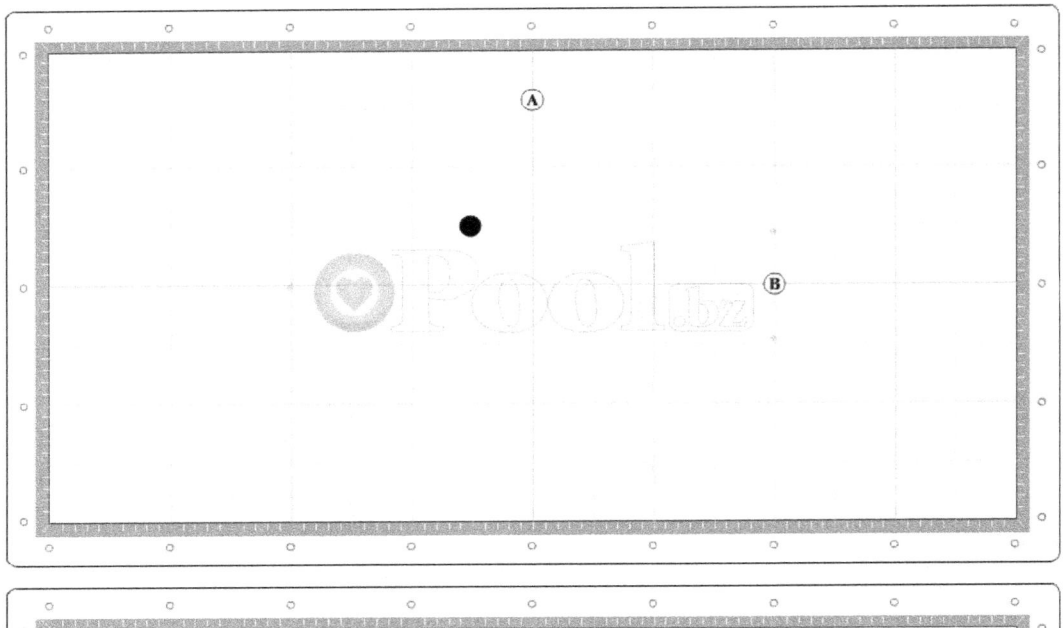

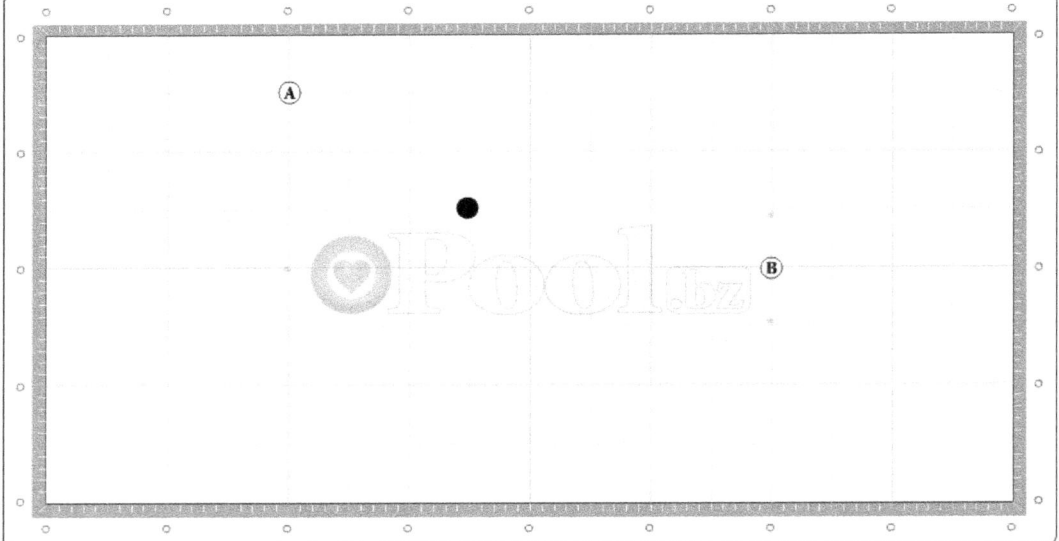

HUOMAUTUS:

Ryhmä 6, sarja 8

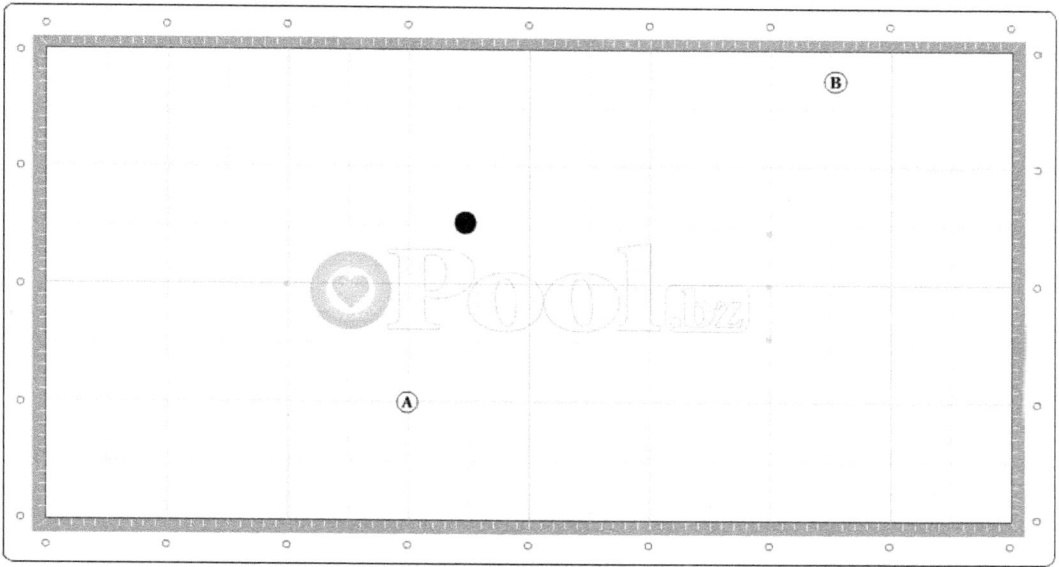

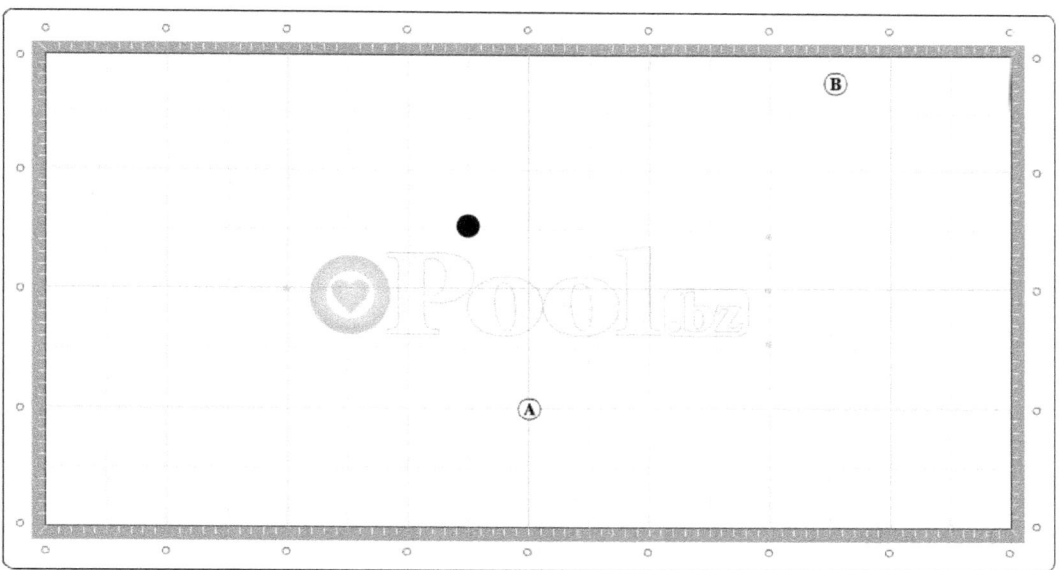

HUOMAUTUS:

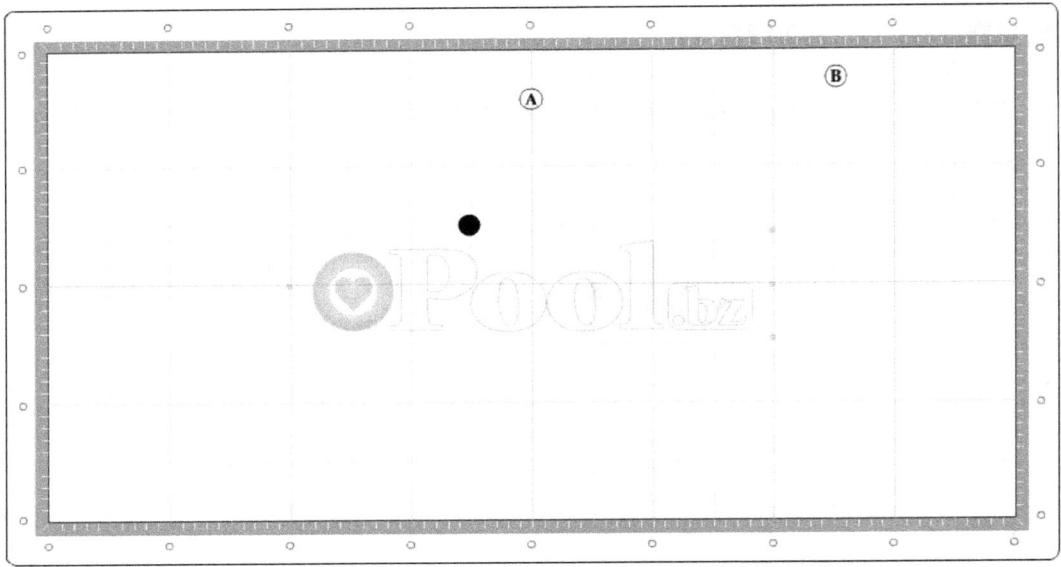

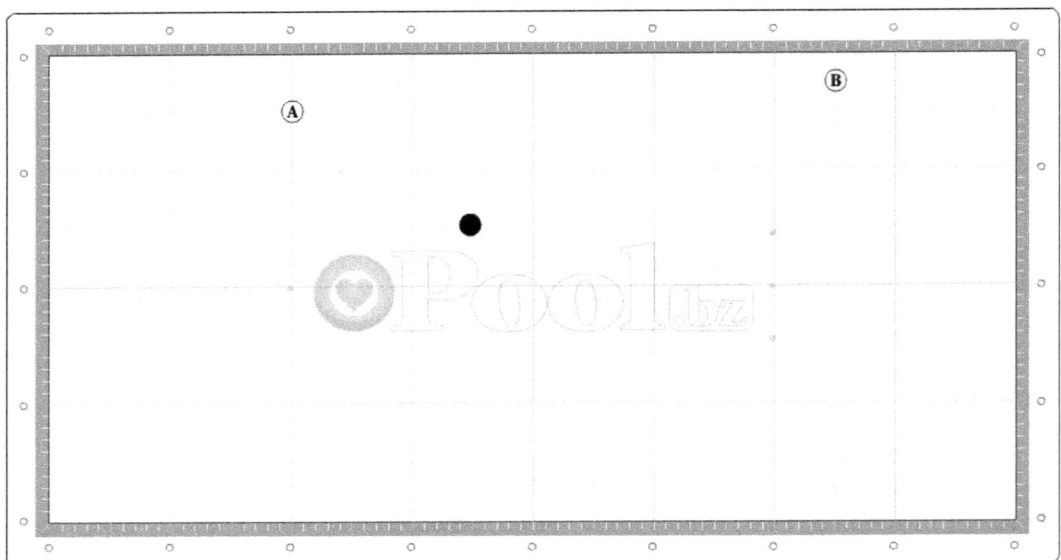

HUOMAUTUS:

Ryhmä 6, sarja 9

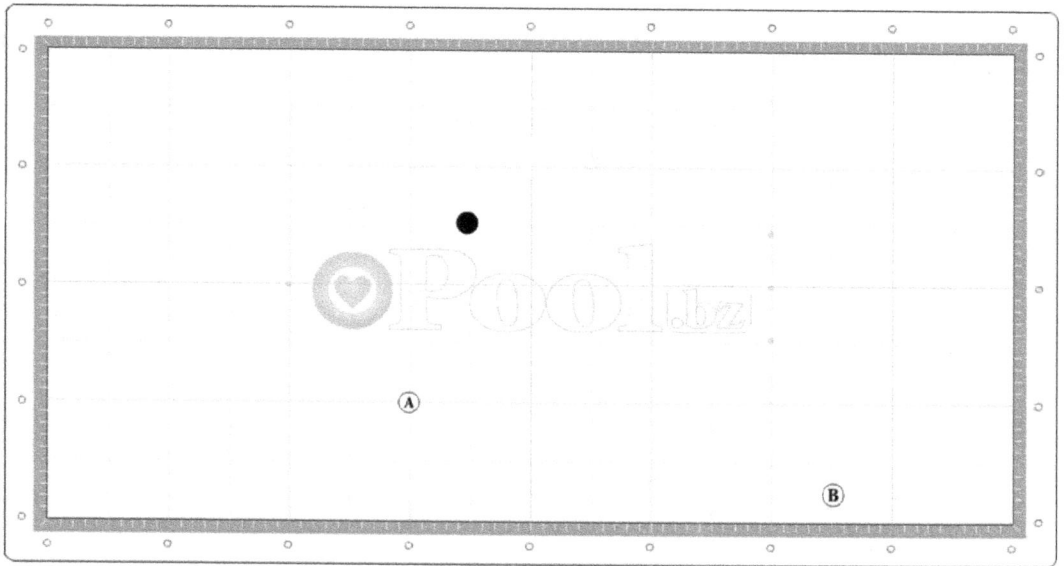

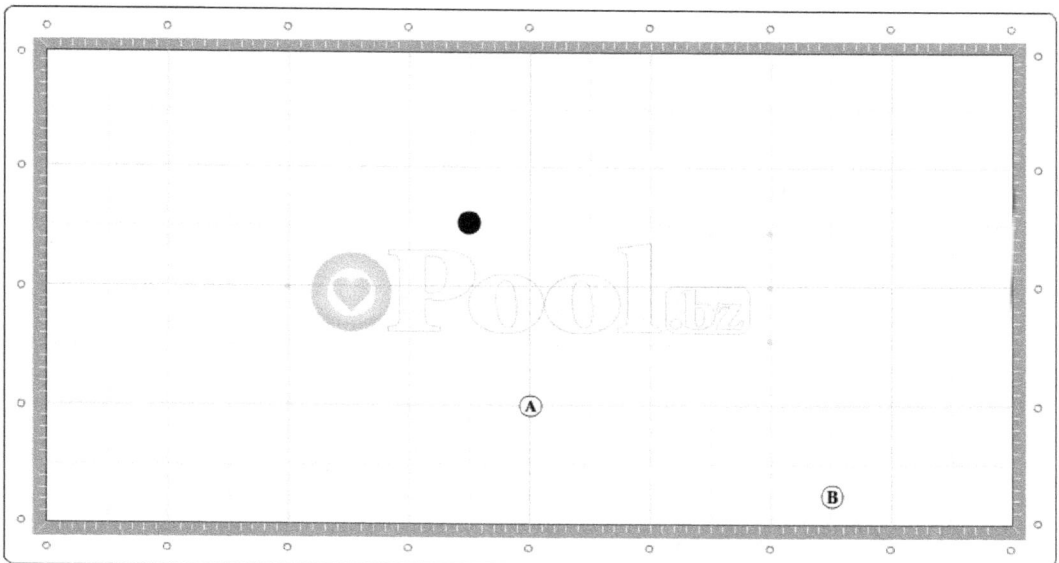

HUOMAUTUS:

Karambolipelejä Biljardi: Lisää arvoituksia ja pulmia

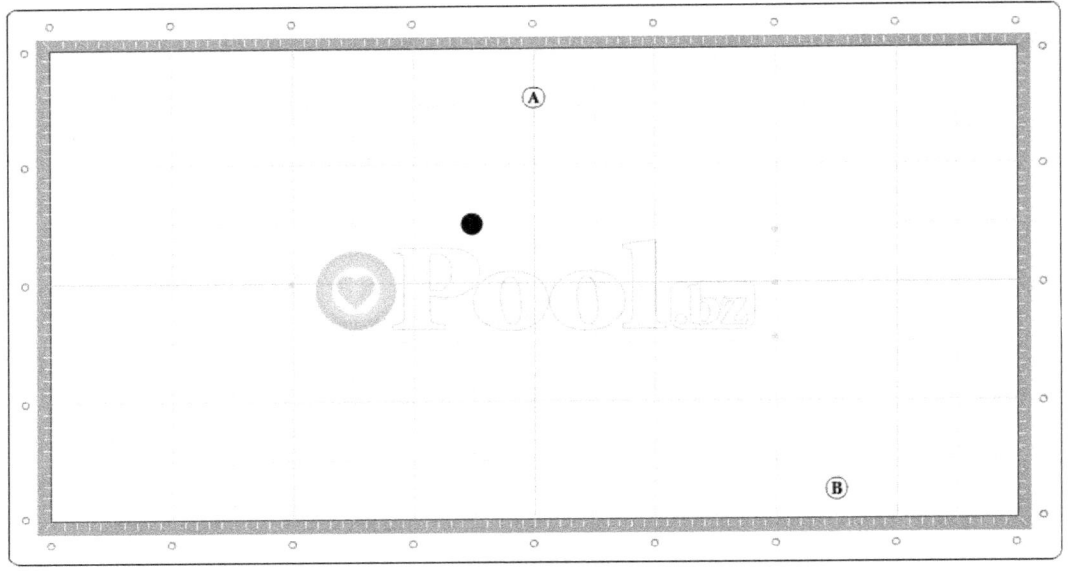

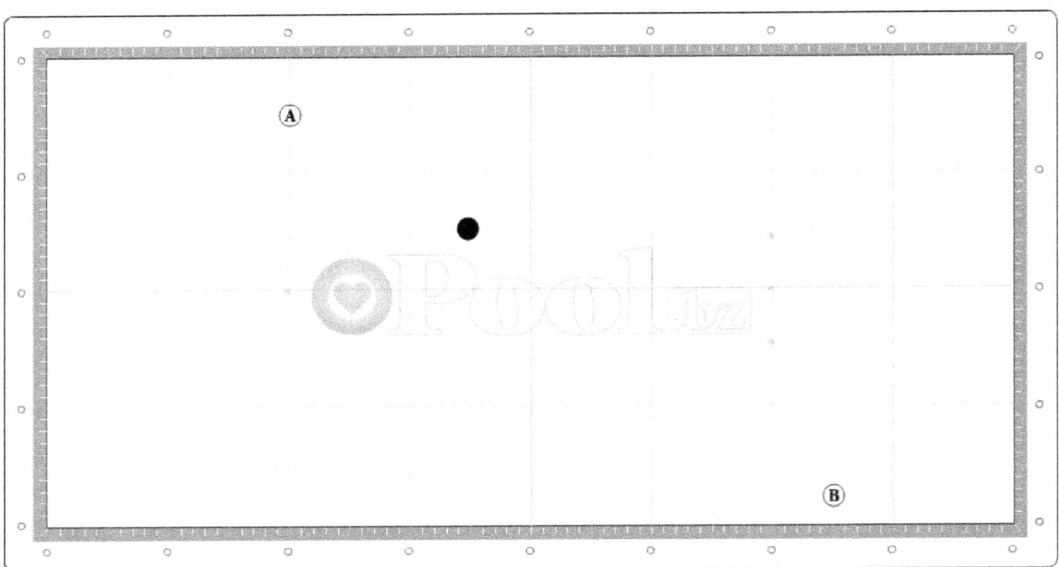

HUOMAUTUS:

Ryhmä 6, sarja 10

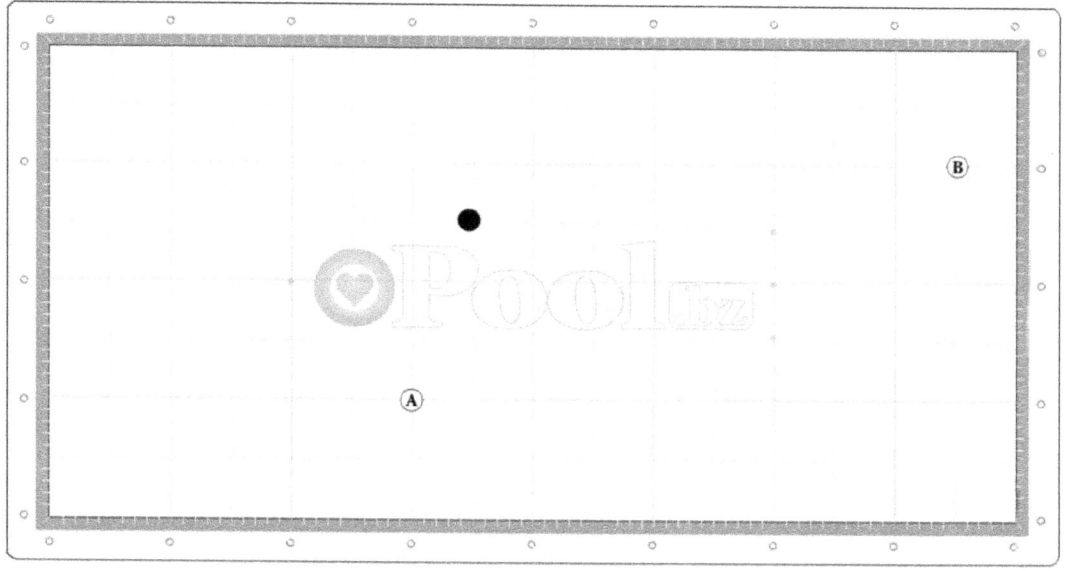

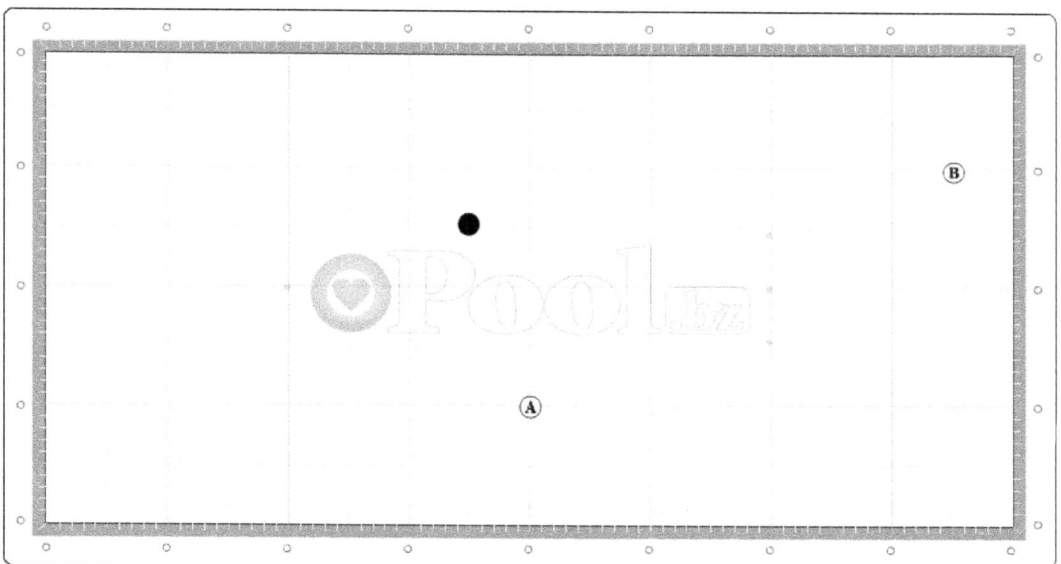

HUOMAUTUS:

Karambolipelejä Biljardi: Lisää arvoituksia ja pulmia

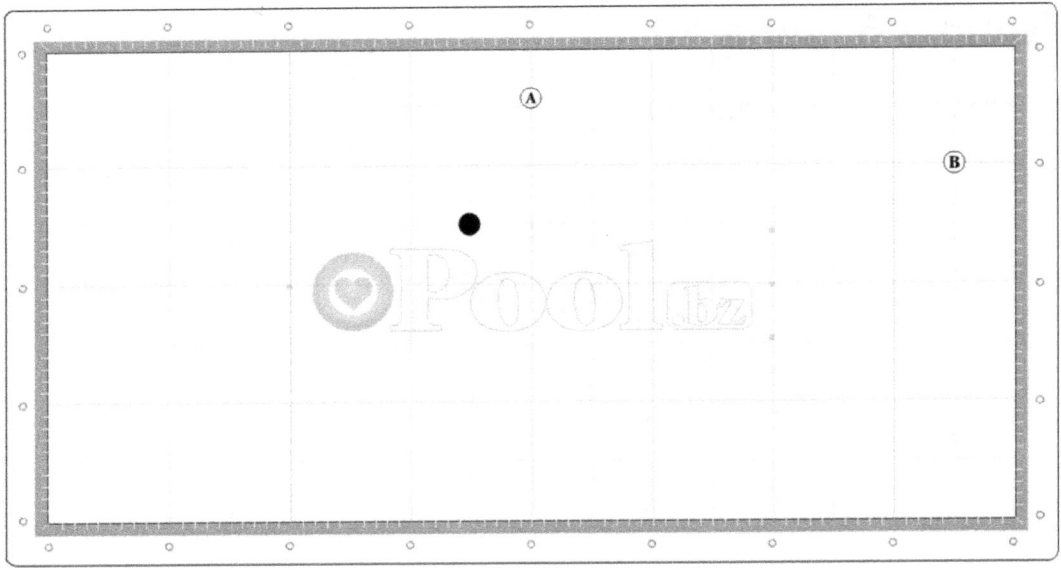

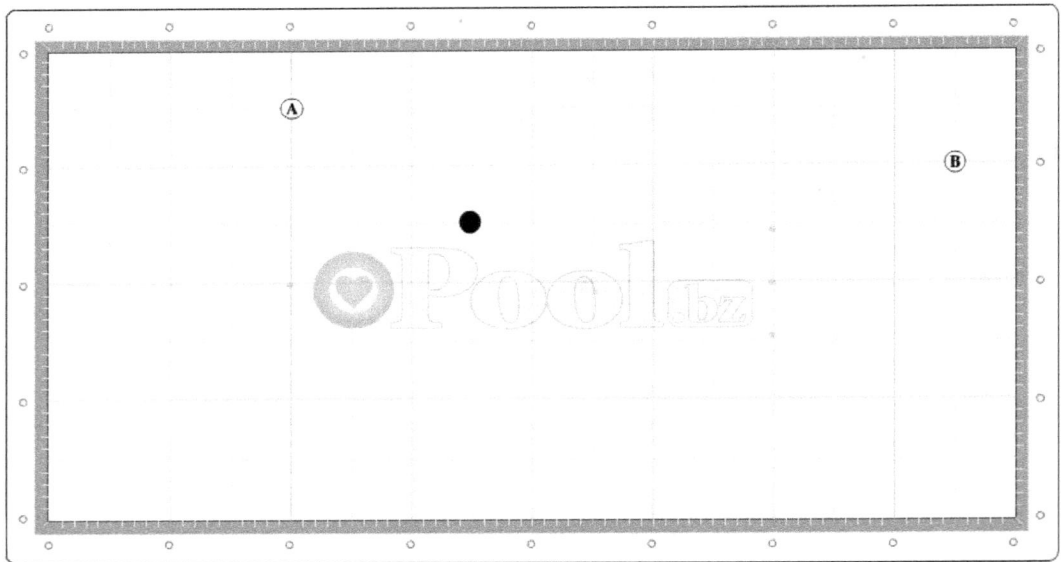

HUOMAUTUS:

Ryhmä 6, sarja 11

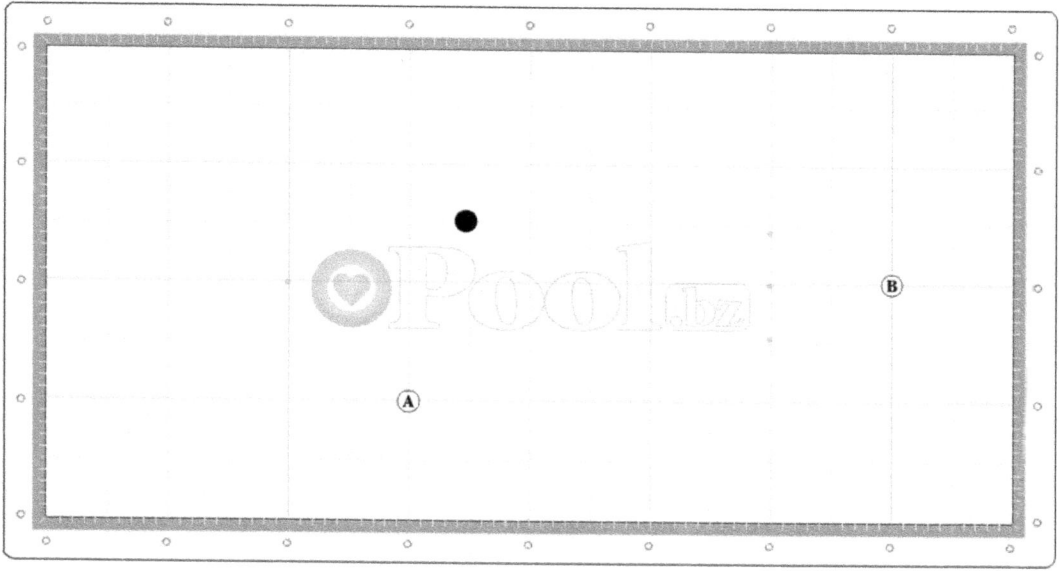

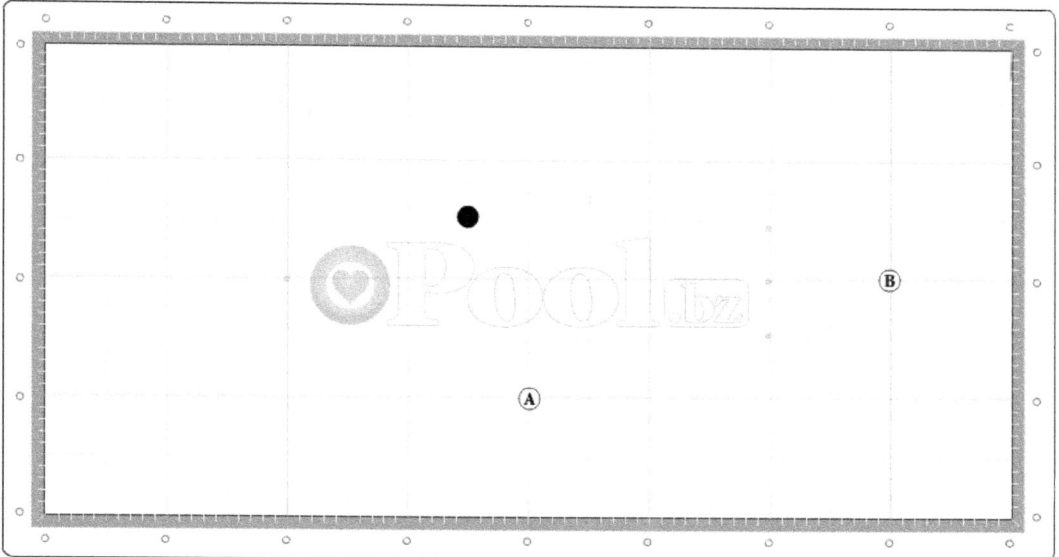

HUOMAUTUS:

Karambolipelejä Biljardi: Lisää arvoituksia ja pulmia

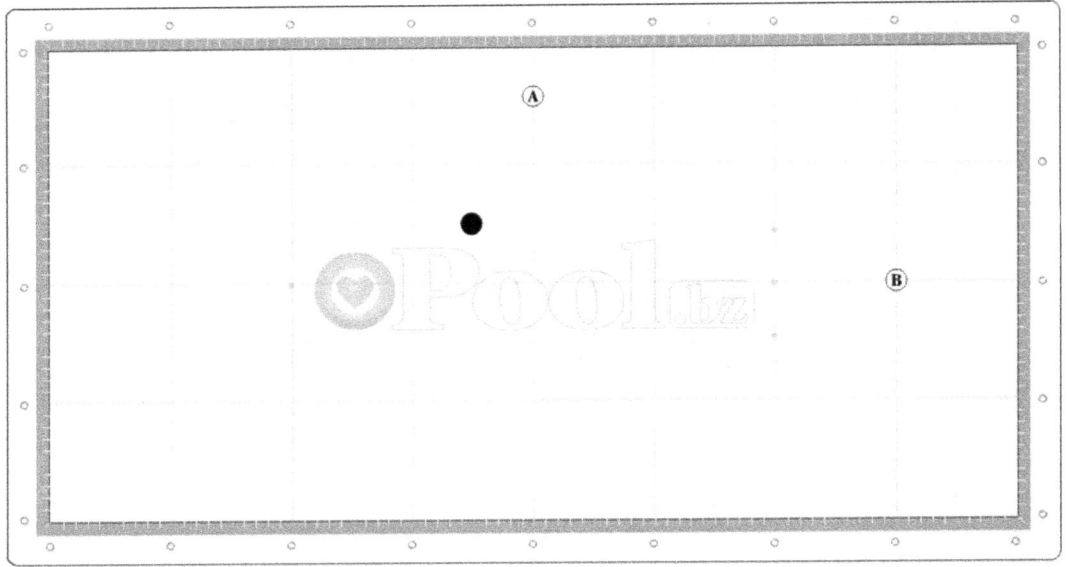

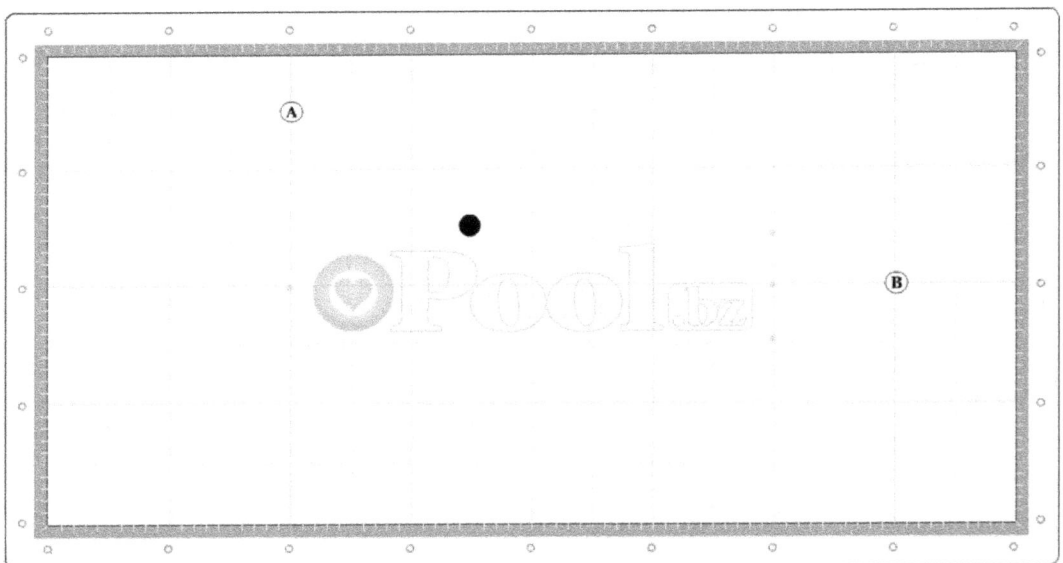

HUOMAUTUS:

Ryhmä 6, sarja 12

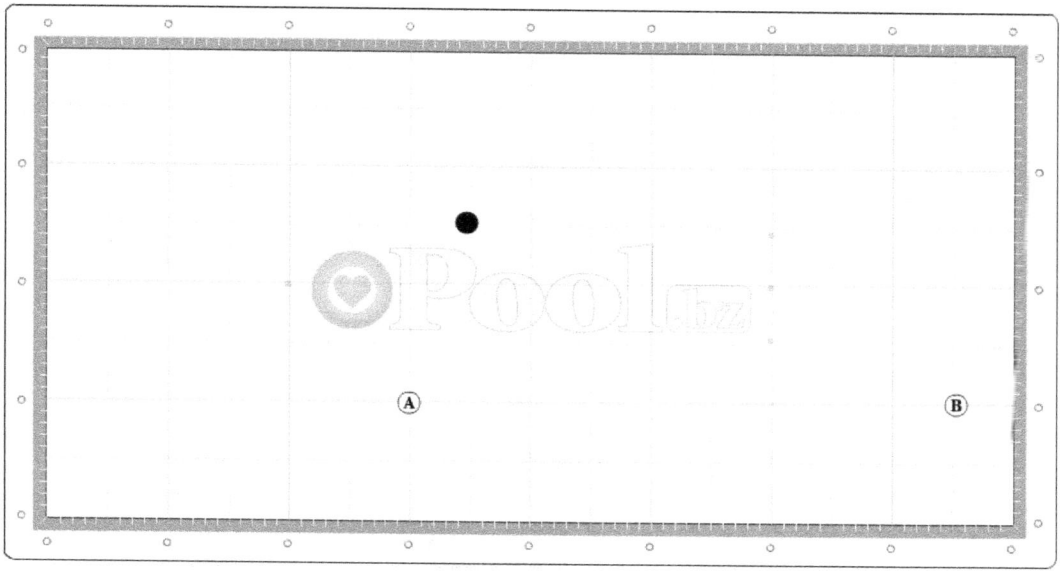

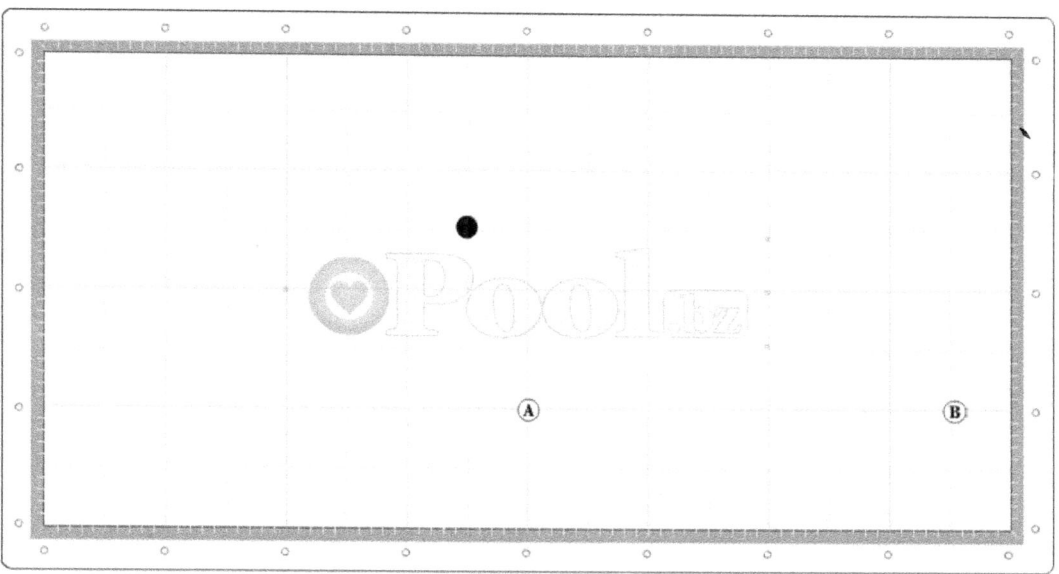

HUOMAUTUS:

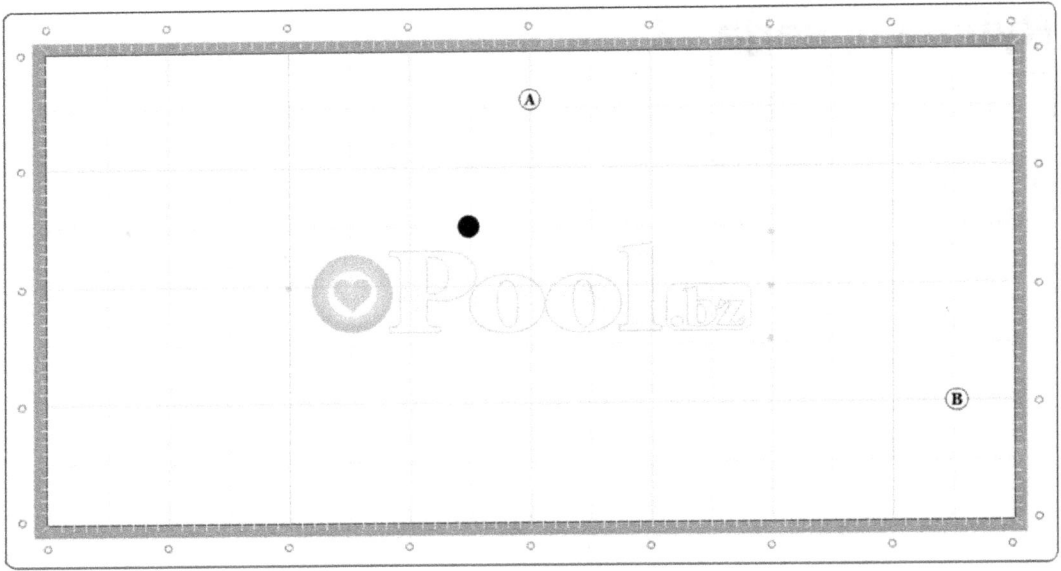

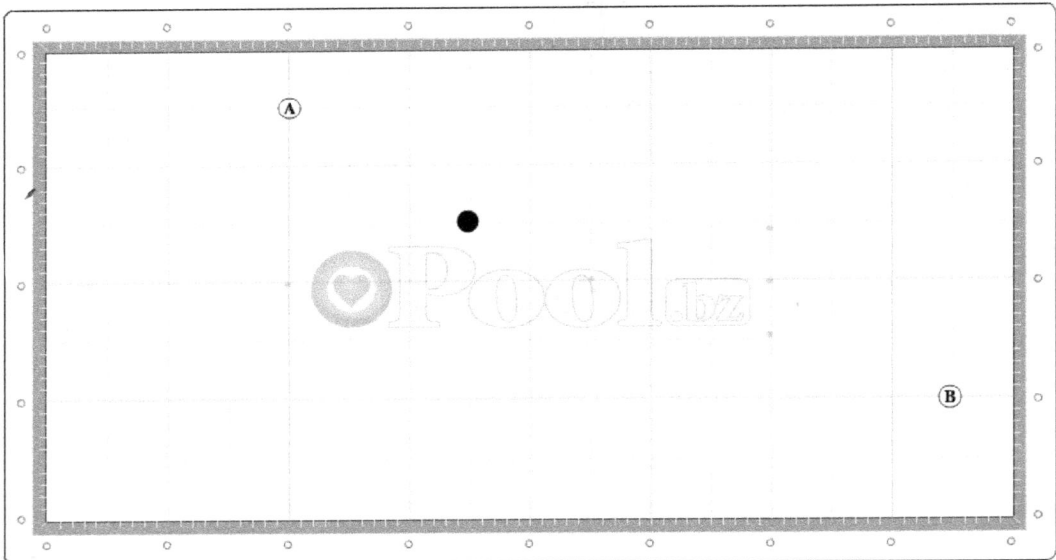

HUOMAUTUS:

Tyhjät pöydät

(Tulosta nämä kuvat kaappaamaan ja käyttämään mielenkiintoisia asetteluja.)

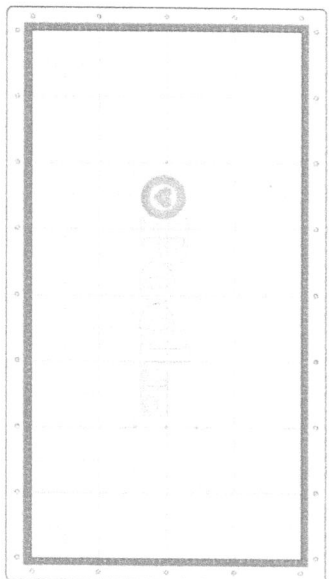 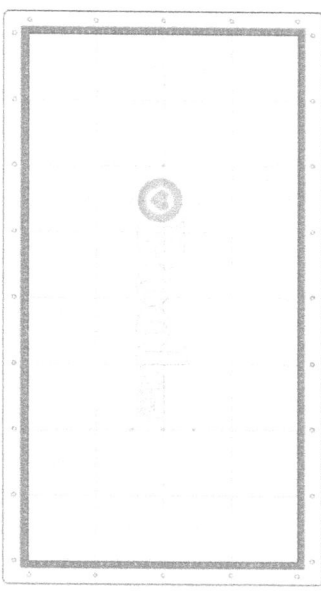 

(Tulosta nämä kuvat kaappaamaan ja käyttämään mielenkiintoisia asetteluja.)